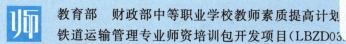

教育部 财政部中等职业学校教师素质提高计划
铁道运输管理专业师资培训包开发项目(LBZD03

U0592578

铁道运输管理专业教学法

Tiedao Yunshu Guanli Zhuanye Jiaoxuefa

教育部 财政部 组编

吴 晓 主编

吴 晓 沈亚强 执行主编

中 国 铁 道 出 版 社

２０１１年·北 京

内　容　简　介

本书为教育部、财政部实施的中等职业学校教师素质提高计划成果,是铁道运输管理专业师资培训包开发项目(LBZD032)的主要成果之一,分两大部分,六章。第一部分专业教学特点分析,主要包括铁道运输管理专业培养的对象、目标、内容、媒体、环境等主要教学要素分析;第二部分专业教学方法应用,主要介绍职业教育教学方法与策略选择以及行动导向教学法在铁道运输管理专业中的应用,重点介绍适用于铁道运输管理专业的教学的"案例教学法"、"任务教学法"、"角色扮演法"、"模拟教学法""项目教学法"和"引导文教学法"等六种方法。

本书是铁道运输管理专业教师培训学习用书,旨在帮助专业教师学习和更新专业知识和技能,提升教师专业教学能力和水平。

图书在版编目(CIP)数据

铁道运输管理专业教学法/教育部,财政部组编.
—北京:中国铁道出版社,2011.11
教育部 财政部中等职业学校教师素质提高计划成果
铁道运输管理专业师资培训包开发项目.LBZD032
ISBN 978-7-113-13861-5

Ⅰ.①铁… Ⅱ.①教…②财… Ⅲ.①铁路运输管理-
中等专业学校-师资培训-教材 Ⅳ.①F530.1

中国版本图书馆 CIP 数据核字(2011)第 235388 号

书　　名:**铁道运输管理专业教学法**
作　　者:教育部　财政部　组编

责任编辑:金　锋　　编辑部电话:010-51873125　　邮箱:jinfeng88428@163.com
封面设计:崔丽芳
责任校对:胡明锋
责任印制:陆　宁

出版发行:中国铁道出版社(100054,北京市西城区右安门西街8号)
网　　址:http://www.tdpress.com
印　　刷:北京市昌平开拓印刷厂
版　　次:2011年11月第1版　2011年11月第1次印刷
开　　本:787 mm×1 092 mm　1/16　印张:14.5　字数:368千
印　　数:1~2 000 册
书　　号:ISBN 978-7-113-13861-5
定　　价:34.00元

教育部　财政部中等职业学校教师素质提高计划成果系列丛书

铁道运输管理专业师资培训包开发项目
（LBZD032）

项目牵头单位　浙江师范大学

项目负责人　吴　晓

出版说明

　　根据 2005 年全国职业教育工作会议精神和《国务院关于大力发展职业教育的决定》（国发〔2005〕35 号），教育部、财政部 2006 年 12 月印发了《关于实施中等职业学校教师素质提高计划的意见》（教职成〔2006〕13 号），决定"十一五"期间中央财政投入 5 亿元用于实施中等职业学校师资队伍建设相关项目。其中，安排 4 000 万元，支持 39 个培训工作基础好、相关学科优势明显的全国重点建设职教师资培养培训基地牵头，联合有关高等学校、职业学校、行业企业，共同开发中等职业学校重点专业师资培训方案、课程和教材（以下简称"培训包项目"）。

　　经过四年多的努力，培训包项目取得了丰富成果。一是开发了中等职业学校 70 个专业的教师培训包，内容包括专业教师的教学能力标准、培训方案、专业核心课程教材、专业教学法教材和培训质量评价指标体系 5 方面成果。二是开发了中等职业学校校长资格培训、提高培训和高级研修 3 个校长培训包，内容包括校长岗位职责和能力标准、培训方案、培训教材、培训质量评价指标体系 4 方面成果。三是取得了 7 项职教师资公共基础研究成果，内容包括中等职业学校德育课教师、职业指导和心理健康教育教师培训方案、培训教材，教师培训项目体系、教师资格制度、教师培训教育类公共课程、职业教育教学法和现代教育技术、教师培训网站建设等课程教材、政策研究、制度设计和信息平台等。上述成果，共整理汇编出 300 多本正式出版物。

　　培训包项目的实施具有如下特点：一是系统设计框架。项目成果涵盖了从标准、方案到教材、评价的一整套内容，成果之间紧密衔接。同时，针对职教师资队伍建设的基础性问题，设计了专门的公共基础研究课题。二是坚持调研先行。项目承担单位进行了 3 000 多次调研，深度访谈 2 000 多次，发放问卷 200 多万份，调研范围覆盖了 70 多个行业和全国所有省（区、市）；收集了大量翔实的一手数据和材料，为提高成果的科学性奠定了坚实基础。三是多方广泛参与。在 39 个项目牵头单位组织下，另有 110 多所国内外高等学校和科研机构、260 多个行业企业、36 个政府管理部门、277 所职业院校参加了开发工作，参与研发人员 2 100 多人，形成了政府、学校、行业、企业和科研机构共同参与的研发模式。四是突出职教特色。项目成果打破学科体系，根据职业学校教学特点，结合产业发展实际，将行动导向、工作过程系统化、任务驱动等理念应用到项目开发中，体现了职教师资培训内容和方式方法的特殊性。五是研究实践并进。几年来，项目承担单位在职业学校进行了 1 000 多次成果试验。阶段性成果形成后，在中等职业学校专业骨干教师国家级培训、省级培训、企业实践等活动中先行试用，不断总结经验、修改完善，提高了项目成果的针对性、应用性。六是严格过程管理。两部成立了专家指导委员会和项目管理办公室，在项目实施过程中先后组织研讨、培训和推进会近 30 次，来自职业教育办学、研究和管理一线的数十位领导、专家和实践工作者对成果进行了严格把关，确保了项目开发的正确方向。

作为"十一五"期间教育部、财政部实施的中等职业学校教师素质提高计划的重要内容，培训包项目的实施及所取得的成果，对于进一步完善职业教育师资培训培训体系，推动职教师资培训工作的科学化、规范化具有基础性和开创性意义。这一系列成果，既是职教师资培养培训机构开展教师培训活动的专门教材，也是职业学校教师在职自学的重要读物，同时也将为各级职业教育管理部门加强和改进职教教师管理和培训工作提供有益借鉴。希望各级教育行政部门、职教师资培训机构和职业学校要充分利用好这些成果。

为了高质量完成项目开发任务，全体项目承担单位和项目开发人员付出了巨大努力，中等职业学校教师素质提高计划专家指导委员会、项目管理办公室及相关方面的专家和同志投入了大量心血，承担出版任务的 11 家出版社开展了富有成效的工作。在此，我们一并表示衷心的感谢！

编写委员会
2011 年 10 月

前　言

铁道运输管理专业是铁路运输行业的一个特有专业，已有较长的办学历史。近年来，随着铁道运输行业的快速发展，新装备、新技术、新工艺不断在铁道运输业中应用，迫切需要学校铁道运输管理专业为铁路运输企业培养出更多合格的、与该行业快速发展需要相适应的新型高技能人才。同时，我国的职业教育也正处在大发展时期，从规模到办学质量都处在快速的提升阶段，铁道运输管理专业的建设与教学改革也不例外。1999 年，教育部实施《面向 21 世纪教育振兴行动计划》，在全国率先确定 83 个中等职业学校重点建设专业，提出"面向 21 世纪中等职业教育课程改革和教材建设规划"，组织有关行业职业教育教学指导委员会和项目课题组，并于 2001 年开发了中等职业学校重点建设专业的教学指导方案，陆续完成出版了中等职业教育国家规划教材。铁道运输管理专业被列为该批重点项目之一，从而加快了该专业建设和改革发展步伐。2007 年，为贯彻落实《国务院关于大力发展职业教育的决定》（国发〔2005〕35 号）精神，全面提升中等职业学校人才培养质量，切实提高中等职业学校教师队伍的整体素质、优化教师队伍结构、完善教师队伍建设的有效机制，教育部、财政部实施"中等职业学校教师素质提高计划"，确定铁道运输管理专业为全国 70 个重点专业师资培养培训项目之一。重点专业师资培训方案教材开发项目包括专业教师教学能力标准、培训方案、专业核心教材、专业教学法教材和培训质量评价体系等五个方面的内容。本部专业教学法教材就是在"中等职业学校教师素质提高计划"支持下产生的，旨在通过培训和学习，能够帮助本专业的教师提高专业教学能力和教学水平，为铁道运输企业培养更好、更多的技能型人才服务。

本书共分两大部分，6 章。第 1～4 章为第一部分——专业教学特点分析，主要包括铁道运输管理专业培养的对象、目标、内容、媒体、环境等主要教学要素分析；第 5～6 章为第二部分——专业教学方法应用，主要介绍职业教育教学方法与策略选择以及行动导向教学法在铁道运输管理专业中的应用，重点介绍适用于铁道运输管理专业的教学的"案例教学法"、"任务教学法"、"角色扮演法"、"模拟教学法"、"项目教学法"和"引导文教学法"等六种方法，通过教学法介绍、教学法的应用步骤、教学法的应用分析，给出详细、完整的教学案例综合应用示例。

本书力求将师范性与职业性有机结合，将现代职教理念与教学方法较好地融入专业课程教学，运用大量的专业课程应用示例和教学案例，努力追求教学案例示例设计新颖和内容具体，使其不仅能适用于铁道运输管理专业各层次教师培训，也希望能为从事铁道运输不同层次的教育教学工作者提供一本在职进修提高和实用的教学参考书。

本书由浙江师范大学吴晓主编，吴晓、沈亚强执行主编。教材构架、案例模版及编写方案由沈亚强设计，专业内容和示例案例由吴晓选择确定，教学案例由石家庄铁路运输学校赵矿英负责组织编写。编写分工如下：绪论、第 3 章由浙江师范大学沈亚强编写；第 1 章、第 2 章、第 4 章、第 5 章由浙江师范大学吴晓编写；第 6 章由石家庄铁路运输学校的赵矿英、党鸿雷、纪淑景、李树章、裴瑞江、牛凯兰编写。西安铁路职业技术学院徐小勇老师参与专业内容选择确定。石家庄铁道大学的郭枫教授、浙江师范大学职业教育学院的陈明昆博士审阅了全稿。

本书在编写过程中一直得到教育部重点专业师资培训方案教材开发项目组专家和项目管理办公室的指导，在此表示衷心感谢！

由于限于掌握的资料和编者的水平，书中定有瑕疵和不足，恳请大家予以谅解并批评指正。

编　者

2011 年 8 月

目　录

第二部分　专业教学方法应用

绪　论

一、专业教学法对专业教学的影响与作用

教学能力是师资素质的核心体现,专业教学方法的掌握是职教教师专业化的重要方面。我国普通师范教育历来有三门核心教育类课程,即教育学、教育心理学和学科教学论(即教材教法)。学科教学论对教师教学能力的培养有着十分重要的作用,它涉及教学领域中的教学目标、教学内容、教学方法和教学媒体等教学要素。与普通师范教育的学科教学论相对应的是职业师范教育相应的专业教学论。专业教学论主要研究讨论的是关于教学的目标(为什么教)、内容(教什么)、方法(怎么教)、媒体(用什么教)等教学要素,这些要素必须与具体的专业内容结合起来。在"目标、内容、方法、媒体"四大要素中,"目标"和"内容"是关于专业教学的目标维度,"方法"和"媒体"是关于专业教学的路径维度。如果将课程和教学分开的话,教学论的目标维度指向课程,路径维度指向教学。在职业教育专业教学中,专业教学论应回答的问题是:专业教学要达到什么教育教学目标、为了达到教学目标应选择哪些专业内容、专业内容又是通过什么教学方法、应用什么教学媒体来实施。

专业教学法与专业教学论内涵不同,专业教学法是专业教学论中的重要组成部分。专业教学法的主要特点是对教学的方法展开细致和深入的研究,只是涵盖专业教学论的四大要素中"方法、媒体"两大要素。专业教学法是指遵循教学理论的、考虑教学对象特点的、适合专业教学内容并在相应教学媒体支持下达到专业教学目标的方法的总和。具体地说,专业教学法是教师为实现专业教学目的所采用教学技术,以促成学生按照目标和内容的要求进行学习的方法。现代意义的专业教学法更多地侧重于"学的方法",而不是仅仅强调"教的方法"。

专业教学法一般可分为两类:一是传统的以教为主的教学法,如传统讲授、讨论式讲授、讨论、研讨、小组工作、独立工作等;二是现代的以学为主的教学法,主要是行动导向的教学法,包括项目教学法、实验教学法、模拟教学法、引导文教学法、角色扮演教学法、案例分析教学法、计划演示教学法、张贴板教学法、头脑风暴教学法等。

行动导向教学法是我们职业教育专业教学中主要采用的专业教学法。职业教育的专业教学以职业属性为基础。职业教育的专业就其属性而言,不是学科性专业,它总是与从事该职业的人的职业活动联系在一起的,是对相关职业领域里的职业群或岗位群的从业资格进行高度归纳、概括后形成的一种能力组合。职业教育作为以就业为导向的一种教育,与普通教育相比,最大的不同点在于其专业鲜明的职业属性。职业教育专业的职业属性,集中体现为职业教育专业的教学过程与相关职业领域的行动过程具有一致性。因此,行动导向教学法适合职业教育专业教学。

教学方法的应用要符合专业内容教学的特殊要求,以利于达到专业教学的特定目标。不同的教学方法有其应用的场合和条件。铁道运输管理专业从专业属性上看倾向于管理学科,根据专业特点、学生的认知特点和管理学科成功地教学经验,案例教学法、任务教学法和角色扮演法是比较合适本专业。通过对将来所从事的职业角色进行扮演,让学生体验未来职业岗

位的情感,而深化对学生职业能力的培养,使学生在感悟职业角色的内涵过程中,调动学习的内在动力,把职业知识与职业技能和职业心理有机地结合在一起学习,形成良好规范的职业素养。

适合专业教学的方法有哪些?方法的教学论基础是什么?其运用的场合和条件是什么?其操作的具体程序和步骤是怎样的?如何将其应用到自己的教学实践中去?这些问题的解决就是我们学习专业教学法目的所在。"教学有法,教无定法",认识、模仿、应用、开发各种教学方法,根据不同情况灵活应用,是教师的教学能力发展之路。

二、现代职业教育对专业教师的素质与能力要求

1. 教师的专业素养

教师的专业素养是教师能力的集中表现。随着职业教育的不断发展,社会对职业学校的教师提出了更高的要求。作为一名中等职业学校的教师,不仅要热爱职教事业,有正确的人生观和良好的职业道德,热爱学生、教书育人,还必须要掌握现代职业教育的教学理论,懂得职业教育的教学规律,研究和运用职业教学法,具有多层复合的学识结构。职业学校教师的专业素养主要包含以下几个方面:

(1)具有与时俱进的职业教育理念

教育理念是指教师在对教育工作本质理解的基础上形成的关于教育观念和理性信念。职业教育不同于普通教育,职业教育肩负着为满足社会经济发展需求,为中国的世界制造业基地和世界服务业源源不断地输送大批高素质、高技能劳动者和专门人才的重任。职业教育的培养目标,是以能力为本位。现代职业教育的发展,要求职教教师不仅注重专业能力,而且还要注重个人能力、社会能力和方法能力;不仅注重体现于知识、技能和态度方面的能力,还要重视包括健康个性心理品质方面的能力;不仅注重个人发展的能力,还要重视个人对社会发展作贡献的能力;不仅注重目前的适应能力,而且还要重视未来的发展能力。职业教育的能力本位还将向人格本位发展,教育不仅为学生的当前就业服务,更强调为学生终身发展负责;不仅把学生培养成企业的劳动者,而且要把学生培养成能够适应劳动力流动加剧的变化、具有健全人格和深厚文化底蕴的"技术人文主义者"。从教会学生"学会学习"的目标出发,将学生培养成有"可持续学习"本领的劳动者,将学生的学习与学生的发展密切结合起来,全面培养学生的职业能力。让学生在学习过程中学会学习、学会做事、学会交往、学会生存的能力。

职业教育课程是基于知识的应用和技能的操作,在内容选择和排序上有其自身的属性,具体表现在其"职业性"的特征。职业教育的教学本质从"知识客体"转向"学生主体",实现培养目标从"教师本位"转向"学生本位",要求职教教师具有学生中心的教学思想,能够了解与所教课程相关的真实的职业情景和与职业活动相关的任务,设计有利于高效领悟专业知识的情景、有利于高效培养专业技能的实训活动,进行具有职业特色的职业活动导向教学;为学生提供"学什么"、"怎样学"、"在什么地方学"、"何时学"的更多的选择,使学生更明确学习内容的意义,理解学习活动与工作世界的相关性,从而更好地引发学生的学习动机。

(2)具有多层复合专业能力结构

①具有深厚的专业知识技能和人文修养

教师的知识结构应适应现代科学技术加速发展的整体化、综合化、发展的趋势。教师必须具有深厚的铁道运输管理专业知识,否则难以"传道、授业、解惑",对自己所教授专业的基本理论、基本知识、主要内容、研究方法以及它的历史、现状、未来发展等方面要有详细的了解和必要的研究。此外,还应具有较扎实的与铁道运输管理相关的岗位专业技术理论、熟练的操作技

能和运用技巧以及一定的生产实践经验。教师还应有较好的人文修养，要思想活跃，视野开阔、兴趣广泛、知识渊博，才能适应时代和学生对教师提出的要求。

②具有专业发展和终身学习能力

职业教育的专业随着社会经济的发展而发展，要与经济建设接轨。这就要求专业课教师的知识结构不能单一，必须具有开放性、转换性，以适应社会生产的需要。因此，专业课教师必须具有学科转换能力，具有专业拓展和终身学习能力。首先，教师要对本专业的基础知识、技能有广泛而准确的把握，通过教学设计正确高效地向学生传授；其次，要对与本专业相关的领域有所了解，能够根据实际情况和教学要求与相关课程的教师取得协调，组织学生开展综合性教学活动；再次，教师需要掌握自己专业所提供的独特的视角、域界、层次及思维的工具与方法，跟踪专业发展，开发新的课程。专业课教师必须具有求知的毅力和自学的能力，努力学习新知识，不断充实自己的知识储备，并保持其内容的先进性。随着时代科学的发展不断学习、不断完善自我，只有懂得终身学习的价值，才能适应时代和学生对教师提出的要求。

③具有较强的专业教学能力

中等职业学校为企业输送和培养的是合格的技能型人才，这就要求我们的专业教师不仅具备专业理论知识，同时更要具备专业实践动手能力；随着普通教育的普及，职业教育的生源质量不断下降，学习者的学习能力发生了较大的变化，然而对教师的教学能力要求提高了。因此，职业学校教师应具有较强的专业教学能力，特别是专业教师实践动手和教学法应用能力。由于职业学校专业课的实践性强，要求专业课教师既要有理论讲授能力，又要有动手操作能力。能够既动口又动手地进行教学，往往成为职教专业课教师基本功的标志。很难设想，讲授铁路行车组织、学铁路行车组织的不会接发列车和不会铺画列车运行图，讲铁路货运组织的不会办理普通货物运输，这样的教师不可能上好专业课。作为职校的专业教师，仅有学科理论知识是远远不够的，应该具备专业实践教学能力、专业知识技能和现代职业教育理论，能够运用先进的教学法和教学手段有效的实施教学。

2. 铁道运输管理专业教师的能力要求

现代职业教育的发展趋势要求教师应该具有多层复合的学识结构。因此，中等职业学校铁道运输管理专业教师，在基础层面上，要有宽泛的科学知识与人文知识，应该了解铁道运输企业对从业人员的素质要求；在专业层面上，应在铁道运输管理专业上有精深的造诣，要通过到铁路运输企业对口岗位实习，熟悉相关专业领域的新知识、新技能、新工艺、新方法，要对铁道运输相关的专业岗位群的知识与技能有较深的了解；在教育学科类知识层面上，要掌握包括对人的认识、教育理论、管理策略、教育教学活动设计、教学方法选择、现代教育技术运用、教育研究方法、课程开发方法等方面的理论及运用能力。

根据中职学校专业教师应该履行的教育教学职责和教学工作特点要求，本专业教师必须掌握铁道运输管理相关工种的职业能力和实作技能，能够运用先进的教学法和教学手段实施教学，指导学生开展相关项目训练；能够进行教学计划的具体设计、实施与评价以及教学资料、媒体、专业实验室及实训场所的分析应用；能够运用工作分析方法对具体岗位和工作过程进行分析并获取技术工人所需的知识、技能。

在专业实践能力方面，中职学校人才培养目标铁道运输管理专业领域应用岗位的专业知识与技能主要岗位包括铁路行车、铁路货运、铁路客运等工种有：信号员、车号员、调车员、车站值班员、客运值班员、车站售票员、货运员、货运核算员等。根据这些典型岗位工种的主要工作任务和职业能力要求，专业教师应熟悉铁道运输管理典型职业岗位的工作任务，熟悉这些岗作业内容、作业方法、作业过程和作业标准,掌握接发列车、调车作业、车号及统计、运输调度、运输计划、车站客运、列车客运、行包运输、货物运输、货运安全及检查、货物联合运输等技能,达到相应岗位的中级工及以上的技能水平。

在专业教学能力方面,教师应具备良好职业道德和教学基本技能,包括掌握职业教育学、职业教育心理学理论和专业教学法,能够对铁道运输管理专业教学特点进行分析、对专业教学进行设计;能够制订授课计划、设计教案,进行教学准备与实施教学,熟悉现代教学媒体和教学软件运用,开展教学评价。特别是铁道运输管理专业教学设计、行动导向教学方法和策略运用,具备在铁路行车组织管理、铁路客运组织管理、铁路货运组织管理等核心课程的教学内容上熟练运用案例教学法、角色扮演法、模拟教学法、任务教学法和项目教学法等现代职业教育的专业教学法实施专业教学的技能,具备在接发列车、调车作业、车号及统计、运输调度、车站客运、列车客运、普通货物运输、特殊货物运输、货运安全及货运检查等专业项目实践的教学能力。

专业骨干教师不仅应能根据不同教学情境熟练地完成教学活动,善于把工作岗位及工作过程转换为学习环境和开发专业教学中的学习工作任务,熟练运用工作分析方法,将岗位分析结果归类重组并形成新的教学内容并系统地进行技术、工作以及职业教育过程的分析,组织与评价,而且还应能统筹总领课题项目研究、设计研究方案、控制研究过程、形成研究成果并推广实施。

三、铁道运输管理专业教学法的基本构架

本部专业教学法分为两大部分。第一部分为专业教学特点分析,内容主要对涉及专业培养的对象、目标、内容、媒体、环境等与方法相关的主要教学要素进行分析;第二部分为专业教学方法应用,内容主要是教学方法在铁道运输管理专业教学中应用的案例呈现和分析。

第一部分专业教学特点分析,是本专业教学法教材的专业教学分析层面内容。首先,对铁路运输行业和职业进行分析。从铁路运输行业与企业的管理组织、作业与规程出发,分析铁路运输行业发展现状和发展趋势,分析铁道运输管理专业人才的工作任务,运用现代职业教育教学设计的原则和分析方法,对铁道运输管理专业中等职业人才的典型职业工作和能力要求进行分析。其次,对铁道运输管理专业进行分析。从分析铁道运输管理专业主要技术应用领域、铁道运输管理专业人才就业职业岗位群,到分析铁道运输管理专业现状、分析铁道运输管理专业人才培养特点、人才能力结构、铁道运输管理专业发展方向,分析专业培养对象的智力与非智力特点、初始能力。再次,对铁道运输管理专业的教学内容进行分析。分析铁道运输管理专业典型岗位职业工作任务、分析专业主干课程模块的主要内容和专业主干课程的教学目标、知识技能、教学情境(包括媒体和环境创设),教学重点内容的选择和教学内容的组织,并设计专业主干课程方案,作为现代职业技术教育课程开发的示例。然后是铁道运输管理专业的媒体和环境创设。介绍铁道运输管理专业的典型教学媒体:铁路运输仿真教学系统、铁路列车接发与调度教学模拟实验系统和铁路行车调度指挥系统。铁道运输管理专业的教学环境创设,包括专业教学环境的创设(专业教室、校内实习实验场所)、职业活动导向教学环境创设和校外实习基地建设。

第二部分,专业教学方法应用。本部分主要介绍职业教育教学方法与策略选择以及行动导向教学法在铁道运输管理专业中的应用。从行动导向教学内涵和特点出发,通过介绍适用于铁道运输管理专业的基于行动导向教学体系中教学策略与教学方法,阐述行动导向教学法在铁道运输管理专业主干课程教学中的应用,重点介绍适用于铁道运输管理专业教学的"案例教学法"、"任务教学法"、"角色扮演法"、"模拟教学法"、"项目教学法"和"引导文教学法"等六种方法。通过教学法介绍、教学法的应用步骤、教学法的应用分析,给出详细、完整的教学案例综合应用示例。

第一部分　专业教学特点分析

 1　铁路运输行业和职业分析

铁路是国家的重要设施,是国民经济的大动脉。铁路运输是在国民经济中处于重要地位。铁路运输以运输能力大、运输距离长、安全程度高、运行成本低、环境污染少以及节能省地等优点而得到迅速发展。铁路运输不仅在大宗、大流量的中长以上距离的客货运输方面具有绝对优势,而且随着动车组的开行、城际铁路和客运专线的建设开通,在大流量、高密度的城际中短途旅客运输中也具有很强的优势,铁路运输在社会主义建设与发展中发挥着不可替代的重要作用,铁路运输是最适合中国经济地理特征和人们收入水平的区域骨干运输方式。

 1.1　铁路运输行业和企业发展现状分析

铁路运输在国民经济中的支柱作用和在中国综合运输网络中的担纲作用是其他运输方式难以替代的。2004 年,国务院批准了《中长期铁路网规划》,铁路进入史无前例的高速发展新阶段。截止到 2010 年底,全国铁路营业里程达到 9.10 万 km,居世界第二,比 2005 年底增加 1.56 万 km,增长了 20.7%;电气化铁路里程达到 4.2 万 km,比 2005 年增加了 15%,电气化铁路运营里程跃居世界第二。2010 年,全国铁路客运量达 16.76 亿人,旅客周转量 8 762.2 亿人·km,货运量 36.43 万 t,货物周转量 27 644.1 亿 t·km,分别比 2005 年增长 45.0%、44.5%、35.3%、33.4%,年均分别增长 7.7%、7.6%、6.2%、5.9%。"十一五"期间,全国铁路共发送旅客 72.8 亿人,发送货物 163.0 亿 t,分别比"十五"增长 35.9%、42.9%,创历史新高。

铁路建设加速实现客货分线运输,使铁路货运能力大幅提升。国内企业系统掌握了大功率电力、内燃机车和重载货车的核心技术,自主研制了载重 70 t 通用货车、80 t 煤炭专用货车、100 t 矿石和钢铁专用货车。我国还首次在世界上实现了机车无线同步操纵技术与铁路数字移动通信系统的结合,确保了近 3 km 长的重载列车同步接受指令、同步实施控制。2010 年我国能源大动脉——大秦铁路再次打破世界铁路重载纪录,年运量突破 4 亿 t。随着重载运输的发展,铁路货运以每年 2 亿 t 增量在增加。

高速铁路运营,使我国已成为高速铁路发展最快、系统技术最全、集成能力最强、运营里程最长、运营速度最高、在建规模最大的国家。2007 年铁路实现第六次大提速,随着时速超过 200 km 的"和谐号"动车组开始运行,铁路装备水平上了新台阶。从引进并生产时速 250 公里级别动车组开始,博采世界高铁先进技术之众长,并迅速将先进技术与我国国情相结合,生产出时速高达 350 km 的适应我国铁路运行的动车组。2008 年北京奥运会前夕,拥有完全自主知识产权的京津城际高速铁路开始运营,时速达到 350 km。2009 年郑西、武广两条时速 350 km 级别的高速铁路相继开通。2010 年上海世博会前夕,沪宁、沪杭两条城际高铁投入使用,长三角实现了"一小时生活圈"。我国国产"和谐号"CRH380A 新一代高速动车组,在京沪高铁先导段创造了时速 486.1 km/h 的世界高铁最高实验运营新纪录,改写世界高铁最高实验运营速度。目前,我国高速铁路在建规模超过 1 万 km,到 2012 年新建高速铁路总规模将达到 1.3 万 km。

1.1.1　铁路运输管理组织

全国铁路由铁道部集中领导,下设铁路局(集团公司)、站、段(车务段、机务段、客运段、车辆段、工务段、电务段等)。铁路运输具有高度集中、各个工作环节紧密联系和协同动作的特点,铁路日常运输组织指挥,实行集中领导、统一指挥。铁路运输调度是铁路日常运输组织的指挥枢纽,分别代表各级领导组织指挥日常运输工作,铁路调度指挥工作是协调铁路运输各部门工作、保证列车行车安全正点、提高列车服务质量的核心。其主要任务是制定和执行运输工作日常计划,进行实时的生产调度调整工作。铁路运输调度工作实行分级管理、集中统一指挥的原则,全国铁路的日常组织指挥工作由铁道部运输指挥中心调度部调度处、铁路局由调度所、车站由调度(室)统一指挥。

根据分级管理、统一指挥的原则,铁道部、铁路局、技术站调度分别代表铁道部部长、铁路局局长、车站站长负责全国铁路、铁路局和车站的日常运输组织指挥工作。在铁路日常行车安全管理工作上,铁道部依法对铁路局调度的指挥安全实施监督管理,铁路局对本局调度指挥安全工作全面负责,车站对本站调度指挥安全工作全面负责。铁道部、铁路局、车站各工种调度及有关人员分别由值班处长、值班主任、值班站长统一组织指挥。在确保安全生产的前提下,铁道部调度统一指挥各铁路局和专业公司完成运输生产经营任务;铁路局调度统一指挥管内运输生产单位完成运输生产经营任务;技术站调度统一指挥本站完成运输生产经营任务。

铁路运输业具有其特殊性。一是中国铁路是国民经济大动脉,对经济发展和社会稳定关系重大,特别是在抢险救灾、应付突发事件的关键时刻,铁路的大运量、全天候、四通八达、畅通无阻的特点,是其他运输方式难以替代的。铁路的重要地位及其双重属性(经济性与公益性),决定了必须保持国家对铁路的控制力。二是铁路企业与其他交通运输业不同。铁路是网状企业,铁路运输生产的特点是整体性、联动性、连续性强。其"设备联网、作业联动、部门联劳"的大联动机的特性,要求各部门、各工种、各个企业环节必须做到既精确无误,又协调一致,像钟表那样 24 h 不间断地运转,以确保全国铁路畅通无阻、四通八达。铁路基础设施的网络性和生产过程的关联性决定了在运输生产和经营上的整体性,要求发挥整体优势,处理好局部与全局的关系,要服从统一调度指挥。其他交通运输企业可以独立地生产运输产品(位移),而铁路运输产品,不能完全在一个运输企业内完成,跨局运输需要各运输企业分工协作联合劳动才能完成。

铁路运输组织机构如图 1.1 所示。

铁道部(全路)调度组织机构如图 1.2 所示。

铁路局调度组织机构如图 1.3 所示。

1.1.2　铁路运输管理作业流程

铁路运输生产是一个复杂的过程,是一个设备庞大复杂、生产环节众多、专业分工细密的

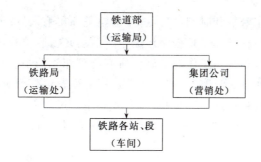

图 1.1　铁路运输组织机构

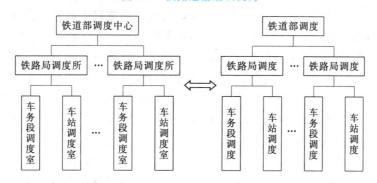

图 1.2　铁道部（全路）调度组织机构

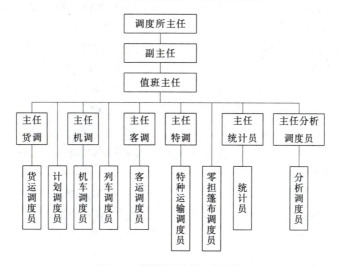

图 1.3　铁路局调度组织机构

现代化大生产,需要科学、合理、严密、细致地进行。铁路运输管理在计划组织与调度指挥两个层面进行。

1.1.2.1　计划组织

铁道部、铁路局通过编制和执行以下基本文件,实施对运输生产的计划与组织:

1. 列车运行图

列车运行图是列车在各区间运行时刻和在各车站停车、通过时刻的图解,是表示列车在铁路区间运行及在车站到发的技术文件,它是全路列车运行组织的基础。

列车运行图又是与运输有关各部门工作的总计划,各部门都根据它来统一安排自己的工作。例如车站要按照它规定的时刻,安排接车、发车和调车编解作业,安排客货运输业务;机务部门要根据它确定的机车台数和时刻,安排机车的整备和司乘人员;车辆部门要根据它安排列车技术检查工作等等。"按图行车"是铁路运输生产活动必须遵循的基本准则。

列车运行图是铁路行车组织工作的基础。所有与列车运行有关的铁路各部门,必须按列车运行图的要求组织工作,以保证列车按运行图运行。列车运行图应符合下列要求:①列车运行的安全;②迅速、便利地运输旅客和货物;③充分利用通过能力,经济合理地运用机车车辆和安排施工时间;④做好列车运行线与车流的结合;⑤各站、各区段间的协调和均衡;⑥合理安排乘务人员作息时间。

2. 列车编组计划

列车编组计划是全路的车流组织计划。铁路上每天有数以十万计的重车、空车分布在全国铁路的各线各站,而每个车站装车的数量不同、车辆的去向也不同,如何把装上的重车送到卸车地点,卸后的空车送到装车地点。这就需要经过一系列的技术作业,而首先是要编成列车。全路各个车站设备条件不同,有的编解作业能力大,有的不能进行编解作业,列车编组计划就是解决怎样编组列车、编组哪些列车和在哪些车站上编组列车的问题。列车编组计划的编制在加强货流组织的基础上,最大限度地组织成组、直达运输,合理分配各编组站、区段站的中转工作,减少列车改编次数。

3. 月度货运计划

月度货运计划是安排月度货运工作的依据。它根据每月货源货流的客观要求,结合铁路运输能力的变化情况,编制分品类、分发到站、分使用别的车种车数的货物运输计划。

4. 月度技术计划

月度技术计划是为保证完成月度货运计划而制定的合理运用铁路技术设备的综合性计划。它具体规定各铁路局的使用车数、卸空车数,各分界口接入和交出重车、空车数和列车对数,各铁路局的运用车和工作量数,各机务段的运用机车和备用机车台数以及机车车辆运用的质量指标。同时,具体规定空车调整任务,合理安排空重车流。

5. 月度运输方案

运输方案是按照月度货运计划、技术计划的要求和列车编组计划、列车运行图、机车周转图等的规定,协调路内外与运输有关部门的工作,综合平衡全面安排,科学地组织货流与车流,经济合理地使用机车车辆和有关运输设备,挖掘潜力,提高效率,加速货物运送的综合部署。运输方案包括货运工作方案、列车工作方案和机车工作方案三个基本部分,还可根据需要包括施工封锁方案等内容。

1.1.2.2 运输调度

铁路运输调度工作是整个铁路运输组织过程的核心组成部分,担负着铁路日常运输的组织、协调和指挥工作。铁路运输调度对组织客货运输、保证国家重点运输、提升客货服务质量、确保运输安全、提高铁路运输企业效能起着重要作用。铁路运输的日常生产活动是由各级调度按照上述基本文件,结合日常具体情况组织进行的。因为铁路是 24 h 不间断、全天候运转的大动脉,虽然有上述基本文件的严密计划和组织,但是客观变化因素很多,通俗地说是"天、地、人、车、货"的变化都会影响运输生产的正常进行,特别是客货运输要适应市场经济的变化要求,运输工作量不可能每天均衡,车流有增有减,列车有时要增开,有时要停运等等,必须由各级调度及时调整和指挥监控。

铁路运输调度是铁路运输工作的神经中枢,实行自上而下的集中统一指挥。其基本任务就是认真执行国家运输政策,完成国家规定的旅客和货物运输任务;正确地编制和执行运输工作日班计划,科学地组织客流、货流和车流,合理使用机车车辆及有关运输设备;组织各部门协调工作,做到分界口均衡,限制口有序,全路安全畅通,确保国家重点物资和突发事件的运输要求,质量良好地完成客货运输任务。

铁路运输组织作业流程如图 1.4 所示。

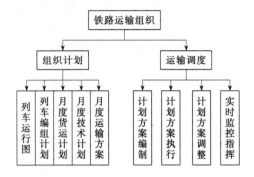

图 1.4　铁路运输组织作业流程

铁路局行车调度职责如图 1.5 所示。

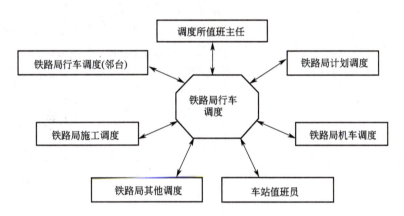

图 1.5　铁路局行车调度职责

1.1.3　铁路运输的管理规程

为加强铁路运输企业管理,保证铁路畅通无阻、四通八达、安全正点、当好先行,更好地为人民服务、为国民经济服务、为国防建设服务。铁道部和铁路局制定了相应的铁路运输管理规程。

1.1.3.1　行车组织管理规程

行车组织管理规程主要包括《铁路技术管理规程》、《行车组织规则》、《车站行车工作细则》、《铁路交通事故调查处理规则》、《铁路调车作业标准》、《接发列车作业标准》、《铁路运输调度规则》和《铁路车站行车作业人身安全标准》等。

《铁路技术管理规程》(简称《技规》)是铁道部制定的铁路技术管理的基本法规。《技规》规定了铁路各部门、各单位从事运输生产时必须遵循的基本原则、工作方法、作业程序和相互关系,确定了铁路运输设备在设计新建、保养维修、验收交接和使用管理方面的基本要求和标准,明确了铁路工作人员的主要职责和必须具备的基本条件。它是广大铁路职工长期生产实践和科学研究的总结,随着运输生产和科学技术的不断发展,逐步得以充实和完善。《技规》(2006年10月第10版)分一至四编,共19章,加上附则共有395条。其中第二编是关于铁路行车组织的技术管理规程,包括行车组织原则、车站技术管理、编组列车、调车工作、行车闭塞法、接车发车等作业的技术要求以及应遵循的基本原则、工作方法和作业程序。

《行车组织规则》(简称《行规》)是各铁路局为实施《技规》规定的行车组织原则和办法,针对本局技术设备、运输特点及工作水平的具体条件制定的行车组织办法。其主要内容是《技规》明文规定由各铁路局自行规定的事项;《技规》未作统一规定又不宜由站段等基层单位自行补充规定的行车办法;根据铁路局管内特殊地段的平、纵断面情况,信号、联锁、闭塞设备和机车类型,对行车规定的特殊要求和注意事项;本局在生产实践中普遍推广的先进经验和行之有效的安全生产措施等。

《车站行车工作细则》(简称《站细》)是车站编制、执行日常作业计划,组织接发列车、调车和各项技术作业以及有关技术设备使用的基本法规。《站细》的主要内容包括车站技术设备的使用、管理,接发列车、调车以及与行车有关的客运、货运、军事运输工作组织,列车的技术作业程序和时间标准,作业计划的编制、执行制度,车站信息系统的管理制度,车站通过、改编能力,并附有与车站相关的技术数据、图表等技术资料。

《铁路交通事故调查处理规则》(简称《事规》)是国务院为及时准确调查处理铁路交通事故,严肃追究事故责任,防止和减少铁路交通事故的发生制定的,适用于国家铁路、合资铁路、地方铁路以及专用铁路、铁路专用线等发生铁路交通事故的调查处理的法规。《事规》共8章有95条:第一章总则提出铁路交通事故调查处理的职责;第二章事故等级具体确定了特别重大事故、重大事故、较大事故和一般事故四个等级和具体类型;第三章和第四章是关于事故报告和事故调查;第五章是关于事故责任判定和损失认定;第六章是事故统计、分析;第七章罚则具体规定了事故的调查处理和处罚的规定;第八章是附则以及附件。

《铁路调车作业标准》(简称《调标》)规定了调车工作的领导与指挥、调车作业计划、平面牵出线调车、驼峰调车、中间站调车、制动和信号、调车速度、调车线路、正线及到发线上作业程序和基本作业技术规范及标准。

《接发列车作业标准》接发列车作业直接关系着安全正点和运输效率。不间断地接发列车、严格按列车运行图行车,是车站的基本任务之一。《接发列车作业标准》由作业程序和岗位作业技术要求构成,包括双线自动闭塞、单双线半自动闭塞集中联锁、色灯电锁器联锁、电话闭塞无联锁等六个作业标准。《接发列车作业标准》的实施,完善接发列车作业组织,提高了接发列车作业安全和作业效率,促进了接发列车作业管理现代化。

《铁路运输调度规则》(简称《调规》)规定了铁路运输调度工作的组织管理、列车调度指挥的基本方法、运输工作计划、调度命令等基本作业技术规范及标准。

1.1.3.2　客运组织管理规程

客运组织管理规程主要包括《铁路旅客运输规程》、《铁路旅客运输管理规则》、《铁路客运运价规则》、《铁路旅客运输办理细则》、《铁路旅客运输服务质量标准》、《铁路运输收入管理规程》、《铁路旅客运输损害赔偿规定》等。这些客运规章是提高铁路旅客运输管理水平和工作质量,做到安全、准确、迅速、优质地运送旅客及行李包裹,做好铁路旅客运输的准绳。

《铁路旅客运输规程》(简称《客规》)是铁路旅客运输的基本规章,适用于中华人民共和国境内的铁路旅客和行李包裹公共运输。它是为了维护铁路旅客运输的正常秩序,保护铁路旅客运输合同各方当事人的合法权益,依据《铁路法》《合同法》及有关政策制定的。《客规》规定了铁路旅客运输的基本条件、旅客运输合同、车票及车票的有效期、车票变更办理、误售、误购、误乘的处理、乘车条件、不符合乘车条件的处理、旅客运输突发事件的处理和行李包裹运输的行包范围、托运与承运、保价运输、押运和带运及装卸、交付和转运、运输事故的处理,是组织铁路旅客和行包运输最为直接的依据。

《铁路旅客运输管理规则》(简称《客管规》)是铁道部制定的铁路旅客运输内部管理的规定,共有 16 章有 245 条。它具体规定了旅客和行包运输基本作业、客运调度、旅客运输计划、运输安全、客运监察、客运职工的职业道德和服务礼仪规范以及客运事故处理方法及原则等,是铁路内部客运工作的基本管理规章。

《铁路客运运价规则》规定了铁路客运费用的计算、旅客票价、行李包裹运价、特定运价、客运杂费等计算方法。

《铁路旅客运输办理细则》是为规范铁路运输企业内部办理旅客及行李、包裹运送工作,依据《客规》制定的。它是实施《客规》的细化条文,具体规定了铁路旅客运输和行李、包裹运输的作业方法和业务办理要求。

《铁路旅客运输服务质量标准》是铁道部制定的铁路旅客运输服务作业标准。具体规定了铁路客运设施要求、安全要求、客运服务人员素质要求、车站服务质量要求、客运服务作业标准和服务收费标准等。

1.1.3.3 货运组织管理规程

货运组织管理规程主要包括《铁路货物运输规程》、《铁路货物运输管理规则》、《铁路货运运价规则》、《铁路危险品运输管理规则》、《铁路鲜活货物运输规则》、《铁路超限超重货物运输规则》、《铁路集装箱运输管理规则》、《铁路货运事故处理规则》、《铁路货运检查管理规则》等。

《铁路货物运输规程》(简称《货规》)是铁路货物运输的基本规章。它是为了维护铁路货运的正常秩序,保护铁路运输合同各方当事人的合法权益,依据《铁路法》《合同法》及有关政策制定的。它规定了铁路货物运输的基本条件、货物运输合同、货物的搬入输出、货物承运与交付、装卸、货物运输事故的处理和赔偿、承托双方责任的划分,是组织铁路货物运输最为直接的依据。

《铁路货物运输管理规则》(简称《货管规》)是铁道部制定的铁路旅客运输内部管理的规定,共有 6 章有 60 条。它具体规定了货物运输基本作业、货物交接检查和换装整理、货场管理、运输安全、货运监察,是铁路内部货运工作的基本管理规章。

《铁路货运运价规则》(简称《价规》)规定了铁路货物运输费用的计算、货物运费、杂费、国际铁路联合货物运输国内段的运输费用、铁路非运用车运输费用等,适用于与铁路货物运输相关的运输费用计算方法。

《铁路危险品运输管理规则》(简称《危规》)、《铁路鲜活货物运输规则》(简称《鲜规》)、《铁路超限、超重货物运输规则》(简称《超规》)规定了危险品运输、易腐货物运输、鲜活动物运输及超长、超限、超重等特种货物运输的条件、管理制度,是铁路危险品运输、鲜活货物运输、超限、超重货物运输组织的依据。

《铁路集装箱运输管理规则》规定了集装箱运输组织、集装箱运输管理、调度指挥和统计报告制度。它是铁路集装箱运输的依据。

《铁路货运事故处理规则》规定了货运事故种类等级、事故调查处理程序、事故责任划分、事故赔偿和统计,适合于铁路内部处理货物运输事故和划分责任。

《铁路货运检查管理规则》规定了货物运输检查作业、日常管理、货运检查工具和备品管理、整理、换装等,适合于铁路货运检查作业。

1.2　铁道运输管理专业人才的工作任务

铁路运输生产方式是利用铁路线路、站场、机车、车辆和通信信号等技术设备有计划地将旅客或货物通过列车运行从一个地点运送到另一地点。列车的组成和运行工作统称为行车组织,旅客运输工作统称为客运组织,货物运输工作统称为货运组织。铁道运输管理专业人才的工作任务主要是铁路行车组织与管理、铁路客运组织与管理和铁路货运组织与管理。

1.2.1　铁路行车组织与管理

行车工作分为车站行车工作和铁路局行车工作。车站行车工作内容主要包括:接发列车、调车和车站统计工作。从事接发列车工作的主要工种有:车站值班员、助理值班员、车站信号员等。从事调车工作的主要工种有:车站调度员、调车区长(站调助理)、调车长、连结员、制动员和扳道员等。从事车站统计工作的主要工种是车号员。铁路局行车工作内容主要包括:铁路运输调度指挥和行车事故处理。从事铁路运输调度指挥工作的主要工种是列车调度员,行车事故的处理主要在铁路局安监室。

铁路行车组织与管理的关键技能包括:接发列车工作、调车工作、车号及统计工作、行车调度和行车安全等。

1.2.2　铁路客运组织与管理

客运工作内容包括:车站客运工作、列车客运工作和旅客运输计划。从事车站客运工作的主要工种有:铁路售票员、车站客运员、车站行李员、客运值班员等。从事列车客运工作的主要工种有列车员、旅客车长和列车行李员。从事旅客运输计划工作的主要工种是客运计划员。

客运组织的关键技能包括:车站客运、列车客运、行包运输和旅客运输计划等。

1.2.3　铁路货运组织与管理

货运工作内容包括:货场货运内勤、货场货运外勤、运费核收、特殊货物运输组织和货运安全及检查工作。从事货运工作的主要工种有:内勤货运员、外勤货运员、货运核算员、货运安全员和货运值班员等。

铁路货运组织与管理的关键技能包括:普通货物运输、特殊货物运输、货运核算和货运安全及检查、货物联合运输等。

1.3　铁道运输管理专业中等职业人才的典型职业工作分析

职业教育的教学体现以能力为本位的教学观,职业教育要培养学生具有胜任职业工作岗位的职业能力。铁道运输管理专业具有综合性强、管理性强、岗位(工种)较多等特点,而不同岗位工种有其不同的工作内容要求,对知识和技能的要求有不同的侧重,所构建的能力体系是不相同的。因此,职业学校的专业教师必须深入分析本专业典型职业岗位的职业功能和工作内容及所需的知识与技能结构,通过研究分析典型职业岗位工作所应达到的专业知识与技能点的结构,以及知识与技能结构的权重,并以此为基点,设计学生知识与技能的培养目标,构建本专业教学特点,体现职业教育"以就业为导向,以能力为本位"的专业技能型人才培养特色。

职业工作分析一般包括:职业概况、工作内容分析及技能点列项、知识结构分析及知识点列项、技能结构权重分析、技能点权重分析、知识结构权重分析、知识点权重分析等七个方面。下面对铁路行车组织的车站值班员和信号员、铁路客运组织的客运值班员、铁路货运组织的货运员这四个典型职业工作进行分析。

1.3.1 车站值班员职业工作分析

1. 车站值班员职业分析之一:职业概况(见表1.1)

表1.1 车站值班员职业概况

职业名称	车站值班员
职业定义	根据铁路列车运行图,列车编组计划,日班(阶段)计划,调度命令和有关规定,组织办理接发列车及调车作业的人员
职业等级	本职业共设三个等级:中级(国家职业资格四级)、高级(国家职业资格三级)、技师(国家职业资格二级)
职业环境	车站信号楼或行车室内,常温
职业能力特征	心理及身体素质较好,手指、手臂灵活,动作协调性好,听力及辨色力正常,双眼矫正视力不低于5.0;有普通话表达能力,有获取、领会和理解外界信息的能力;有较好的计算能力,较强的事物反应能力和组织指挥能力
劳动工具	车站控制台,无线调度通信,站间电话,闭塞电话,有线广播等设备,TMIS系统终端,手信号旗(灯),行车日志,行车凭证,统计报表等行车备品

2. 车站值班员职业分析之二:工作内容分析及技能点列项(见表1.2)

表1.2 车站值班员工作内容分析及技能点列项

工作内容	技能点列项	工作内容	技能点列项
交接班	主持或参加接班会,布置本班工作重点及安全事项	特殊情况接发列车	一切电话中断时办理行车
	接班前检查、了解车站股道占用及停留车情况		站内无空闲线路接车
	了解班计划、阶段计划		接发超重、超限、超长列车
	主持或参加班后总结分析会		无联锁线路接发列车及引导接车
正常情况接发列车	办理闭塞		开行救援,路用列车及列车分部运行
	布置及准备进路		轻型车辆及小车使用
	开闭信号或交接行车凭证	调车作业	编制调车作业计划
	迎送列车		牵出线调车作业
	开通区间		摘挂列车编组
			机车车辆停留及防溜

工作内容	技能点列项	工作内容	技能点列项
行车数据统计报告与计算	货车停留时间统计	行车安全及应急处理	列车冒进信号、挤岔子、脱轨等应急处理
	闸瓦压力计算		站内设备故障处理及防护
	运统1、运报—2、3、4 编制		调度命令及各种书面行车凭证的使用
行车安全及应急处理	铁路交通事故等级、构成条件及事故报告	班组管理与业务培训指导	班组管理
			业务指导
	救援设备、组织及开行		业务培训

3. 车站值班员职业分析之三:知识结构分析及知识点列项(见表1.3)

表1.3　车站值班员知识结构分析及知识点列项

知识分类	知识点列项	知识分类	知识点列项
识图知识	车站平面设置图、控制台盘面图	通信信号设备知识	信、联、闭设备类型、用途、基本原理及使用方法
	列车运行图及机车周转图		各种信号机、表示器、标志的设置及显示意义
	列车、货车技术作业过程图		行车电话、列车无线调度电话、通信记录装置、无线调车灯显设备使用
	接发列车作业程序图		手信号、音响信号显示方式及意义
	机车车辆、线路、信号、联锁、闭塞平面图		控制台(显示器)各种表示灯及光带的显示意义,各种按钮、手柄的用途、使用条件及操作方法
线路站场知识	线路分类、线间距、曲线及坡度	法律法规知识	《劳动法》、《安全生产法》、《铁路法》、《安全保护条例》
	车站股道编号、有效长及容车数		《技规》、《行规》、《站细》、《事规》、《救援规则》、《调规》、《统规》
	道岔类型、编号及辙叉号数		《调标》、《人身安全规则》、《电气化铁路电气安全规则》、《危规》、《超规》
机车车辆知识	机车类型、交路、乘务方式	班组管理知识	车站班组管理与业务培训指导
	车辆类型、构造及编码		与邻站、列检所、机务段、电务段、供电段协调配合
	机车车辆限界、建筑限界		
	接触网高度、分相绝缘位置及长度,隔离开关操作		

4. 车站值班员职业分析之四:技能结构权重分析(见表1.4)

表1.4　车站值班员技能结构权重分析

工作内容	初级	中级	高级	技师
接发列车		70	55	45
调车作业		15	10	10
行车相关数据计算与分析		5	10	15
事故应急处理		10	20	20
培训指导		0	5	10
合　　计		100	100	100

5. 车站值班员职业分析之五:技能点权重分析(见表1.5)

表1.5 车站值班员技能点权重分析

工作内容	技能点	初级	中级	高级	技师
接发列车	办理闭塞		25	25	15
	布置进路		20	20	15
	开闭信号		5	0	5
	迎送列车		5	0	5
	开通区间		15	10	5
调车作业	作业计划		10	5	5
	作业方法	.	5	0	0
	特殊情况处理			5	5
行车相关数据计算与分析	统计报告		5	0	0
	数据计算与分析			5	10
	新技术应用			5	5
事故应急处理	事故分析与等级划分		5	10	10
	应急处理		5	10	10
培训指导	班组管理			5	0
	职工培训			0	5
	业务指导			0	5
合 计			100	100	100

6. 车站值班员职业分析之六：知识结构权重分析(见表1.6)

表1.6 车站值班员知识结构权重分析

知识分类	初级	中级	高级	技师
识图知识		10	15	15
线路站场知识		30	20	20
机车车辆知识		20	20	15
通信与信号设备知识		20	15	15
法律法规知识		15	15	15
班组管理培训指导知识		5	15	20
合 计		100	100	100

7. 车站值班员职业分析之七：知识点权重分析(见表1.7)

表1.7 车站值班员知识点权重分析

知识分类	内 容	初级	中级	高级	技师
识图知识	车站平面布置图(含控制台)		5	0	0
	列车运行图		5	5	5
	技术作业过程图,接发列车程序图		0	5	5
	机车、车辆、信号、线路平面图		0	5	5

知识分类	内　　容	初级	中级	高级	技师
线路站场知识	线路分类,线间距,曲线,坡度		10	10	10
	股道编号,有效长,容车数		10	10	10
	道岔类型,编号,辙叉号数		10	0	0
机车车辆知识	机车类型,交路,乘务方式		5	5	0
	车辆类型构造及编码		5	5	0
	闸瓦压力及计算		0	0	10
	自动制动机实验及隔离开关操作		5	0	0
	接触网高度,分相绝缘长度		5	5	5
通信与信号设备知识	信号、联锁、闭塞设备类型、用途、基本原理及使用方法,轨道电路的设置及相互关系;各种信号机、表示器、标志的设置、编号及显示意义		5	5	5
	手信号、音响信号显示方式及意义;控制台(显示器)各种表示灯及光带的显示意义,各种按钮、手柄的用途、使用条件及操作办法		5	5	5
	行车电话、列车无线调度电话、通信记录装置、无线调车灯显设备使用的知识及保管、维修等规定		5	5	5
法律法规知识	《劳动法》、《安全生产法》、《铁路法》、《安全保护条例》		5	5	5
	《技规》、《行规》、《站细》、《事规》、《统规》		5	5	5
	《接发列车作业标准》、《调规》、《车机联控标准》、《电气化铁路电气安全规则》、《铁路车站行车作业人身安全规则》		5	5	5
班组管理知识	班组管理		5	10	5
	培训指导		0	5	15
合　　计			100	100	100

1.3.2　信号员(长)职业分析

1. 信号员(长)职业分析之一:职业概况(表1.8)

表1.8　信号员(长)职业概况

职业名称	信号员(长)
职业定义	根据车站值班员命令和调车作业计划,(组织)办理闭塞、排列进路、开闭信号、通过控制台(显示器)监视接发列车和调车作业的人员
职业等级	本职业共设二个等级,分别为:初级(国家职业资格五级)、中级(国家职业资格四级)
职业环境	车站信号楼或行车室内,常温
职业能力特征	有获取、领会和理解外界信息以及对事物进行分析和判断的能力;有一定的语言(普通话)表达能力;心理及身体素质较好;手指、手臂灵活,动作协调性好;听力及辨色力正常,双眼矫正视力不低于5.0
劳动工具	车站控制台,站间电话,闭塞电话,有线广播等设备,TMIS系统终端,手信号旗(灯),行车日志,行车凭证,统计报表等行车备品

2. 信号员(长)职业分析之二:工作内容分析及技能点列项(表1.9)

表 1.9　信号员（长）工作内容分析及技能点列项

劳动内容	技能点列项
工作交接	对阶段计划、到发线占用、调车作业进度、进路准备停留车辆防溜等情况交接
	对行车文电、命令、重点事项、设备变化、施工、检修等情况进行交接
	对行车设备、备品的数量、设备的施封、加锁及计数器使用情况进行交接
	填记、交接与保管接发列车记录簿册
办理闭塞	通过闭塞设备、控制台（显示器）确认区间、闭塞分区空闲
	根据车站值班员的指示办理（取消）闭塞
	按规定揭挂有关标志
	正常办理闭塞机复原
设备正常准备接发列车进路	按车站值班员的指示准备接发列车进路
	按标准用语汇报、复诵
	按规定取消进路及光带
设备故障准备接发列车进路	能发现行车设备故障并向车站值班员汇报
	能在设备故障情况下准备接发列车进路
	能按规定确认进路并向车站值班员汇报
	能使用总取消按钮、总人工解锁按钮和区段故障解锁按钮办理取消和解锁进路
有关数据计算	能计算开放进、出站信号时机
	能计算线路容车数
	能计算进站信号机外制动距离内换算坡度
开闭信号	能按车站值班员指示开放进、出站信号
	能使用引导进路锁闭方式开放引导信号
	能使用引导总锁闭方式开放引导信号
正常情况下准备调车进路	能按照车站值班员指示和调车作业计划准备调车进路
	能按照规定变更、取消调车进路
故障情况下准备调车进路	能发现联锁设备故障情况并向车站值班员汇报
	能按车站值班员的指示和调车作业计划准备调车进路
监视列车运行	能通过设备监视列车运行情况和调车作业进度
监视信号及光带变化	能通过控制台复示器（显示器）监视信号显示变化
	能通过控制台复示器（显示器）监视接发列车进路、调车进路光带的显示情况
设备故障处理	能发现信号、联锁、闭塞设备故障并向车站值班员汇报

3. 信号员（长）职业分析之三：知识结构分析及知识点列项（表 1.10）

表 1.10　信号员（长）知识结构分析及知识点列项

知识分类	知识点列项
线路站场知识	线路分类、站场线路股道编号、有效长、容车数、线间距、安全线、避难线
	道岔类型、编号、辙叉号、及限制速度、定位开通方向
	车站（场或区）的设置、用途及分工
	各专用线、货物线、段管线长度、坡度

知识分类	知识点列项
通信与信号设备知识	信号、联锁、闭塞设备类型、用途
	各种信号机、表示器、标志设置及显示意义
	手信号、音响、信号显示方式及意义
	控制台(显示器)各种表示灯及光带的显示意义
	各种电话、列调电话、通信记录装置、无线调车灯显设备使用的知识及保管、维修等规定
机车车辆知识	有关调车设备、调车区划分、调机分工
	机车车辆限界、建筑限界、侵限设备和侵限程度及作业限制和要求
	车辆基本构造设主要部件的名称和作用
工具使用	各种按钮、手柄的用途、使用条件及操作办法
法律法规知识	《劳动法》《安全生产法》《铁路法》《安全保护条例》
	《技规》《行规》《站细》《事规》《调规》《统规》
安全生产知识	《接发列车作业标准》《调标》《车机联控标准》
	《电气化铁路安全规则》《铁路车站行车作业人身安全规则》

4. 信号员(长)职业分析之四:技能结构权重分析(表1.11)

表1.11　信号员(长)技能结构权重分析

劳动内容	初级	中级	高级	技师
工作交接	10	0		
办理闭塞	10	8		
准备接发列车进路	32	28		
开闭信号、检查整理	20	19		
准备调车进路	16	13		
有关数据计算及分析	0	15		
合　　计	100	100		

5. 信号员(长)职业分析之五:技能点权重分析(表1.12)

表1.12　信号员(长)技能点权重分析

劳动内容	技能点	初级	中级	高级	技师
工作交接	作业进度及停留车辆防溜交接	3	0		
	施工、检修等情况进行交接	3	0		
	对行车设备、备品使用情况交接	2	0		
	接发列车记录簿册交接	2	0		
办理闭塞	确认区间、闭塞分区空闲	4	4		
	办理(取消)闭塞	2	2		
	按规定揭挂有关标志	2	1		
	正常办理闭塞机复原	2	1		
设备正常准备接发列车进路	按车站值班员的指示准备接发列车进路	9	5		
	按标准用语汇报、复诵	4	4		
	按规定取消进路及光带	3	2		

劳动内容	技能点	初级	中级	高级	技师
设备故障准备接发列车进路	能发现行车设备故障并向车站值班员汇报	2	6		
	能在设备故障情况下准备接发列车进路	5	7		
	能按规定确认进路并向车站值班员汇报	5	2		
	办理取消和解锁进路	4	2		
有关数据计算	计算开放进、出站信号时机	0	5		
	计算线路容车数	0	5		
	计算进站信号机外制动距离内换算坡度	0	5		
开闭信号检查整理	按车站值班员指示开放进、出站信号	10	2		
	能使用引导进路锁闭方式开放引导信号	5	8		
	能使用引导总锁闭方式开放引导信号	5	9		
正常情况下准备调车进路	准备调车进路	6	3		
	变更、取消调车进路	4	3		
故障情况下准备调车进路	能发现联锁设备故障情况并向车站值班员汇报	2	4		
	能按车站值班员的指示和调车作业计划准备调车进路	4	3		
监视列车运行	监视列车运行情况和调车作业进度	4	3		
监视信号及光带变化	监视信号显示变化	3	2		
	监视接发列车进路、调车进路光带的显示	3	2		
设备故障处理	能发现信号、联锁、闭塞设备故障并向车站值班员汇报	2	10		
合　计		100	100		

6. 信号员(长)职业分析之六:知识结构权重分析(表1.13)

表1.13　信号员(长)知识结构权重分析

知识分类	初级	中级	高级	技师
线路站场知识	25	5		
通信与信号设备知识	20	10		
机车车辆知识	10	25		
工具使用	20	20		
法律法规知识	15	20		
安全生产知识	10	20		
合　　计	100	100		

7. 信号员(长)职业分析之七:知识点权重分析(表1.14)

表1.14　信号员(长)知识点权重分析

知识分类	内　　容	初级	中级	高级	技师
线路站场	线路分类、站场线路股道编号、有效长、容车数、线间距、安全线、避难线	10	5		
	道岔类型、编号、辙叉号、及限制速度、定位开通方向	5	5		
	车站(场或区)的设置、用途及分工	4	2		
	各专用线、货物线、段管线长度、坡度	5	4		

知识分类	内 容	初级	中级	高级	技师
通信与信号设备	信号、联锁、闭塞设备类型、用途	6	7		
	各种信号机、表示器、标志设置及显示意义	2	3		
	手信号、音响、信号显示方式及意义	5	2		
	控制台(显示器)各种表示灯及光带的显示意义	8	4		
	各种电话、列调电话、通信记录装置、无线调车灯显设备使用的知识及保管、维修等规定	8	10		
机车车辆	有关调车设备、调车区划分、调机分工	5	1		
	机车车辆限界、建筑限界、侵限设备和侵限程度及作业限制和要求	3	8		
	车辆基本构造设主要部件的名称和作用	2	5		
工具使用	各种按钮、手柄的用途、使用条件及操作办法	6	4		
法律知识	《劳动法》《安全生产法》《铁路法》《安全保护条例》	5	5		
	《技规》《行规》《站细》《调规》《统规》	10	15		
安全生产	《接发列车作业标准》《调标》《车机联控标准》	7	10		
	《电气化铁路有关人员电气安全规则》《铁路车站行车作业人身安全规则》《救援规则》	8	10		
合 计		100	100		

1.3.3 客运值班员职业分析

1. 客运值班员职业分析之一:职业概况(见表1.15)

表 1.15　客运值班员职业概况

职业名称	客运值班员
职业定义	组织、指导、检查完成旅客候车、解答问询、进出站、乘降组织、旅客伤害处理等各项旅客运输服务工作的人员
职业等级	本职业共设三个等级:中级(国家职业资格四级)、高级(国家职业资格三级)、技师(国家职业资格二级)
职业环境	室内、外,常温
职业能力特征	有获取、领会和理解外界信息以及对事物进行分析和判断的能力;有较好的语言(普通话)表达能力;有较强的事物反应能力和组织指挥能力;心理及身体素质较好;手指、手臂灵活,动作协调性好;听力及辨色力正常,双眼矫正视力不低于5.0
劳动工具	铁路客运运价里程表、旅客票价表、行包运价表、站车交接凭证、客运记录、事故速报、代用票、客运运价杂费收据等

2. 客运值班员职业分析之二:工作内容分析及技能点列项(见表1.16)

表 1.16　客运值班员工作内容分析及技能点列项

工作内容	技能点列项
接发列车	接收、传达文件、电报、命令、重点事项
	办理列车运行、设备、备品、重点旅客、站容卫生、承办事项的交接
	组织班组人员提前对岗交接,接发列车

续上表

工作内容	技能点列项
接发列车	根据站台人员情况，合理布岗
	组织旅客安全乘降，做好安全宣传、引导
	办理站车业务交接
	处理列车移交的伤病旅客、精神病旅客、无票人员、食物中毒旅客
	根据客流量、列车正晚点、停靠站台等具体情况，组织旅客有秩序乘降
	在列车晚点、满员、变更股道、线路中断时妥善组织有关人员进行安全作业
	在客流积压时，按程序启动应急预案，组织旅客有秩序检票、进出站、乘降，确保安全
组织服务	组织客运人员维持候车、售票秩序，进行安全检查
	组织客运人员进行剪票、验票作业
	对老弱病残、孕重点旅客进行重点照顾
	定期检查监督管辖区内的环境卫生质量，组织人员进行清理
	组织客运人员接待旅客问询，对旅客提出的问题进行解答，做到首问负责
	组织客运人员与广播、售票、行包等联系，收集列车运行、售票组织、行包组织情况，向旅客做好解释
	针对重点旅客的不同情况，提出帮助进出站、上下车的方案
	针对列车晚点等造成旅客情绪过激的情况，安抚旅客情绪，采取措施，疏导旅客
	使用一种外语与外籍旅客进行简单对话，提供服务
	对候车中突出急病的旅客组织救治
	接算基本里程及包车、旅游专列的里程，计算票价、运杂费，填写代用票、退票报告等运输票据
	按物品类别填写行李、包裹票据
	征求旅客意见，对旅客提出的意见及时梳理，提出改进工作的意见
	接待旅客投诉，调查事情经过，妥善处理
	签阅旅客留言簿，汇总旅客留言簿上意见，涉及其他部门的及时反馈有关部门
	按章处理列车移交和本站查出的危险品
	按新老兵运输计划，组织候车服务和站台乘降工作
	组织客运员对乘车条件不符和携带品违章和旅客进行按章补费
	对不符合乘车条件、拒绝补费旅客按章处理
处理事故	在事故发生后赶赴现场，保护现场，调查事故简单经过、旅客伤害程度及旅客自身情况，收集相关事故旁证材料，撰写事故概况，查明事故发生的原因和责任者
	在事故发生后立即组织抢救受伤旅客，送就近医院救治，并向上级汇报
	编制客运记录
	拍发事故速报
	组织恢复正常运输秩序
	组织班组事故分析会，有针对性地制定防范措施
	在事故处理结束前，会同上级及有关部门办理旅客伤害赔偿
	编写"铁路旅客人身伤害事故最终处理协议书"
管理班组	根据班组工作情况，对职工作业纪律、劳动纪律和作业标准进行考核
	根据班组工作情况，制定月度计划，进行月度工作小结
培训指导	技术培训
	专业指导

3. 客运值班员职业分析之三：知识结构分析及知识点列项（见表 1.17）

表 1.17　客运值班员知识结构分析及知识点列项

知识分类	知识点列项
安全及服务知识	客运职工安全运输的基本知识
	安全消防知识及发生火灾处置方法
	旅客携带危险品的检查处理规定
	发生旅客伤亡和意外伤害等特殊情况的处理
	车站卫生管理
	解答旅客问询的知识
	组织旅客安全乘降并做好服务工作的知识
	非正常情况下应急处置预案
客运基本知识	客运运价里程的确定，旅客票价、行包运费计算，客运杂费核收基本知识
	售票、退票基本知识
	旅客携带品及遗失品的有关规定
	不符合乘车条件处理规定
	旅客列车等级划分及车次编定，本站各次列车到、开时刻、停靠站台、编组顺序
	填写代用票、退票报告等客运票据有关知识
	编写客运记录、编发铁路电报和办理站车交接的基本知识
	行包运输基本知识
	春运、暑运、军事运输的基本知识
	铁路乘车证相关知识
	客运规章汇编相关规定
	现金、票据管理和运输收入管理基本知识
铁路信号知识	铁路信号的种类
	视觉信号的基本颜色及显示作用
	机车鸣笛表示的意义
客运设备知识	本站客运服务设施、设备、工具的性能和使用方法
	常用客车的类型标记
	应急救援器材设备的使用
法律法规知识	《劳动法》、《安全生产法》、《铁路法》
	《技规》、《客规》、《客管规》、《铁路客运运价规则》、《办理细则》、《铁路旅客运输服务质量标准》、《铁路运输收入管理规程》
	《运输安全保护条例》、《铁路旅客运输安全检查管理办法》、《铁路军事运输管理办法》、《客统规》、《危规》
	《铁路旅客意外伤害强制保险条例》、《铁路旅客人身伤害及自带行李损失事故处理办法》、《铁路旅客运输损害赔偿规定》
管理知识	铁路车站旅客运输标准及客运职工文明礼仪规范
	旅客计划运输及旅客运输组织原则
	上级文电、命令、要求等各类揭挂的规定及班组管理
	管理制度、技术总结
	技术培训、"四新"推广应用

4. 客运值班员职业分析之四：技能结构权重分析（见表 1.18）

表 1.18　客运值班员技能结构权重分析

工作内容	中级	高级	技师
接发列车	40	40	25
组织服务	40	35	20
处理事故	20	25	15
管理班组			20
培训指导			20
合　　计	100	100	100

5. 客运值班员职业分析之五：技能点权重分析（见表 1.19）

表 1.19　客运值班员技能点权重分析

工作内容	技能点	中级	高级	技师
接发列车	接收、传达文件、电报、命令、重点事项	5		
	办理列车运行、设备、备品、重点旅客、站容卫生、承办事项的交接	5	10	
	组织班组人员提前对岗交接，接发列车	10		
	根据站台人员情况，合理布岗	5		
	组织旅客安全乘降，做好安全宣传、引导	5		
	办理站车业务交接	10		
	处理列车移交的伤病旅客、精神病旅客、无票人员、食物中毒旅客		10	5
	根据客流量、列车正晚点、停靠站台等具体情况，组织旅客有秩序乘降		10	5
	在列车晚点、满员、变更股道、线路中断时妥善组织有关人员进行作业，确保安全		10	5
	在客流积压时，按程序启动应急预案，组织旅客有秩序的检票、进出站、乘降，确保旅客安全		10	10
组织服务	组织客运人员维持候车、售票秩序，进行安全检查	3		
	组织客运人员进行剪票、验票作业	3		
	对老、弱、病、残、孕、重点旅客进行重点照顾	3		
	定期检查监督的环境卫生质量，组织人员进行清理	3		
	组织客运人员接待旅客问询，对旅客提出的问题进行解答，做到首问负责	3		
	组织客运人员与广播、售票、行包等联系，收集列车运行、售票组织、行包组织情况，向旅客做好解释	5		
	针对重点旅客的不同情况，提出帮助进出站、上下车的方案		5	
	针对列车晚点等造成旅客情绪过激的情况，安抚旅客情绪，采取措施，疏导旅客		5	
	使用一种外语与外籍旅客进行简单对话，提供服务		3	
	对候车中突出急病的旅客组织救治		3	
	基本里程及包车、旅游专列的里程，计算票价、运杂费，填写代用票、退票报告等运输票据	5	5	10
	按物品类别填写行李、包裹票据		3	

续上表

工作内容	技能点	中级	高级	技师
组织服务	对旅客提出的意见及时梳理,提出改进工作的意见		3	
	接待旅客投诉,调查并妥善处理		3	
	签阅旅客留言簿,汇总旅客留言簿上意见,涉及其他部门的及时反馈有关部门	5	5	
	按章处理列车移交和本站查出的危险品			5
	按新老兵运输计划,组织候车服务和站台乘降工作			5
	组织客运员对乘车条件不符携带品违章和旅客进行按章补费	5		
	对不符合乘车条件,拒绝补费旅客按章处理	5		
处理事故	赶赴事故现场,保护现场、调查事故简单经过、旅客伤害程度及旅客自身情况,收集相关事故旁证材料,撰写事故概况,查明事故发生的原因和责任者	5	5	
	组织抢救受伤旅客,送医院救治,并向上级汇报	5	5	
	编制客运记录	2	2	
	拍发事故速报	3	3	
	组织恢复正常运输秩序	5	5	
	组织班组事故分析会,有针对性地制定防范措施		5	
	会同上级及有关部门办理旅客伤害赔偿			10
	编写"铁路旅客人身伤害事故最终处理协议书"			5
管理班组	根据班组工作情况,对职工作业纪律、劳动纪律和作业标准进行考核			10
	根据班组工作情况,制定月度计划,进行月度工作小结			10
培训指导	技术培训			10
	专业指导			10
合　　计		100	100	100

6. 客运值班员职业分析之六:知识结构权重分析(见表1.20)

表 1.20　客运值班员知识结构权重分析

知识分类	中级	高级	技师
安全及服务知识	15	25	15
客运基本知识	40	35	15
铁路信号知识	10	10	
客运设备知识	15	25	15
法律法规知识	20	20	20
培训及管理知识			35
合　　计	100	100	100

7. 客运值班员职业分析之七:知识点权重分析(见表1.21)

表 1.21　客运值班员知识点权重分析

知识分类	内　　容	中级	高级	技师
安全及服务知识	客运职工安全运输的基本知识	2	3	
	安全消防知识及发生火灾处置方法	3	4	

续上表

知识分类	内　　容	中级	高级	技师
安全及服务知识	旅客携带危险品的检查处理规定	3	3	
	发生旅客伤亡和意外伤害等特殊情况的处理	3	5	5
	车站卫生管理	2		
	解答旅客问询的知识	2	5	
	组织旅客安全乘降并做好服务工作的知识		5	5
	非正常情况下应急处置预案			5
客运基本知识	客运运价里程的确定,旅客票价、行包运费计算,客运杂费核收基本知识		5	5
	售票、退票基本知识		5	
	旅客携带品及遗失品的有关规定	2		
	不符合乘车条件处理规定	3		
	旅客列车等级划分及车次编定,本站各次列车到、开时刻、停靠站台、编组顺序	5	5	
	填写代用票、退票报告等客运票据有关知识	2		5
	编写客运记录、编发铁路电报和办理站车交接的基本知识	3	5	
	行包运输基本知识	5	5	
	春运、暑运、军事运输的基本知识	5		5
	铁路乘车证相关知识	5	5	
	客运规章汇编相关规定	5	5	
	现金、票据管理和运输收入管理基本知识	5		
铁路信号知识	铁路信号的种类	3	3	
	视觉信号的基本颜色及显示作用	2	2	
	机车鸣笛表示的意义	5	5	
客运设备知识	本站客运服务设施、设备、工具的性能和使用方法	5		5
	常用客车的类型标记	5	5	5
	应急救援器材设备的使用	5	5	5
法律法规知识	《劳动法》、《安全生产法》、《铁路法》	5	5	5
	《技规》、《客规》、《客管规》、《价规》、《办理细则》、《铁路旅客运输服务质量标准》、《铁路运输收入管理规程》	5	5	5
	《安全保护条例》、《铁路旅客运输安全检查管理办法》、《铁路军事运输管理办法》、《客统规》、《危规》	5	5	5
	《铁路旅客意外伤害强制保险条例》、《铁路旅客人身伤害及自带行李损失事故处理办法》、《铁路旅客运输损害赔偿规定》	5	5	5
培训及管理知识	铁路车站旅客运输标准及客运职工文明礼仪规范			5
	旅客计划运输及旅客运输组织原则			5
	上级文电、命令、要求等各类揭挂的规定及班组管理			5
	管理制度、技术总结			5
	技术培训、"四新"推广应用			15
合　　计		100	100	100

1.3.4　货运员职业分析

1. 货运员职业分析之一：职业概况(见表 1.22)

表 1.22　货运员职业概况

职业名称	货运员
职业定义	在铁路车站从事货物运输承运、保管装车、卸车、交付作业的人员
职业等级	本职业共设四个等级：初级(国家职业资格五级)、中级(国家职业资格四级)、高级(国家职业资格三级)、技师(国家职业资格二级)
职业环境	室内、外,常温
职业能力特征	心理及身体素质较好;手指、手臂灵活,动作协调性好;听力及辨色力正常,双眼矫正视力不低于 5.0;有较好的语言(普通话)、文字表达和计算能力;有获取、领会和理解外界信息以及进行分析判断的能力;较强的事物反应能力
劳动工具	计算机及相关系统软件、施封锁、货车标示牌、货物运单、货票、铁路货物运输服务订单、到货通知、车站承运日期戳、车站受理戳、货运杂费收据等

2. 货运员职业分析之二：工作内容分析及技能点列项(见表 1.23)

表 1.23　货运员工作内容分析及技能点列项

工作内容	技能点列项	工作内容	技能点列项
计划受理	审核并办理超限货物运输	安全防护及事故处理	防护信号和接触网隔离开关的使用
	审核并办理危险品货物运输		手推调车作业
装车作业	审核货物运单		编制货运记录
	确认和检查货物包装质量,填记承运记录,按规定保管货物		收集事故证据材料
	选用车辆(集装箱)	事故处理	重点特殊事故的处理
	核对货物与运单,办理装车前准备		拍发事故速报
	组织装车作业,填记货物运单		货物逾期未到及无法交付货物的处理
	办理军事运输物资装载		事故调查
	办理超长、超重、超限货物装载		事故理赔
	办理鲜活货物装载	危险货物运输	签订危险货物试运协议
	办理危险货物装载		办理危险货物试运
卸车作业	检查货车、集装箱、篷布及绳网状态,确认施封		制定危险货物运输方案
	核对货运票据、卸车清单,做好卸车准备		处理危险货物运输事故
	记载清点货物,检查堆码和运输收入漏项	装载加固	拟订装载加固方案
	填记货车(集装箱)及特货运输用具回送清单		应急处理运行途中货物发生位移、窜动、倾覆、倒塌安全隐患
	填记卸货记录,按规定保管		制订换装整理方案
	办理货物交付	国际联运货物运输	运单受理
	确定卸车计划		事故处理
	办理特殊货物卸车	安全管理	制度管理及技术分析总结
货物(车)交接	办理货车、票据、施封、篷布的检查交接	培训指导	技术培训
	编制普通记录、拍发电报		专业指导
	填记货车调送单		
	检查空车(集装箱)状态,办理交接签认		

3. 货运员职业分析之三：知识结构分析及知识点列项(见表1.24)

表 1.24 货运员知识结构分析及知识点列项

知识分类	知识点列项	知识分类	知识点列项
识图知识	三视图的基本知识	机车车辆知识	货车类型、基本构造、标记载重及编码
	CAD绘图基础知识		货车容积以及车辆使用限制
	货场布置图		集装箱类型、构造、技术参数及编码
	货物装载加固方案设计图		罐车类型、构造、技术参数及编码
	装卸车作业程序图	货运设备知识	计算机基本知识及使用方法
	货物运输包装储运图示标识		货物的测量工具及使用
货运基本知识	货物运输的基本条件		特种货物运输专用车技术标准和标记
	机车车辆装载限制的基本知识		集装化运输设备技术标准和标记
	货车集装箱施拆封及票据填记的基本知识		常用加固材料规格及用途
	货物运输费用计算的基本知识		货物装载检测装置及使用方法
	货物装载加固的基本知识		应急救援器材设备的使用
	货场布置及管理的基本知识	法律法规知识	《劳动法》、《安全生产法》、《铁路法》、《环境保护法》、《合同法》、《海关法》
	超长、超重、超限、集重货物运输的基本知识		《安全保护条例》、《技规》、《货规》、《货管规》、《事规》
	危险货物、鲜活货物运输的基本知识		《货物保价运输办法》、《国际铁路货运联运办法》、《危规》、《超规》、《鲜规》
	军事运输、国际联运的基本知识		《集装箱运输规则》、《加规》、《货统规》
		管理知识	安全管理制度、技术总结
			技术培训、"四新"推广应用

4. 货运员职业分析之四：技能结构权重分析(见表1.25)

表 1.25 货运员技能结构权重分析

工作内容	初级	中级	高级	技师
计划受理			20	
装车作业	35	40	45	
卸车作业	25	30		
货物(车)交接	15			
安全防护及事故处理	25			
事故处理		30	35	
危险货物运输				25
装载加固				25
国际联运货物运输				15
安全管理与培训指导				35
合　计	100	100	100	100

5. 货运员职业分析之五：技能点权重分析(见表1.26)

表 1.26 货运员技能点权重分析

工作内容	技 能 点	初级	中级	高级	技师
计划受理	审核并办理超限货物运输			10	
	审核并办理危险品货物运输			10	

续上表

工作内容	技　能　点	初级	中级	高级	技师
装车作业	审核货物运单	5			
	确认和检查货物包装质量,填记承运记录,按规定保管货物	5			
	选用车辆(集装箱)	5			
	核对货物与运单,办理装车前准备	10			
	组织装车作业,填记货物运单	10			
	办理军事运输物资装载		10		
	办理超长、超重、超限货物装载		20	20	
	办理鲜活货物装载		10		
	办理危险货物装载			25	
卸车作业	检查货车、集装箱、篷布及绳网状态,确认施封	3			
	核对货运票据清单,做好卸车准备	3			
	记载清点货物,检查堆码及运输收入漏项	3			
	填记货车(集装箱)及特货运输用具回送清单	3			
	填记卸货记录,按规定保管	5			
	办理货物交付	8			
	确定卸车计划		15		
	办理特殊货物卸车		15		
货物(车)交接	办理货车、票据、施封、篷布的检查交接	4			
	编制普通记录、拍发电报	3			
	填记货车调送单	4			
	检查空车(集装箱)状态,办理交接签认	4			
安全防护及事故处理	防护信号和接触网隔离开关的使用	5			
	手推调车作业	5			
	编制货运记录	5			
	收集事故证据材料	10			
事故处理	重点特殊事故的处理		10		
	拍发事故速报		10		
	货物逾期未到及无法交付货物的处理		10		
	事故调查			10	
	事故理赔			25	
危险货物运输	签订危险货物试运协议				5
	办理危险货物试运				5
	制定危险货物运输方案				5
	处理危险货物运输事故				10
装载加固	装载加固方案技术管理				10
	应急处理运行途中货物安全隐患				10
	制订换装整理方案				5

工作内容	技 能 点	初级	中级	高级	技师
国际联运货物运输	运单受理				5
	编制国际联运商务记录				10
安全管理	制度管理及技术分析总结				20
培训指导	技术培训				10
	专业指导				5
合　　计		100	100	100	100

6. 货运员职业分析之六：知识结构权重分析（见表 1.27）

表 1.27　货运员知识结构权重分析

知识分类	初级	中级	高级	技师
识图知识	10	10	15	15
货运基本知识	45	30	20	15
机车车辆知识	10	10	15	
货运设备知识	15	25	25	15
法律法规知识	20	25	25	25
培训及安全管理知识				30
合　　计	100	100	100	100

7. 货运员职业分析之七：知识点权重分析（见表 1.28）

表 1.28　货运员知识点权重分析

知识分类	内　　容	初级	中级	高级	技师
识图知识	三视图的基本知识	2	2	3	
	CAD绘图基础知识	2	2	4	5
	货场布置图	2	2	3	5
	货物装载加固方案设计图		2	5	5
	装卸车作业程序图	2	1		
	货物运输包装储运图示标识	2	1		
货运基本知识	货物运输的基本条件	10			
	机车车辆装载限制的基本知识	5			
	货车集装箱施拆封及票据填记的基本知识	10	5		
	货物运输费用的计算的基本知识	10	5		
	货物装载加固的基本知识	5			
	货场布置及管理的基本知识	5			
	超长、超重、超限、集重货物运输的基本知识		10	10	5
	危险货物、鲜活货物运输的基本知识		5	10	5
	军事运输、国际联运的基本知识		5		5

续上表

知识分类	内　　容	初级	中级	高级	技师
机车车辆知识	货车类型、基本构造、标记载重及编码	3	2	3	
	货车容积以及车辆使用限制	4	2	2	
	集装箱类型、构造、技术参数及编码	3	3	5	
	罐车类型、构造、技术参数及编码		3	5	
货运设备知识	计算机基本知识及使用方法	5			
	货物的测量工具及使用	3	5		
	特种货物运输专用车技术标准和标记	2	5	5	
	集装化运输设备技术标准和标记	5	5		
	常用加固材料规格及用途		5	10	5
	货物装载检测装置及使用方法		5	5	5
	应急求援器材设备的使用			5	5
法律法规知识	《劳动法》、《安全生产法》、《铁路法》、《环境保护法》、《合同法》、《海关法》	5	5	5	5
	《安全保护条例》、《技规》、《货规》、《货管规》、《事规》	5	5	5	10
	《货物保价运输办法》、《国际铁路货运联运办法》、《危规》、《超规》、《鲜规》	5	10	10	5
	《集装箱运输规则》、《加规》、《货统规》	5	5	5	5
培训指导及安全管理知识	安全管理				15
	培训指导				15
合　　计		100	100	100	100

1.4　铁道运输管理专业中等职业人才的职业能力要求

技能型人才培养是以能力为中心,而这里的要求的"能力"不仅包括岗位能力,更应是岗位群能力;不仅是专业能力,更应是综合职业能力。综合职业能力包括专业能力、方法能力和社会能力。专业能力是指具备从事职业活动所需要的专门技能及专业知识,要注重掌握技能、掌握知识,以获得合理的知能结构。方法能力是指具备从事职业活动所需要的工作方法及学习方法,要注重学会学习、学会工作,养成科学的思维习惯。社会能力是指具备从事职业活动所需要的行为规范及价值观念,要注重学会共处、学会做人,以确立积极的人生态度。专业人才培养必须以学生胜任职业工作为前提,以专业基本能力为基点,培养学生的基础生存能力。在学生基础职业生存能力培养的过程中融合素质与情感、态度与价值观的养成,全面培养学生的综合职业能力。

1.4.1　专业能力

按照铁道运输管理专业毕业生就业岗位归纳,本专业能力以铁路行车组织与管理、铁路客运组织与管理和铁路货运组织与管理三大类岗位群的基本能力,见表1.29。

表 1.29　铁道运输管理专业能力体系

岗位群	岗位	专业能力要求
铁路行车组织与管理	信号员（长）	(1)会操纵控制台排列进路,开放信号,办理接发列车和调车作业; (2)熟悉本站列车到开时刻,邻站区间运行时分; (3)能接收核对调车作业计划; (4)会使用平行或迂回进路,办理接发列车和调车作业; (5)会控制台设备故障时,采用应急处理措施; (6)能办理无调车信号机的原路返回、中途返回调车; (7)能背画本站线路平面示意图,标明线路用途、容车数、道岔号码、信号机位置; (8)能负责本站信号楼设备的保管、使用,熟知交接有关规定; (9)熟悉各种安全帽、安全牌的使用方法; (10)会背诵本站接发列车程序和用语
	助理值班员	(1)接发列车时,能检查进路、确认线路空闲、指示发车、监视列车运行,发现问题及时处理; (2)会填写和核对行车凭证,抄收、核对调度命令,递交行车凭证和命令; (3)熟知调车有关规定,能指挥机车进行调车作业,对停留车辆的防溜; (4)会填写列车编组顺序表,计算列车的换长和重量; (5)熟悉无联锁线路接发列车的办理方法; (6)能背画本站线路平面示意图,标明线路有效长、容车数、道岔号码、信号机位置; (7)能背诵接发列车程序和用语
	车站值班员	(1)掌握本站列车编组计划及到发列车种类; (2)熟知自己所在区段列车编组计划对本站的要求; (3)熟记本站各方向进站信号机外制动距离内线路坡度和同时接发列车的限制; (4)熟悉信号员使用信联闭设备,准备接发列车和调车作业进路; (5)掌握正常和常见的几种非正常情况下接发列车作业的办理; (6)会编制调车作业计划,指挥调车工作; (7)能背诵全station列车到开时分及相邻区间列车运行时分; (8)能按施工方案要求,做好施工期间的接发列车和调车作业; (9)熟知本站各方向停止影响接发列车进路的调车作业和开放进、出站信号机的时机; (10)会背画本站线路平面示意图,标明线路有效长、容车数、线路间距、道岔号码、线路坡度和信号机位置
	车号员	(1)掌握车站《站细》的有关规定; (2)会查营业站名索引表,判明到站的局别、运输经路; (3)能根据车号判别车种、自重、换长; (4)会整理、保管货运单据,掌握及推算现车; (5)能核对列车,处理货票和现车中存在的问题; (6)会填制列车编组顺序表; (7)能背写邻接区段站顺和车辆编组隔离表; (8)能背画有关作业区的线路平面示意图,标明线路名称、用途、有效长等; (9)能利用计算机掌握现在车和编制列车编组顺序表
	调车区长	(1)掌握车站《站细》的有关规定; (2)能收集阶段计划资料,接受阶段计划的任务; (3)能编制下达调车作业计划,调车作业计划兑现率达到 75%; (4)能按规定测算调车钩分,掌握并报告作业进度; (5)收集列车确报,分析推算现车; (6)能背画本区线路平面示意图,注明驼峰高度、牵出线长度、线路有效长、容车数等; (7)会利用计算机编制调车作业计划

岗位群	岗位	专业能力要求
铁路客运组织与管理	客运值班员	(1)能进行车站客运服务和旅客乘降工作; (2)能处理不符合乘车条件的情况及车票的丢失、误撕、误购、误售; (3)能处理违章使用各种乘车票证的业务; (4)能正确编写客运记录和铁路电报; (5)能处理旅客发生急病、死亡和意外伤害的事件; (6)能对旅客携带品超限的情况进行处理; (7)能进行线路中断列车停止旅行后对旅客和行李、包裹的安排
	铁路售票员	(1)能默画全国铁路客运接算站示意图; (2)能正确计算车票有效期; (3)能正确办理售票业务; (4)能正确办理退票业务; (5)能正确办理客票、乘车证的签证手续; (6)能正确办理包车、租车、自备车辆的挂运和行驶业务; (7)能正确办理旅行变更业务
	铁路行李员	(1)会填写行包票据(含手工、微机制票); (2)会计算行包逾期到达违约金; (3)会进行行包运输变更的处理; (4)能处理行包违章运输业务; (5)能办理运输阻碍对行包运输的处理业务
	客运计划员	(1)会编制本站第三日各次列车票额分配计划; (2)能向售票处下达批准后的票额分配计划; (3)能根据实际情况微调当日个别车次售票数; (4)能根据乘车人数通知单登统计划表; (5)能接受并传达上级电报命令; (6)会计算各次列车兑现率及日计划兑现率; (7)会统计各项客流资料
	列车员	(1)能办理列车补票业务; (2)会填写三报一表; (3)能编写客运记录和铁路电报; (4)能处理不符合规定条件乘车业务; (5)能处理列车上发生旅客意外伤害和急病、死亡等事件; (6)会处理线路中断列车停止运行后对旅客的安排; (7)能正确处理旅客遗失物品
铁路货运组织与管理	货运员	(1)能办理托运与承运货物的手续; (2)能办理变更与解除货物运输合同手续; (3)能正确填写并发出到货通知,办理货物的内交付; (4)能进行发站的进货、验货与保管工作; (5)能组织货物换装和整理作业; (6)能组织货物的装卸车作业; (7)能组织办理零担和整车货物运输; (8)能组织办理集装箱货物运输
	货运核算员	(1)熟悉铁路运输收入票据管理和统计的有关规定,能进行办理运输收入的票据管理; (2)会受理运单,计算运费(整车、零担、集装箱)、杂费、其他费用; (3)会计算运输变更及运输阻碍的运费; (4)能办理核收、结算运输费用; (5)能办理运输收入进款管理

续上表

岗位群	岗位	专业能力要求
铁路货运组织与管理	货运安全员	(1)能进行普通货丢失、被盗、损坏等货运事故勘察; (2)会审查和编制普通记录; (3)会编制和核实货运记录; (4)会拍发事故速报; (5)能组织事故鉴定; (6)能处理事故赔偿; (7)能进行事故统计分析
	货运检查员	(1)熟悉铁路货运检查管理有关规章; (2)能根据货运检查程序,对货运进行检查; (3)能根据装载加固的方法,对装载加固进行检查; (4)能对篷布、苫盖、施封进行检查; (5)能对货物进行换装和对货车进行整理; (6)能对有或无运转车长值乘的列车,进行交接检查; (7)对货物运单及货票进行传递与交接
	货运值班员	(1)熟悉铁路货运管理规则及有关规章; (2)能组织检查货物的承运、交付、装卸车作业; (3)能解决货运作业中出现的问题; (4)能审查货运记录的编制,分析货运事故的原因; (5)能组织办理特殊货物运输和重点物资运输安全作业; (6)能审核票据、报表的填写质量,进行生产过程管理

当前我国铁路正进入快速发展时期,铁路新技术发展与运用日新月异,铁路运输业发展可谓日行千里。随着铁路运输行业的发展,复合性工种和岗位也应运而生。职业教育如何紧跟行业的发展,如何适应岗位工种设置发展变化,如何适应复合工种、兼岗工种的培养需求,是我们专业人才培养目标发展需要研究和思考的问题。

1.4.2 方法能力

方法能力指的是具备从事职业活动所需要的工作方法和学习方法,包括制订工作计划的步骤、解决实际问题的思路、独立学习新技术的方法、评估工作结果的方式等。例如货运员要组织办理一批特殊货物运输作业,必须要制订涉及装卸工艺设计和材料、使用车辆设备和标准等方面的具体工作计划;列车员如何处理列车上发生旅客意外伤害和急病、死亡等事件,和怎样在线路中断列车停止运行后对旅客的安排;车站值班员如何处理非正常情况下接发列车作业等等。对方法能力培养,不仅要求具有科学全局与系统的思维模式和具有分析与综合、决策与迁移能力,还要具有信息的获取、评价和传递,目标辨识与定位,联想与创造能力。方法能力是基本发展能力,它是劳动者在职业生涯中不断获取新知识,掌握新方法的重要手段,也是职业教育培养创新精神和创业教育的具体表现。

职业岗位工作的不同其方法能力培养应该也有不同的侧重面。铁路行车组织类岗位,主要体现在解决实际问题的思路、技术规章应用能力、处理解决问题和实际作业过程的应变能力方面,特别是严格执行技术规章,按照作业标准和作业程序操作。铁路客运和货运组织类岗位主要体现与旅客沟通交往能力、对突发事件处理能力,计划组织和实施方面的能力,还有科学合理地组织客流和物流,提高客货运输服务质量等方面。

1.4.3 社会能力

社会能力指的是具备从事职业活动所需要的行为能力,包括情感态度与价值观、人际交往、公共关系、职业道德和环境意识等诸方面。铁道运输管理专业岗位面对旅客和货主,与人接触广泛,是铁路营销服务的窗口。不仅需要培养学生与同事相处的能力、在小组工作中的合作能力、交流与协商的能力、批评与自我批评的能力,而且要求具有积极的人生态度和社会责任感,重视对社会的适应性和行为的规范性、群体工作的协调与仲裁、社会公德意识与参与意识以及积极性、主动性、灵活性、语言及文字表达能力等。社会能力既是生存能力,又是发展能力,它是劳动者在职业活动中,特别是在一个开放的社会生活中必须具备的基本素质。铁路运输工作与人和物打交道,合作能力和交流协商能力以及服务意识和安全意识非常重要。

方法能力和社会能力的提升,既寓于学校的教学工作中,更多的是在社会生产实践中得以发展和提高。从实践中获得知识技能,也从实践中增长才干和能力。

1.5 铁路运输行业与企业发展趋势分析

1. 旅客运输方面

为了适应社会和经济发展的需要,适应客货分线、快速客运专线,满足旅客安全、准确、快速、方便、舒适的要求,高速、大密度旅客运输是铁路客运发展的趋势。

2. 货物运输方面

为了适应社会和经济发展的需要,适应重载货运和集装箱集运输网络,保证货物运输速度、密度、重载运输高效率协调,促进资源节约型、环境友好型的运输发展,集中化、单元化和大宗货物运输重载化是铁路货运发展的趋势。

3. 铁路信息化方面

中国铁路的信息化,将构建三大应用领域、十个主要方面、三十八个主要业务系统的整体规划,在内控及调度指挥、客货运服务、车号自动识别、编组站的综合自动化、行车设备的监控、建设项目管理信息、运输经营管理以及数据通信和 GSM-R 系统等方面广泛应用。

4. 高速铁路方面

高铁运输是现代运输发展的一个重要方向,它采用了多个领域的最新技术成果,是轨道交通运输领域的一次技术革命。随着国家高速铁路计划的启动和发展,急需大批的高速铁路运营管理人员。高速铁路运输管理将给传统铁路运输组织模式带来全新的理念。

5. 城市轨道交通方面

随着经济的发展和城市化进程的加快,大中城市对交通需求不断增大,我国正处于轨道交通建设的繁荣时期。目前,我国有近 30 多个城市修建城市轨道交通,截至 2010 年底,我国城市轨道交通运营线路已超过 30 条,运营里程已超过 1 000 km。根据国家规划,到 2015 年前后,我国将建设 79 条城市轨道交通线路,总长达 2 260 km,总投资约 8 820 亿元。作为中国城市轨道交通建设的特点,不仅是需要建设的城市多、势头猛,还在于建设的类型多元化。上海、武汉、天津、大连等城市建成了快速轻轨交通系统;长春、大连进行了有轨电车改造;重庆建成了我国第一条跨座式的单轨交通系统;上海浦东龙阳路至浦东国际机场开通了磁浮高速线;广州和北京已建成直线电机驱动的城市轨道交通车辆交通线路;北京首都机场内已建成全自动旅客捷运系统(APM)等。中国的城市轨道交通类型正在呈现出的多元化发展趋势。

思 考 题

1. 简述铁路运输行业特点及发展趋势。
2. 简述铁路运输组织管理作业流程。
3. 试对车站调度员职业工作分析。
4. 试对铁路客运员职业工作分析。
5. 试对货运核算员职业工作分析。

2 铁道运输管理专业分析

根据铁路运输行业和职业岗位的特征,铁路运输从业人员应该具备特定的基本素质和行业素质。中等职业教育的培养目标是培养适应生产、运输、管理和服务一线需要的初、中(高)级技能型人才。所谓技能型人才,是指将专业知识和技能应用于所从事专业的社会实践的一种专门的人才类型,是熟练掌握生产一线的基础知识和基本技能、从事生产一线的专业技术或操作人员。以铁道运输组织与管理综合职业能力培养为目标的铁道运输管理专业,在人才培养上须以学生胜任铁道运输管理的职业工作为前提,以铁道运输管理专业技术应用能力为基点,以培养学生的综合职业能力为目标。本章通过从铁道运输管理专业技术特点、铁道运输管理专业发展现状分析和发展趋势、铁道运输管理专业中等人才能力结构和培养对象的特点等来进行专业分析。

2.1 铁道运输管理专业技术特点分析

中等职业学校铁道运输专业的学生就业去向主要是铁路或城市轨道,从事行车与运输调度、客运和货运组织与管理工作。下面从专业主要技术应用领域和专业的职业岗位群两个方面分析铁道运输管理专业技术特点。

2.1.1 铁道运输管理专业主要技术应用领域

铁道运输管理专业涉及铁路的车务、机务、工务、电务、车辆等五大部门,铁路行车组织、铁路客运组织和铁路货运组织是铁道运输管理专业主要技术应用领域。专业的主流应用技术和职业技能是有关铁路行车组织与调度、铁路客运组织与管理和铁路货运组织与管理的设备运用和作业组织方法等技术应用。

2.1.2 铁道运输管理专业主要岗位工作范畴

铁道运输管理专业毕业生主要从事技术工作有:接发列车工作、调车作业、车号及统计工作、运输调度和行车安全管理;车站客运、列车客运、行李包裹运输和旅客运输计划工作;普通货物运输、特殊货物运输和货运安全及检查工作等。

根据工作岗位技术要求的高低和岗位工作适应性,可以将铁道运输管理专业毕业生的岗位层次分成三个阶段:毕业后就能胜任的铁路运输岗位、毕业2~3年后能胜任的铁路运输岗位、毕业3~5年后(通过参加相应的继续教育和培训考核)能胜任的铁路运输岗位。具体岗位工作范畴见表2.1。

表2.1 铁道运输管理专业的主要岗位工作范畴表

毕业生情况	主要岗位	岗位工作范畴
毕业后就能胜任的 铁路运输岗位	信号员(长)	接发列车、调车和监视作业
	助理值班员	接发列车、调车作业和事故处理工作
	车号员	车站工作统计工作

续上表

毕业生情况	主要岗位	岗位工作范畴
毕业后就能胜任 的铁路运输岗位	客运员	旅客运输组织和服务工作
	铁路售票员	售票、退票、签证和结账工作
	列车员	列车乘务服务工作
	铁路行李员	行李包裹运输工作
	货运员	货物运输、装卸交接、货场管理工作
	货运核算员	货运收入票据管理、运费计算、核收工作
毕业2～3年后 能胜任的铁路运输岗位	车站值班员	接发列车、调车作业和事故处理工作
	调车区长	编制与下达车站作业计划、组织调车作业
	客运值班员	旅客运输组织和管理工作
	旅客列车长	列车乘务组织和管理工作
	货运值班员	货物装卸作业组织、事故处理、技术管理
毕业3～5年后 通过参加相应的继续教育和培训 考核后能胜任的铁路运输岗位	列车调度员	行车调度、运输组织、技术管理工作
	客运计划员	编制旅客运输计划、计划管理
	货运安全员	事故调查、事故处理和事故统计分析工作
	货运检查员	货车检查、货物检查、装载检查整理工作

 ## 2.2　铁道运输管理专业发展现状分析

　　培养目标是人才培养的核心,专业培养目标定位是否适应社会及行业的需求,对学校人才培养质量至关重要。回顾铁道运输管理专业的发展历史,从一个侧面反映出不同时期国家和行业人才培养和需求的状况。铁路运输专业的培养目标,1953年为"中等行车及客货运干部",1956年为"管理技术员",1960年为"中等专业人才",后又提出"培养从事铁路运输组织与调度指挥工作的中等技术人才"。1978年以后的教学计划中,除培养目标外,还提出业务要求或业务范围、毕业生应掌握的知识和具备的能力,并提出毕业生的就业方向为"根据需要,既可从事技术工作,又可以从事技术工人工作"。2001年制定的中等职业学校铁道运输管理专业教学指导方案根据铁路运输行业人才需求状况和铁路运输管理专业综合性强、管理性强、学生毕业就业岗位(工种)较多的特点,通过对各职业岗位的综合能力及专项能力分析,以"高含低,繁含简"的原则,准确定位目标在铁路行车组织、铁路客运组织和铁路货运组织的职业"岗位群"。

　　职业教育培养的是学生的职业能力。随着我国职业教育和社会经济的发展,铁路运输企业对所需人才规格、质量要求不断上移。铁道运输管理专业在不断地发展,培养目标在不断地完善。铁道运输管理专业培养目标和规格定位于培养与我国社会主义现代化建设相适应,德、智、体、美、劳全面发展,牢固掌握文化基础知识、具备铁道运输专业综合职业能力,在铁路、其他轨道交通运输第一线的从事运输经营服务管理人员。毕业生主要面向铁路、城市轻轨和地下轨道及大型厂矿的轨道交通运输部门就业,从事铁路运输基层站段的运输操作、组织管理和服务工作。主要有以下三大类就业岗位群(工种):(1)铁路行车组织与管理:针对铁路运输系统行车和调度部门的6个基层工种(信号员、助理值班员、车号员、车站值班员、调车区长、车站调度员);(2)铁路客运组织与管理:针对铁路客运部门的6个基层工种(列车值班员、客运员、铁路售票员、铁路行李员、客运计划员、客运值班员);(3)铁路货运组织与管理:针对铁路货运部门的 5 个基层工种(货运员、货运核算员、货运安全员、货运检查员、货运值班员)。

2.3　铁道运输管理专业发展趋势分析

职业教育是以就业为导向的教育。铁道运输管理专业发展要以适应社会发展和服务社会需要为前提。作为中等职业学校的铁道运输管理专业教师必须熟悉专业人才培养特点,分析专业中等人才能力结构,把握铁路运输行业的发展趋势,才能使铁道运输管理专业真正得以发展。

2.3.1　铁道运输管理专业中等人才培养特点

中等职业教育的培养目标决定了培养适应生产、建设、管理、服务一线需要的初、中(高)级技能型人才,技能型人才类型对应的职业是技术工人。因此,中职铁道运输管理专业培养具有以下特点:

1. 培养中等专门人才

中等职业教育是学校教育的中等层次。中职铁道运输管理专业培养的是铁道运输行业的中等专门人才,运输生产一线岗位的技术工人。毕业生必须具备"适度、够用"的铁道运输管理基本理论知识和技能,掌握相应的新知识、新技术和新工艺,特别是有较强的实践动手能力和操作能力以及解决运输生产实际问题的能力。

2. 知识技能的职业性

职业教育以就业为目标,就业是以劳动的形式从事谋生和实现自我的职业。因此,职业教育是对学生进行某种职业生产和管理的教育,以学会职业技术水平为目的。中等职业教育以职业岗位群的需要为依据制订教学计划,在进行职业能力分析的基础上组织教学;职业知识技能的提高,以"肯干、够用、会学"作为人才培养的质量标准。"肯干"体现了德育标准;"够用"体现了专业要求;"会学"体现了发展潜力。中等职业教育人才的知识技能的职业性,体现了职业教育的本质属性。

3. 毕业生去向的基层性

由于中职教育所培养的学生是为生产第一线服务的,因此中职毕业生去向就是基层。中职铁道运输管理专业毕业生主要去铁路运输企业生产第一线的车站、车务段等基层部门从事行车组织、行车调度、客运组织、货运组织等工作,或者去城市轨道车站从事运营调度、运营管理和地铁站务服务等工作,或者去大型厂矿企业轨道运输专用线的行车组织调度等工作。毕业生去向的基层性是职业教育的生命力之所在。

2.3.2　铁道运输管理专业中等人才能力结构

中等职业学校铁道运输管理专业的知识、技能结构要求如下:

1. 知识结构

(1)具有科学的世界观、人生观和科学文化素养。

(2)具备铁路客运组织与管理基础知识。

(3)具备铁路货运组织与管理基础知识。

(4)具备铁路行车组织与管理基础知识。

(5)具备铁路运输设备基础知识。

(6)具备铁路市场与营销和经济法基础知识。

(7)具备铁路企业管理基础知识。

(8)具备铁路运输生产安全管理基础知识。

(9)具备铁路运输信息管理系统基础知识。

(10)具备货物联合运输基础知识。

2. 能力结构

(1)具有铁路运输生产组织与管理的能力。

(2)具有铁路客货运营销与服务的能力。

(3)具有铁路运输生产调度指挥的初步能力。

(4)具有客货运输站场组织管理的初步能力。

(5)具有运输生产安全管理的初步能力。

(6)具有正确执行和运用规章解决运输生产实际问题的初步能力。

(7)具有运用计算机进行运输信息管理的初步能力。

(8)具有自我学习、自我发展的能力。

3. 技能结构

(1)具有从事信号员、车号员等岗位工作的较为熟练的技能。

(2)具有从事售票员、客运员、列车员等岗位工作的较为熟练的技能。

(3)具有从事货运员、货运核算员等岗位工作的较为熟练的技能。

(4)具有从事车站值班员、调车区长等岗位工作的基本技能。

(5)具有从事旅客列车车长、客运值班员等岗位工作的基本技能。

(6)具有从事货运值班员等岗位工作的基本技能。

(7)具有从事车站调度员、客运计划员、货运检查员等岗位工作的初步技能。

4. 专业能力结构模型

铁道运输管理专业技能型人才的能力结构如图 2.1 所示。

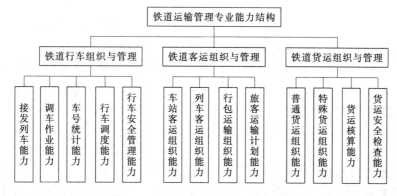

图 2.1　铁道运输管理专业能力结构示意图

2.3.3　铁道运输管理专业发展方向

　　铁路运输作为国家经济和社会发展的大动脉,铁路现代化为铁道运输管理专业发展提供了广阔的天地。如何充分发挥铁道运输管理专业优势,为铁路快速发展提供人才和技术支持,将成为铁道运输专业建设的重点。

1. 铁路行车组织与管理

铁道运输管理专业人才培养必须适应高速铁路和铁路行车自动化管理,重视铁路信息化在铁路行车组织与调度中的应用。随着国家高速铁路的发展,急需大批的高速铁路运营管理人员,高速铁路运输管理将给传统铁路运输组织模式带来全新的理念;铁路行车自动化重点在于内控及调度指挥、车号自动识别、编组站的综合自动化、行车设备的监控等方面广泛应用。因此,为了适应铁路现代化发展需要,铁道运输管理专业的铁路行车组织与调度教学内容改革势在必行。

2. 铁路客运组织与管理

铁道运输管理专业人才培养目标必须适应铁路路网客货分线、快速客运专线和高速、大密度旅客运输组织与管理,如何满足旅客安全、准确、快速、方便、舒适的要求,铁路信息化在旅客运输服务、运营经营管理等方面广泛应用。因此,为了适应铁路现代化发展需要,动车组列车乘务、客运专线运输组织、城际列车运营管理等是铁道运输管理专业的铁路客运组织与管理教学内容改革的重点。

3. 铁路货运组织与管理

适应重载货运和集装箱运输网络,保证货物运输速度、密度、重载运输高效率协调,促进资源节约型、环境友好型的运输发展,集中化、单元化和大宗货物运输重载化是铁路货运发展的趋势,也是铁道运输管理专业人才培养目标的教学改革方向之一。

4. 城市轨道交通方面

从地方经济建设来看,城市轨道交通的兴起也对铁道运输管理专业发展提出了新的要求。城市轨道交通发展迅速,带来轨道(铁道)运输管理专业中等技术人才需求旺盛,如何充分发挥铁道运输管理专业优势,为现代化城市轨道交通培养技术人才,也将成为铁道运输管理专业建设的方向之一。

2.4 铁道运输管理专业培养对象分析

教学法的研究总是与教学目标、教学内容和教育对象紧密关联的。不同的教学目的和任务、不同的教学内容、不同的培养教育对象,要求实施不同的教学方法去实现。因此,根据铁道运输管理专业培养对象的实际情况,辩证地分析本专业教育对象的特点是十分必要的。培养对象分析主要从本专业培养对象(学生生源)基本构成、学生的智力特点、认知特征、非智力特点以及初始能力等方面去分析。

2.4.1 铁道运输管理专业培养对象的基本构成分析

中等职业教育的对象和以往相比,发生了较大的变化。20 世纪 50～90 年代初期,中等职业教育的对象是初中阶段学习成绩出类拔萃的学生,可以说是"精英教育"。那时期由于铁路行业在计划经济下的"铁老大"性质,使得中职学校铁道运输管理专业的学生生源质量就相当好。随着国民经济迅速发展,使得现阶段中等职业学校铁道运输管理专业的学生生源相对复杂。一是高校不断扩招、普高持续升温,中职学校的生源质量下降,他们中的大多数是基础教育中经常被忽视的弱势群体;二是专业人才培养模式发生了变化,毕业生走向市场,在就业双向选择和校企订单培养并存的情况下,使得铁道运输管理专业的培养对象的年龄、经历、性格、思维类型变得复杂。从铁道运输管理专业毕业生出口角度看,以前铁道运输管理专业只为国有铁路用人培养,现在还有地方铁路、城市地铁、大型煤矿企业、大型钢铁企业、大型化工企业、港口铁道专用线等培养铁路行车、运营组织管理的专门人才。从铁道运输管理专业学生生源进口角度看,以前铁道运输管理专业学生几乎单一的从初中毕业生中招收,学历、年龄比较相当,现在就复杂多了,除了初中毕业生外,还有社会青年、复退军人等,甚至还有高等院校其他专业的毕业生。

职业教育有着与普通教育不同特征的教育属性。职业教育肩负着为社会培养直接创造财富的高素质劳动者重任。这些学生,不管他们是什么基础,也不管他们是出于何种原因到校学习,经过三年教育后他们要毕业走向社会,成为社会人,而且是社会的一个庞大的群体。"要办适合学生的教育,不要去找适合教育的学生",作为职业教育工作者必须调整心态,适应学生的这种变化,要辩证的去分析中等职业教育对象的智力特点和认知特征,把握职业教育教学的基本规律,研究如何更好教育他们,帮助他们正确认识自己、正确认识学习、正确认识专业、正确认识行业、正确认识社会,使他们能在职业教育的天地里寻得自己的成长空间,培养其成为社会所需要的生产、运输、服务和管理一线技能型的有用之才。

2.4.2 铁道运输管理专业学生智力特点分析

人的智能类型存在着极大的差异,个体的智能倾向是多种智能组合集成的结果。个体所具有的智能类型大致可分为两大类:一是抽象思维;一是形象思维。个体的差异主要是由于受各种不同环境和教育的影响和制约,智能的结构及其表现形式有所不同。通过学习、教育与培养,个体的智能倾向主要为抽象思维者可以成为研究型、学术型、设计型的人才,而个体的智能倾向主要为形象思维者可成为技术型、技能型、技艺型的人才。现代教育研究也表明"具有不同智能类型和不同智能结构的人"对知识的掌握也具有不同的指向性。也就是说"不同智能类型和不同智能结构的人",不同的知识类型也有不同的选择。职业教育的教育对象绝大多数具有形象思维的特征,铁道运输管理专业学生智力特点与中职学生的智能类型主要具有形象思维的特点。职业教育与普通教育的培养对象在智力类型上的差异,决定了两类教育的培养社会所需的人才类型的差异。职业教育的对象与普通教育的对象属于同一层次不同类型,没有智力高低之分,只是智力结构与类型不同。正因为智力类型的差异,数理化学得不够好的学生,却可以操纵最复杂的机器、制作最漂亮的衣服、烹饪最可口的饭菜,为社会创造财富。例如,成都铁路运输学校交通运输管理专业毕业的学生秦吉,2006年7月毕业后到神华集团朔黄铁路公司工作,2008年10月获得神华集团技术比武第一名,荣获"神华集团技术能手"、"中央企业技术能手"称号,2009年4月获得"神华集团技术标兵"称号,被同事亲切地称为"小专家"。

职业教育是促进以形象思维为主的具有另类智力特点的青少年成才的教育,是任何其他教育所不能替代的。因此,作为教师要正确树立新型的教育观。一要树立新的学生观和人才观。学校里没有差生,只要为他们提供适合的社会环境和教育,他们都能够成为社会需要的多种类型的人才。相信学生只有智能类型和特点的不同,没有聪明和愚笨之分。教师应该积极引导学生,将自己在优势智能领域中所表现出来的智力特点和意志品质迁移到弱势智能领域,促进其非优势智能的发展,鼓励每个学生成为均衡发展的多元化的学习者,帮助学生成为社会所需要的多种类型的人才。二要树立新的教师观。教师在学生教育中,努力提高自身整体素质,增强职业角色意识,遵循教育教学规律,正确选择教育内容,有效地运用教学方法,以广博的知识引导学生,以高尚的人格感染学生,促进学生的学业进步和人格完善,使之最终成为社会的可用人才。三要树立新的教学观。教师的任务应不仅仅限于授业、解惑,在教学方法上,重视学生个体之间存在的智能差异,要研究教学素材,充分利用教学媒体,创设良好的教学情境,精心设计教学过程。在教学活动中,教师让学生参与和表现,因材施教,最大限度地培养学生各方面的能力。四要树立新的评价观。课程评价要坚持评价内容的多样化。在设计评价活动时,要根据实际情况把各种智能运用有机地结合,使学生有信心运用多种智能来完成。在教学过程中,建立科学的评价体系,使学习过程和对学习结果的评价达到和谐统一,坚持评价主体的多元化和评价形式的多样化。

在专业教学中,承认学生在多元智能上不均衡发展的事实,尊重他们的个体差异,关注他们的心理感受,让更多的学生有受到肯定的机会、成功的心理体验、切实可行的追求目标。根据学生的个别差异采取不同的教育方式和教育要求,进行因材施教,让学生进行主动地学习,使每个学生在原有基础上获得最佳发展。

2.4.3 铁道运输管理专业学生认知特征分析

与中职学生相同,铁道运输管理专业学生的学习也呈现纷繁复杂的特征。从时间范围看,"学习"包括课堂中的学习和业余时间的学习;从空间范围看,"学习"既有校内学习,还有校外学习以及家庭和社会等更广泛空间的学习;从学习内容看,"学习"既包括教学计划、大纲中的文化课、专业基础课、专业课程(包括理论知识和实践技能)的学习,又包括广泛的科学知识和社会经验的学习,还包括道德修养和行为习惯的学习等等。从传统教育角度分析,本专业的学生在学习方面存在某些不足,比如大多文化基础比较起点低,缺乏学习自信心和意志力,没有形成良好的学习方法和习惯,相当一部分存在厌学心理,学习兴趣和学习自主性有待进一步培养。但是,从发展的眼光去看,本专业学生也具有自身"二强一高"的长处:动手能力强、可塑性强,对新鲜事物兴趣高。作为教师要针对学生具体表现中所反映出的问题,研究学生学习特点,找到共性特征,重点解决学习态度、学习兴趣、学习方法、学习效果等方面的问题,在实践中因材施教,促使学生掌握应有的知识、技能,具备应有的素质,学有所长学有所成学有所用,成为技能型人才或初、中级管理人才。

2.4.4 铁道运输管理专业学生非智力因素特点分析

学生的非智力因素特点主要包括学习动机、学习心理和情感与兴趣。

1. 学习动机

学习动机是发动、维持个体的学习活动,并具有一定目标的内部动力机制。通常表现为三种:推力、拉力和压力。推力是发自个体内心的学习愿望和需求,它可以提高学生对学习的必要性的认识、对学习的求知欲、对未来的理想等产生。拉力指外界因素对学习者的吸引力,是学生从事学习活动。压力指客观现实对学习者的要求,迫使其从事学习活动。三种机制都可以促进学生进行学习,压力往往难以独立持久作用,必须转化为推力和动力才能真正发挥作用。学习动机可以促进学习者为达到某一个目标而努力、去奋斗,学生动机越强,他们为之付出的努力越多,热情会越高,越能坚持不懈。具有良好、适当学习动机的学生更倾向于进行有意义的学习,力求理解和真正掌握所学的内容,最终改善学习行为,促进学习能力的提升。

学习动机的产生和发展是一个复杂的动态过程,它与社会生活环境和教育的影响密不可分,特别是与学习过程本身有着非常密切的关系。心理学家奥苏伯尔曾经说过:"动机与学习之间的关系是典型的相辅相成的关系,绝非一种单向性的关系。"学习动机能够推动学习活动,而学生在学习活动中对学习价值、学习兴趣、学习成绩的认知以及对自身学习能力的评价等反过来又增强学习动机。比如,铁道运输管理专业学生有许多是向往铁路行业,或许有些学生的长辈就在铁路上工作的,或许只是为了满足家长要求和谋生的需要而学习,但随着学习过程的展开,对学习内容却产生了真正的兴趣,从而形成内在的学习动机,使学习活动获得强烈的、持续的动力。

学习动机激发和转化既是内在需要驱动,也受外部诱因作用。内在需要包括求知欲与好奇心、自尊心与好胜心、成就感与使命感、理想信念以及生存与安全等;外部诱因有学习内容的知识性与趣味性、挑战性与价值性、学习氛围、家长奖励、老师表扬、逃避惩罚、帮助就业等。不同的学习动机可以互相转化和迁移。例如,学生刚开始学习时,可能只是为了得到奖励或谋生,但随着学习过程的展开,渐渐地对学习本身产生了真正的兴趣,外在的学习转化为内在的学习动机,使学习活动获得持久的、稳固的动力。

2. 学习心理

本专业学生由于生源复杂,基于某些因素,学生在学习中的心理反应有所不同,会在学习中表现出不同的学习心理结果,大体上可分成学习积极型和学习消极型两大类型。

(1)学习积极型

学习积极型的学生主要有两种类型:①学习目的性明确。这类学生虽然在初中阶段因某种原因未能获得优良成绩,失去了上普高的机会,但是他们能正确分析自己,选择适合自己或自己比较爱好的专业,或者他们在求学过程已经走了些弯路,现在就是奔着这个专业而来,到学校后能认识到学好专业知识和专业技能的重要性,为自己定好学习目标。在学习中这些学生因有明确的目标,学习有动力,在学习中自然就善于吃苦耐劳,因此学习认真,相应基础就能不断提高。②好胜心理支配。这类学生进入职业学校后,文化基础在班级名列前茅,这在初中从没有过,于是产生一种优越感,增强信心,学习自然就认真,并能不断进步。在多次成功的激发下,产生了好胜心理,同时提高了自尊心,平时就能加倍努力勤奋学习。这种学生的学习目的性不明确,一旦受到挫折就会失去学习积极性。

(2)学习消极型

学生学习消极的原因很多,可能早在初中阶段或小学阶段就已经形成,主要表现为两种类型:①求达标型。这类学生存在缺少坚强学习意志,学习习惯不好,平时学习不认真。其中大部为表现为懒惰型,是属于意志的范畴,不爱动脑,怕困难,喜欢抄袭他人作业,学习积极性不高,在临考前才想到我应该考试要及格,考前盲目复习,而往往不能如愿;少数的是属于迟钝型,反应迟钝,记忆有困难,理解能力差,学习效率低,自认不如人,学习积极性不高,只求考试或考核能合格就够了。这些学生用常规考核标准考试或考核且往往不能合格。②纯厌学型。这类学生讨厌学习,由于以往的各种因素造成原来学习基础差,无法跟上"要求"。这部分学生大多不想继续学习,是其父母将他送进中职学校。他们在学习中表现懒惰性较为严重,并且还有部分学生有严重的逆反或畏惧心理。进入中职后,不管是什么课程对他们来说都认为不可学的。即便所有的专业书籍都是从零开始,他们也会感到力不从心,虽然有心向好,但长期以来形成的思维定式,让他们自信心严重不足。

3. 情感与兴趣

情感与兴趣是一种对智力与能力活动有显著影响的非智力因素。情感是人对客观现实的一种特殊的反映形式。喜、怒、哀、乐、爱、恶、惧,即常言中"七情",都是人对客观事物的态度的带有特殊色彩的反映形式。人在认识世界和改造世界的过程中,与周围现实发生相互作用,产生多种多样的关系和联系。在增进智力与能力的同时,必须提高情感的稳定性,抑制冲动性,否则提高智力与能力是有困难的。情感性质与智力、能力发展活动相关,肯定情感有利于智力与能力操作,否定情感不利于智力与能力操作。积极情感(如愉快、兴奋等)能增强人的活力,驱使人的积极行动;否定情感(如悲伤、痛苦等)则能减弱人的活力,抑制人的行动。所以,由于情感有其不同性质,会产生对智力与能力活动的增力与减力的效能。人在智力活动中,对于新的还未认识的东西表现出求知欲、好奇心,有新的发现,会产生喜悦的情感;遇到问题尚未解决时,会产生惊奇和疑虑的情感;在做出判断又觉得论据不足时,会感到不安;认识某一事理后,会感到欣然自得……学生在学习过程中,不仅要进行认识性的学习,而且也进行情感性的学习,两者密切地联系着。如果两者相结合,则可以使学生在积极的情感气氛中,把智力与能力活动由最初发生的愉快,逐步发展为热情而紧张的智力过程,从而积极地提高学习成绩。兴趣是力求认识某事物或爱好某种活动的倾向,是对事物的感觉、喜好的情绪。兴趣以认识和探索某种事物的需要为基础,是推动人去认识事物、探求真理的一种重要动机,是学生学习中最活跃的因素。有了学习兴趣,学生会在学习中产生很大的积极性,并产生某种肯定的、积极的情感体验。人的兴趣有四个方面的个性差异:兴趣的内容及其社会性;兴趣的起因及其间接性;兴趣的范围及其广泛性;兴趣的时间及其稳定性。兴趣是发展思维、激发学生主动学习的一种内在动力。

学生的情感与兴趣主要表现在:

(1)在思维方面,他们的思维能力发展很迅速。主要表现在推理能力已达到较成熟水平,但辩证推理尚未完全成熟;由于经验不足,他们往往变为有成见与不客观的思考者,喜欢与人做不成熟的辩论,对各种抽象的原则(如公平、正义、牺牲、忠心等)常常做出不成熟的批判。

(2)在意识方面,他们的水平有多方面提高。比如自我评价水平,开始愈来愈多地从具体评价转向抽象评价,更多的寻找自己的个性特征。

(3)在情绪方面,他们中的大多数因为进入中职后,社会角色的变更引起了诸多的心理矛盾,学生的社会经验及认识水平尚未达到真正能独立、正确地调节自身行为的程度,这就使得他们独立支配自己行为的强烈要求与其行为的结果相悖,从而产生内心痛苦和不安,情绪常常会激动,不能理智的控制。他们的行为有时伴有情绪色彩,他们自己的思想、文字和行动都有一种情绪的基础,并以为别人的态度或行动也有情绪的意义。

(4)在精神需求方面,他们注意向高层次发展,各项课外兴趣爱好很少是单纯地游戏、闲玩,而是有目的地追求,由直接兴趣向间接兴趣过渡。例如阅读方面,对科技书、哲理书、修养书有了兴趣,他们也开始意识到自己对家庭、社会今后负有的责任,能理解和领会一些学习活动本身的社会价值。

(5)在社会行为方面,他们的亲情关系逐渐松懈,所接触的社会,由家庭发展到较大的社会方面。此时他们对家庭生活渐感单调,父母的约束也逐渐失去效力,在价值观上与父辈会出现代沟。

(6)在情感方面,他们对同性朋友,能互诉衷肠,毫不保留,彼此忠信交换、友情安慰。对异性交往发生兴趣,注重自己的外貌与形态,女生表现出温柔、懦弱、胆怯,变得特别女性化,男学生则表示着他们的勇敢、有力与刚毅,呈现男性化。男女双方对浪漫的谈话、文学电影特别感兴趣,他们都设法去追求异性朋友,并做着未来家庭生活的美梦。

根据目前本专业学生的状况,学校从事一线教学的教师,如果不能根据学生的实际状况,科学组织课堂教学,采取有效的授课方式,调动学生的课堂兴趣,即使教师学识渊博,在讲台上讲得天花乱坠,教与学没得到有机的统一,不能充分调动学生兴趣,学生还是不愿学习,而产生消极情绪,结果是教师埋怨学生难教,学生则埋怨教师授课听不懂。教师在教学中,应采取措施激发学生的学习兴趣,培养学生主动学习的积极性,通过采用先进的教学方法和手段,创设良好的教学情境,增强教学内容的新颖性、趣味性,提高学生的求知欲,使学生真正做到是"我要学",不是"逼我学",成为学习的主人,感到学中有乐、学有所长、学有所用。

2.4.5　铁道运输管理专业学生的初始能力分析

学生的初始能力是指学生在学习某一特定的知识和技能时,已经具备的有关知识与技能的基础以及他们对这些知识、技能学习的认识和态度。对学生的初始能力分析,可以从预备技能、目标技能、学习态度三个方面去分析。

1. 预备技能分析

预备技能是学生进入新的教学之前就已经掌握了的相关知识与技能,是从事职业技能学习的基础。预备技能包括入门技能和对该职业技能领域已经有的知识。通过预备技能分析,可以发现学生尚未掌握的必须的基础技能,以便在合理安排新的教学内容时,把握适当的学习起点,并在学习内容中加入学生所欠缺的预备技能要求。铁道运输管理专业学生生源不同,预备技能有所不同。例如,直接来自初中毕业生,相应的基础比较差,起点比较低;来自复退军人的学生某些知识与技能基础会有一定的优势,但也有某些方面的不足。

2. 目标技能分析

目标技能是教学目标中规定学生必须掌握的知识和技能,是学生今后从事的职业领域所必须具备的专业基本技能。通过目标技能分析,可以了解学生能在多大的程度上掌握目标技能。如果设定的目标技能已经完全掌握了,那就可以再提升相应的教学目标,以便将教学内容的重点放在新的更高的目标上。铁道运输管理专业学生基础虽然各有差异,在目标技能方面是相同的,即掌握铁路行车组织与调度、铁路客运组织与管理和铁路货运组织与管理基本技能,具备铁道运输专业综合职业能力,成为在铁路、其他轨道交通运输第一线的从事运输经营服务管理人员。

3. 学习态度分析

学习者对于要学的内容可能已经有印象或持有某种态度,甚至对于该如何学习也有自己的看法。通过学习态度分析,可以了解学生对特定课程内容的学习有无思想准备,有没有偏见、误解或抵触情绪等等,针对学生已有的态度情况可以确定在教学中采用相应的教学策略,改变和提升学生主动学习态度,激发学生的学习动机和学习兴趣,培养学生更加努力和集中注意、促进记忆,帮助学生更加有效地学习。铁道运输管理专业学生生源存在差异,有不同地域、不同的教育背景与社会经历,在学习态度上有较大的差异。教师必须根据具体培养对象实际情况,对他们学习态度进行分析。

对于学生的起点能力分析较为特殊且重要,因为对它的分析与具体的教学任务或活动相关,如果脱离具体的课程内容及学习任务,分析学习起点能力就没有意义。作为教师,在组织实施教学的活动,要针对完成本专业课程的教学目标的知识点和技能点的教学任务和要求,进行具体分析,并以学生的预备技能、目标技能、学习态度分析为前提,进行教学设计和制定教学策略。分析和确定学生的初始能力,最常用的方式有命题测量(如摸底考试)、问卷调查、建立概念图等,还可以通过与学生的协作、会话、交流等社会性活动得到了解。

个人成才或学生的学业成就,既需要聪明才智或学习能力等智力因素,更需要正确而适度的学习动机、浓厚的学习兴趣、饱满的学习热情、坚强的学习毅力以及完美的性格等非智力因素。职业教育重视在发展智力因素的同时,注重非智力因素的训练,才有助于培养全面发展的高素质人才。

思 考 题

1. 简述铁道运输管理专业特点及发展趋势。
2. 简述铁道运输管理专业主要技术应用领域。
3. 试述铁道运输管理专业教学改革方向。
4. 谈谈你对铁道运输管理专业中等专门人才素质与能力培养的认识。
5. 联系实际谈谈如何激发本专业学生的学习动机。

3 铁道运输管理专业课程与教学内容分析

专业教学内容分析是教学活动实施的前提,是教学法的主要内容。专业课程的教学分析主要包括课程教学目标分析、教学重点内容选择和教学难点分析、教学内容的组织与设计分析。教学分析目的是对专业教学进行设计。

3.1 专业主干课程教学目标分析

铁路行车组织与管理、铁路客运组织与管理和铁路货运组织与管理是铁道运输管理专业主要职业工作领域,相应的"铁路行车组织与管理"、"铁路客运组织与管理"和"铁路货运组织与管理"就是该专业的主干课程。

3.1.1 教学目标结构设计分析

教学目标是指"教学中师生预期达到的学习结果和标准",即预期教学活动结束时所应达成的学习结果或行为,它是对学生学习终结行为的具体描述。教学目标既是教学活动的出发点,又是教学活动的归宿,是教学过程一个不可缺少的组成部分,是完成教学内容的基础。

3.1.1.1 教学目标的层次与维度

1. 教学目标的层次

在学校教育中,教学目标是一个有层次结构的系统,按照从宏观、抽象到微观、具体的顺序可分为四个层次,即专业教学目标、课程教学目标、单元教学目标和课时教学目标。

第一层为专业教学目标。专业教学目标是建立在相应的专业培养方案基础上的,为专业培养方案建立提供明确的专业学习任务和培养规格的总目标。专业教学目标提出的是行为范畴,而不是具体行为,因而不能直接用于日常教学具体规划和衡量。专业教学目标只有加以具体化,才能对教学具有实际的指导意义。

第二层为课程教学目标。课程教学目标是对专业教学目标的分解和具体化,它是根据某一具体的学习领域和学生的发展状况选择的学习内容及其教学活动应该达到的标准。课程教学目标的实现需要依托单元教学目标的实现。

第三层为单元教学目标。一门课程可分为若干个单元,单元教学目标是课程教学目标的子目标,为课程教学目标的实现服务。单元目标说明学习者完成本单元学习任务后应能做什么,列出单元教学目标,课程教学目标就比较具体化了。行动导向职业教育课程方案中,单元教学目标设计就可以根据学习领域教学目标设计来进行。

第四层为课时教学目标。单元教学目标是对整个单元学习结果的描述,需将其进一步具体化为课时教学目标,并与一定的情境联系起来。课时教学目标实用性最强,是教学目标的最基本层次,没有课时教学目标,单元教学目标就无法实现。

2. 教学目标的维度

教学目标不但有知识和技能维度,而且有情感、态度、方法、过程和价值观等多个维度。

在教学目标制定过程中,最容易犯的错误便是教学目标单一化,即只重视专业知识或技能目标的设计,淡化甚至忽视情感、意志和价值观等方面的目标要求。我们强调三维的教学目标,即技能、知识与态度(或情感)设计的要求,但实际职业教学活动设计中并非一定要死套三维目标格式。事实上,教学目标是多维性,可能是三维的、也可能是多于或少于三维。在具体制定教学目标时,必须根据教学实际要求,从人才培养的综合职业能力和学生未来发展的角度看,健全的人格发展、良好的行为习惯等都显得非常重要,应该纳入教学目标系统。

(1)知识技能目标

职业教育注重知识目标的实现与传统知识学习中强调学科课程系统化的专门性知识学习目标的实现有原则性的区别。职业教育教学的知识目标实现在于强调知识的运用,注重知识的综合性、创新性和广博性,淡化知识体系的系统化,淡化学科间的界限,主张知识的够用、实用和活用。职业活动导向教学采取以活动任务为中心来组织知识和技能学习的方式,把与活动相关的知识和技能结合起来进行整体性学习,既将知识融化于任务完成的过程中,又尽可能地拓展学生的知识视野,在综合性学习中运用知识,在活动中内化知识,提高学生的职业关键能力,为学生技能水平的提高和能力的培养服务。

(2)职业能力目标

职业教育的教学目标是职业能力本位的培养目标,强调在掌握职业技能、职业知识和职业态度(或职业道德)的过程中,着力于职业能力的培养,或是学生综合职业能力的培养。职业能力包括专业能力、方法能力和社会能力。能力是学生个性心理素质的组成部分,是学生终身发展的基础。学习知识的目的是为了更好地将知识转化为能力。一般来说,学生所要掌握的职业能力除知识和技能外,还包括学会学习与获取新知识能力、分析与解决问题能力、收集和获取信息能力、与人交流和与人合作能力、创新与革新能力、数字应用能力和外语应用能力等。

(3)情感态度目标

职业活动导向教学中的情感态度的培养着重关注以下几方面:

①在活动中体验和形成关心他人、关心社会、关心生态环境、关心可持续发展的态度,逐步形成社会责任感和义务感,形成负责任的生活态度和生活习惯。

②能够在学习活动、社会活动和职业活动中培养积极承担责任的品质。

③在团队活动与社会交往中培养与人交往和与人合作的精神,能够与他人共同解决问题,共同进步。

④在活动中努力养成参与意识、服务意识、合作意识、环保意识、效率意识、安全意识、科学意识、创新意识、自我发展意识和全局意识。

此外,还有价值观目标。职业教育坚持以学习者为中心,求得学生个人的可持续发展,在开发技能和知识的同时进行价值观教育。一个人的全面发展需要具备各种核心价值,为了信仰和真正实现人的全面发展,信息、合作和工作必须被赋予明确的意义和价值。价值代表人生的理想和目标,是人生追求的动机和目的。价值激发情感,价值构成个人和组织行为的内在驱动力。价值是一个人所认为的自己生命中最为重要的东西,为人的行为提供动力和指导,因此备受珍视。

3.1.1.2 教学目标设计的要求

在教学目标设计与编写注意遵循以下几个的原则:

1. 以课程目标为依据

在把握课程教学目标前提下，研究具体课程内容标准，将课程的宏观目标与具体的内容标准融为一体，使课程目标贯穿和体现于单元教学目标和课时教学目标中。

2. 以学生为中心

教学目标强调的是学生将做些什么，而不是教师做些什么，正确的界定和编写教学目标的方法，以学生为教学的主体和目标的主体，把教学的重心指向学生和期望他们达到的学习结果。

3. 体现能力本位原则

随着经济社会的发展，社会对就业者提出了职业专门化的要求，要求从业者要具备某种专门职业的资格和能力，以提高职业效率。在教学设计中，要注重学生职业能力的培养。

4. 用可测可察的外显行为来界定

教学目标的设计和界定，一方面要使它直接指导教学，另一方面要考虑使它便于评价。目前教学中不少教学目标的阐述不够合理，如"学生明了……"，施教后，学生究竟明了还是不明了，无法度量。类似这样的动词还有"懂得"、"了解"等等。这些用来表明内在意识和心理状态的动词，都是比较笼统和含糊的，是抽象的内在感觉，不具备可观察、可测量的特性，故不宜用来表述具体的行为。如果教学目标设计中改用"学生能……"、"学生会……"，那么这一教学目标就比较明确，因为它表明了教师可观察到学生的行为结果。

5. 以学习群体达标为基本要求

在教学活动中，学习群体的学习基础和学习能力之间存在着各种差异。如何使教学目标的制定既有统一要求，又能适应个体的学习者需要，因此，在确定教学目标时要有一个最低标准，即通过学习，学习群体中的学习者都能达到的一个标准。

6. 注重情感、态度的培养

培养学生正确的情感与态度是职业教育的一个重要特色，是实现对学生素质培养的重要内容。情感与态度往往是跟职业道德、劳动纪律和社会责任感等联系在一起。因此，情感与态度目标在教学目标设计要有足够的重视，同时还应注意在学生的小组学习、团队学习等活动中培养其情感态度。

3.1.2 "铁路行车组织与管理"课程教学目标分析

课程教学目标的设计与确立首先应该是建立在学习者需求分析基础上进行的。工作过程导向的专业教育是培养学生未来的职业岗位特殊能力、行业通用能力和关键能力。因此，工作领域对人才知识与技能的要求是我们职业教育课程要达到的目标。就业为导向、能力为本就是针对这样的职业教育目标理念。

3.1.2.1 铁路行车组织与管理工作岗位关键能力分析

铁路行车组织与管理是铁路运输管理专业三大工作范畴之一。铁路行车组织与管理包括行车组织与调度、铁路局运输组织与管理两大工作领域。行车组织与调度工作分为车站行车组织与调度工作和铁路局行车组织与管理工作。车站组织与调度行车工作内容主要包括接发列车、调车和车站统计工作。铁路局行车组织与管理工作内容主要包括铁路运输计划及运输方案、调度指挥和行车安全管理。铁路行车组织与管理工作关键技能能力包括接发列车、调车作业、车号及统计、运输调度和行车安全管理等工作能力。

下面是铁路行车组织与管理工作领域的车站值班员岗位关键能力分析示例，见表3.1。

表 3.1　车站值班员(中级)关键能力表

典型工作任务	岗位工作内容	关　键　能　力
接发列车	交接班	(1)能办理作业进度、设备使用等情况交接; (2)能办理行车文电、命令、计划等情况交接; (3)能行车日志、行车凭证、调度命令、行车有关登记簿等交接; (4)能按要求对交接事项进行签认
	办理闭塞	(1)能办理半自动闭塞手续; (2)能办理自动闭塞、自动站间闭塞手续; (3)能办理电话闭塞手续; (4)能确认区间(分区)空闲; (5)能填写行车日志、占线板和揭挂警示牌
	布置及准备进路	(1)能合理使用到发线; (2)能检查、确认进路空闲; (3)能正确填写占线板; (4)能正确准备进路; (5)能在停电及无联锁条件下准备进路,加锁道岔
	开闭信号(或交接行车凭证)	(1)能及时开放和关闭进出站信号、引导信号; (2)能正确及时显示接发列车手信号; (3)能正确填写各种行车书面凭证; (4)能正确交接行车凭
	立岗接发列车	(1)能立岗发车; (2)能监视列车运行状态; (3)能正确处理异常情况
	开通区间	(1)能确定列车到、发和通过时分; (2)能办理开通区间的手续; (3)能及时正确向列车调度员报点
	接发特殊列车	(1)能办理超长列车接发; (2)能办理超限列车接发; (3)能办理重载组合列车接发; (4)能办理军用列车接发
	非正常情况接发列车	(1)能在设备故障时接发列车; (2)能在站内无空闲线路时接发列车; (3)能组织天气不良时接发列车; (4)能在施工检修时接发列车; (5)能办理开行路用、救援列车
	行车相关数据的计算及分析	(1)能计算中时、停时等运输指标; (2)能计算线路有效长和容车数; (3)能计算开放进出站信号机的时机
调车作业	车站作业计划的编制	(1)会编制(日)班计划; (2)会编制阶段计划; (3)会编制调车作业计划
	办理调车作业	能根据调车设备和作业方法,按照调车作业标准,办理有关调车作业
	牵出线调车作业	(1)能利用推送调车法进行调车作业; (2)能利用单钩溜放法进行调车作业; (3)能利用连续溜放法进行调车作业; (4)能正确观速、测距; (5)能按照上、下车的有关规定,正确、及时地上下车
事故处理	事故通报及请求救援	(1)能进行事故通报; (2)能进行事故救援的请求
	简单复旧	简单复旧的处理

3.1.2.2 "铁路行车组织与管理"教学目标设计示例

1. 课程教学目标

课程教学目标一般在课程标准(或教学大纲)或教学方案指导意见上展示。根据岗位工作的关键能力分析,行车组织与管理课程教学目标设计示例见表3.2。

表 3.2 "铁路行车组织与管理"课程教学目标设计示例

"铁路行车组织与管理"课程标准
一、课程性质 "铁路行车组织与管理"是铁道运输管理专业主干课程。其任务是使学生掌握铁路站段或铁路局行车组织与调度工作的基本知识和基本技能,铁路站段或铁路局运输工作日班计划、列车调度指挥、调度工作分析的基本理论和基本方法,具有组织行车、调度指挥、正确执行和运用行车规章的能力,初步形成一定的学习能力和课程实践能力,并培养学生遵守纪律、诚实守信、沟通与合作的品质以及安全、环保与服务的意识。 **二、课程目标** 通过本课程的学习,使学生在专业能力方面达到: (1)掌握车站值班员、助理值班员和信号员(长)等工作岗位基本技能和作业方法。熟知接发列车的基本方法和作业标准;能进行各种情况接发列车接发车作业;能办理各种特殊列车的接发作业。 (2)掌握调车区长、调车员等工作岗位基本技能和作业方法。熟知调车作业的基本方法和作业标准;能编制调车作业计划;能进行牵出线调车、中间站调车和驼峰调车作业以及利用铁鞋、减速器、减速顶等对车辆进行制动作业。 (3)掌握车号员工作岗位基本技能和作业方法。熟悉车站统计工作的基本知识和作业要求;熟知运统、运报、货报等常用统计报表的使用;能进行列车接收与交付、现在车统计、装卸车统计和货车停留时间统计等车号及统计工作;能进行票据管理。 (4)掌握站调助理、列车调度员关于列车编组的基本技能和相关数据的计算及分析的方法;熟悉列车编组顺序表的编制的理论知识和基本技能;熟悉货物列车编组计划、装车地直达列车编组计划、技术站列车编组计划的编制标准和方法;能进行列车中车辆的编挂、列车中机车的编挂、列车中车辆的连挂的作业;能对违编列车的判定和处理。 (5)初步掌握列车调度员、车站值班员及铁路局有关行车调度工作岗位基本技能和作业方法。知道列车运行计划的编制与执行和铁路运输指挥管理系统和铁路行车指挥自动化方法;能办理列车运行调整作业和调度工作分析;能进行常用调度命令发布;能编制列车运行图和实绩图。 (6)初步掌握计划调度员及路局运输处技术人员有关运输计划工作岗位基本技能和方法。知道铁路运输技术计划及运输方案的基本知识和编制方法;熟悉各种运输技术计划的编制和执行要求;能计算货车周转时间、机车运用指标、区段行车量;能编制分界站货车出入计划;能编制铁路运输技术计划。 (7)初步掌握铁路行车安全管理的法律法规以及行车安全监察人员、站段安全室、班组安全员的工作要求。熟知《铁路法》、《铁路运输安全保护条例》、《技规》、《行规》、《事规》、《行车安全监察工作规程》以及《站细》的相关内容;能履行铁路行车安全管理工作职责;能进行行车事故预防和处理;能组织行车事故救援。 **三、课程内容与要求** ⋮

2. 学习单元教学目标

学习单元的教学目标设计是对课程目标的进一步分解与细化。体现职业教学特点的学习领域课程是当前流行的职业教育专业课程方案,源于德国的学习领域课程方案中的学习目标,它是对典型工作任务理论与实践学习的目标描述。行动导向的学习领域课程方案中的学习目标一般只有专业学习的理论与实践的二维目标要求。一个学习领域的教学目标设计示例见表3.3。

表 3.3 学习领域学习目标设计示例

学习领域1	接发列车	学时(略)
职业行动领域描述 ⋮		

学习目标描述	
实践学习目标 　(1)能办理闭塞手续,填写行车日志; 　(2)能布置与变更进路,填写占线板(簿); 　(3)能及时开关进站、出站信号和引导信号; 　(4)会使用标准化作业用语,显示接发列车手信号; 　(5)能接发车作业,交接各种行车书面凭证; 　(6)会无线列调电话、手信号旗(灯); 　(7)能开通区间,及时向列调报点; 　(8)能接发特殊列车(超长、超限、军列、专列及挂有危险品列车等); 　(9)能在设备故障、天气不良、施工、检修时接发列车; 　(10)开行路用、救援列车及无空闲线路接车	理论学习目标 　(1)掌握行车设备、备品、工具的用途、数量、性能和保管、交接、维修办法,一般故障的识别及处理知识; 　(2)掌握行车日志、调度命令、行车设备检查(施工)登记簿等填写、保管与交接的规定; 　(3)掌握有关信号设备加封、道岔加锁的办法; 　(4)掌握区间和闭塞分区的分类及划分,行车闭塞法的基本知识及本站采用的基本闭塞法; 　(5)掌握《接发列车作业标准》; 　(6)掌握《技规》、《行规》、《站细》关于接发列车的规定
工作与学习内容	
工作内容 ⋮	工具 ⋮ 工作要求 ⋮

3. 课时教学目标

根据学习领域课程教学设计,学习情境是学习领域课程方案中的教学活动组织的最基本单元。课时教学目标设计就是每个学习性工作任务的教学要求,这些教学要求是具体的、可操作的,并且明确专业教学知识、技能与情感态度教学要求和预期效果的期望。一个学习性工作任务的教学目标设计是一个明确、具体的、可操作的技能、知识和情感态度的三维教学目标要求。"正常接发列车"课时教学目标设计示例见表3.4。

表3.4　"正常接发列车"课时教学目标设计示例

课题:正常情况接发列车作业					
授课班级	略	课时	8	教学地点	略
	知识目标		技能目标		情感态度目标
教学目标	(1)掌握接发列车作业标准、车机联控标准; (2)知道区间和闭塞分区的分类及划分; (3)掌握行车闭塞法的基本知识; (4)掌握车站基本闭塞法; (5)熟知《技规》、《行规》、《站细》中关于接发列车的相关规定; (6)理解半自动闭塞设备的特点; (7)理解行车凭证的相关规定		(1)能熟练办理单线半自动闭塞区段电气集中联锁车站; (2)能办理正常情况接发列车作业; (3)能按照车站值班员、助理值班员、信号员岗位要求,执行标准化作业程序和用语; (4)能正确填写行车日志、占线板、占线簿; (5)会显示有关发车手信号		(1)培养法律意识; (2)培养认真、严谨的工作态度; (3)养成安全生产和标准作业习惯; (4)培养与他人合作、交流和沟通能力
学习任务及能力训练	学习内容: 　单线半自动闭塞电气集中联锁车站正常情况接发列车作业程序 能力训练任务: 　(1)单线半自动闭塞区段电气集中联锁车站正常情况接发列车作业; 　(2)行车日志、占线板、占线簿填写; 　(3)发车手信号				

续上表

教学方法与策略	角色扮演教学法、模拟教学法等	教学媒体	录像、行车日志、占线板、占线簿等
学习资料	(1)《接发列车作业标准》TB 1502 (2)《铁路技术管理规程》 (3)《行车组织规则》 (4)《车站行车工作细则》		

3.1.3 "铁路客运组织与管理"教学目标分析

3.1.3.1 客运组织与管理工作岗位关键能力分析

铁路客运组织与管理工作内容主要包括四方面:车站客运工作、列车客运工作、行包运输和旅客运输计划。中职学校铁道运输管理专业毕业的学生涉及的主要工作岗位是铁路售票员、客运员、行李员、列车员、客运值班员等。

下面是铁路客运组织与管理工作领域的客运值班员工作岗位关键能力分析,见表3.5。

表 3.5 客运值班员工作岗位关键能力分析

典型工作任务	工作内容	关键能力
接发列车	站台对岗交接与接发列车	(1)能根据站台人员情况合理布岗,提前对岗交接; (2)能办理站车交接手续; (3)能按标准站台列车接发作业
	办理车站业务交接	(1)能接收、传达文件、电报、命令、重点事项; (2)能办理站容卫生、承办事项的交接
	办理列车业务交接	(1)能妥善接收处置列车移交的伤病旅客、精神病旅客、无票人员、食物中毒旅客; (2)能办理列车运行、设备、备品、承办事项的交接
	组织旅客乘降	(1)能根据客流量组织旅客有秩序乘降; (2)能根据列车正晚点组织有秩序旅客乘降; (3)能根据停靠站台具体情况组织旅客有秩序乘降; (4)能组织旅客安全乘降,做好安全宣传、引导
旅客组织与服务	车站客运服务	(1)能对老弱病残孕旅客进行重点照顾与服务; (2)能接待旅客咨询; (3)能安抚、疏导情绪过激的旅客; (4)能填写代用票、退票报告等运输票据; (5)能对候车中突发急病的旅客组织救治; (6)能进行车站环境卫生的检查与清理
	车站客运组织	(1)能组织旅客乘降; (2)能进行检票、验票作业; (3)能维持候车、售票秩序; (4)能组织安全检查; (5)能对携带品违章的旅客进行处理; (6)能对不符合乘车条件的旅客进行处理; (7)能对误购、误乘旅客的进行处理; (8)能熟记本站各次列车到开时刻、停靠站台、编组顺序
事故处理	事故调查	(1)能确定事故等级和种类; (2)能进行旅客运输事故调查; (3)能编制客运记录和铁路电报
	事故处理	(1)能拍发铁路电报; (2)能处理旅客丢失物品等情况; (3)能处理旅客意外伤害事件; (4)能处理旅客行包丢失及误运等事件

3.1.3.2 "铁路客运组织与管理"课程教学目标设计示例

"铁路客运组织与管理"课程教学目标设计必须围绕关键能力展开,课程教学目标设计示例见表3.6。

表3.6 "铁路客运组织与管理"课程教学目标设计示例

"铁路客运组织与管理"课程标准
一、课程性质 "铁路客运组织与管理"是铁道运输管理专业主干课程。其任务是使学生掌握铁路车站客运工作组织与服务、列车客运工作组织与服务工作的基本知识和基本技能,并初步具备组织旅客运输服务、铁路售票、行包输送工作、旅客列车乘务工作和运用客运规章解决和处理实际问题的能力,并能正确执行和运用《客规》、《客管规》、《价规》、《铁路旅客运输办理细则》、《行李包裹运价表》、《铁路旅客运输服务质量标准》、《铁路运输收入管理规程》、《铁路旅客运输损害赔偿规定》等规章处理客运运价等方面的能力,初步形成一定的学习能力和课程实践能力,并培养学生遵守纪律、诚实守信、沟通与合作的品质以及安全、礼仪与服务的意识。 **二、课程目标** 通过本课程的学习,使学生在专业能力方面达到: (1)掌握铁路售票员岗位的基本知识和基本技能。能运用《铁路旅客运输规程》、《铁路客运运价规则》、《铁路旅客运输办理细则》、《铁路运输收入管理规程》进行售票、退票、车票签证、旅行变更和票务管理等工作,并能按规章处理售票业务中实际问题。 (2)掌握客运员、客运值班员岗位的基本知识和基本技能。能运用《铁路旅客运输规程》、《铁路旅客运输管理规则》、《铁路旅客运输办理细则》组织旅客运输、站车交接、客运乘降、候车服务等工作,并能按规章正确处理旅客乘车事件、旅客运输阻碍、客运安全事故等旅客运输业务中的实际问题。 (3)掌握铁路行李员岗位的基本知识和基本技能。能运用《铁路旅客运输规程》、《铁路旅客运输办理细则》、《行李包裹运价表》、办理行李包裹的送达和到达运输、行包运输变更、行包运费的核收等工作,并能按规章正确处理行李包裹运输事故和行包运输组织中的实际问题。 (4)掌握列车员岗位基本技能。能运用《铁路旅客运输规程》、《铁路旅客运输办理细则》、《铁路旅客运输服务质量标准》、《客运服务礼仪》和《旅客列车乘务工作制度》等进行乘务组织与和服务工作,并能正确处理旅客运输阻碍、旅客疾病及意外伤害以及旅客运输事故等方面的实际问题。 (5)初步掌握车站计划员岗位基本知识和基本技能。能运用《铁路旅客运输规程》、《铁路旅客运输管理规则》、《铁路旅客运输办理细则》等合理组织客流,能计算旅客运输计划相关技术指标、编制客流计划、客流图、旅客列车运行方案图、时刻表及列车编组表等;能制定票额分配计划、旅客输送日计划和办理站、车客流信息的传报和客运调度的日常工作。 **三、课程内容与要求** ⋮

3.1.4 "铁路货运组织与管理"教学目标分析

3.1.4.1 货运组织与管理工作岗位关键能力分析

铁路货运组织与管理工作主要内容包括:普通货物运输、特殊货物运输、货运核算、货物安全及检查等工作。从事铁路货运工作的主要工种有:货运员(包括内勤货运员、外勤货运员)、货运核算员、货运安全员和货运值班员等。

下面是铁路货运组织与管理工作领域货运员工作岗位关键能力分析,见表3.7。

表3.7 货运员工作岗位关键能力分析

典型工作任务	工作内容	关键能力
货运受理	审核货物运单	(1)能审核货物运单内容,确认办理条件、办理限制; (2)能审核托运人提供的技术资料
	接受货物	(1)能确认货物包装标志、储运图示、品名、件数、重量,检查包装质量; (2)能按规定报告货物; (3)能填写承运单

续上表

典型工作任务	工作内容	关键能力
装车作业	选用车辆(集装箱)	(1)能检查、选用车辆; (2)能检查、选用集装箱; (3)能识别常用货车和车种
	装车前准备	(1)能根据货运单核对待装货物; (2)能检查加固材料、装备物品
	组织装车	(1)能确认货物装载、堆码方法; (2)能确认加固方法,施封、插挂货车表示牌; (3)能办理集装箱装配; (4)能确认货物装载重量; (5)能填写货运单
	超限、超重、超长货物装载办理	(1)能按规定审核托运人提供的技术资料; (2)能对照三视图,测量货物尺寸; (3)能按装载加固方案规定装车; (4)能复测装车后尺寸和计算重车重心高度
	鲜活货物装载办理	(1)能按规定审核检疫、检验证明; (2)能按规定判定货物包装、热状态; (3)能计算货物运到期限; (4)能按规定选用车辆; (5)能按规定办理装载作业
	军事运输物资装载	(1)能按规定审查相关资料; (2)能确定军运计划范围、方式; (3)能确认军运使用车辆的设备; (4)能按规定检查军运物资装载加固质量
卸车作业	卸车前准备	(1)能根据货运单(票据封套)检查货车、集装箱状态,确认施封情况、按规定拆封(保管); (2)能核对票据封套、货票、单据、卸车清单记载
	卸车作业	(1)能按货物清单、货票记载清点货物件数、检查货物品名、堆码状态; (2)能按规定填记、粘贴货车(集装箱)洗刷回送标签; (3)能按规定填记特殊货车及运送用具回送清单; (4)能填记卸货簿(卡)、整理到达票据
	货物交付	(1)能按规定发出催领通知; (2)能按规定向收货人移交货物; (3)能规定办理票据交付手续
	特殊货物卸车	(1)能根据货物包装状态确定卸车方法; (2)能根据货物性质按规定卸车; (3)能确定卸车线路容车数及仓储容量; (4)能确定装卸机械及人力作业能力
货物(车)交接	站车交接	(1)能按规定办理货车、票据、施封、篷布的检查交接; (2)能按规定编制普通记录、拍发电报
	路企交接	(1)能填记货车调运单; (2)能检查卸空车(集装箱)门、窗关闭状态; (3)能按规定办理货车、篷布的交接签认
安全防护、事故处理	安全防护	(1)能确认脱轨器和防护信号的安、撤; (2)能操作接触网隔离开关; (3)能定办理手推调车作业
	事故处理	(1)能按规定处理重点、特殊货物的事故; (2)能按规定拍发事故电报; (3)能按规定处理逾期未到和无法交付的货物

3.1.4.2 "铁路货运组织与管理"课程教学目标设计示例

"铁路货运组织与管理"课程的教学目标设计围绕关键能力展开。"铁路货运组织与管理"课程教学目标设计示例见表3.8。

表3.8 "铁路货运组织与管理"课程教学目标设计示例

"铁路货运组织与管理"课程标准
一、课程性质
"铁路货运组织与管理"是铁道运输管理专业主干课程。其任务是使学生掌握铁路普通货物运输、特殊货物运输、货场管理、货物装载、货物运费核收、货运安全及检查的货运工作的组织与管理的基本知识与技能,初步具备正确执行和运用《货规》《货管规》《价规》《危规》《鲜规》《超规》《铁路集装箱运输管理规则》《铁路货运事故处理规则》《铁路货运检查管理规则》等货物运输规章处理货运运价和货物运输的能力,并具备进行货运安全检查和处理货运安全事故的能力,形成一定的学习能力和课程实践能力,并培养学生遵守纪律、诚实守信、沟通与合作的品质以及安全、服务的意识。
二、课程目标
通过本课程的学习,使学生在专业能力方面达到:
(1)掌握内勤货运员岗位基本知识和基本技能。能运用《货规》《铁路货物价格规则》等办理托运与承运货物、办理货物到站交付等工作,具备组织零担货物运输、集装箱货物运输、整车货物运输和组织集装化货物运输的能力,并运用货运规章解决实际问题。
(2)掌握外勤货运员岗位基本知识和基本技能。能运用《货规》《加规》等办理货物装卸、到发站的验货、合理货场布置货位、货物换装和整理、货物保管和外交付等作业,具备货物站车交接、路企交接、集装箱交接和组织装配整零车、组织集装箱货物和组织专用线运输的初步能力,并运用货运规章解决实际问题。
(3)掌握货运核算员岗位基本知识和基本技能。能运用《货规》《铁路货物运价规则》《铁路货物运输杂费管理办法》《货车使用费核收暂行办法》等填制运单货票、计算运输费用、核收货物运输变更运费及杂费等工作,具备核收运费、杂费计算与核收和运输变更及运输阻碍的运费的能力,并运用货运规章解决实际问题。
(4)掌握货运值班员岗位基本知识和基本技能。掌握超长、超重、超限货物等特殊货物运输组织方法;掌握鲜活货物等特殊货物的运输组织方法;掌握危险货物运输组织方法;能运用《超规》《鲜规》《危规》以及《加规》等组织阔大货物运输、鲜活货物运输和危险货物运输,解决在特种货物运输组织管理过程中的实际问题。
(5)掌握货运安全员基本知识和基本技能。能运用《铁路货运事故处理规则》《货管规》解决货运安全以及货运事故处理的相关问题,具备编制货运记录、调查核实货运事故、办理货运事故赔偿等方面的能力。
(6)掌握货运检查员基本知识和基本技能。能运用《货规》《铁路货运检查管理规则》《铁路货物事故处理规则》等对车站货物检查、对货车货物装载加固和篷布苫盖检查、货物施封检查以及货物运单及货票传递与交接等工作,具备办理货物检查、货物换装及货车整理、货运交接检查作业等方面的能力。
三、课程内容与要求
⋮

 3.2 教学重点内容选择

专业教学重点内容的选择是课程教学设计的基础,也是实现专业教学目标的重要保证。专业教学的重点内容是指本专业教学的核心内容,即专业主干课程主要内容以及重点、难点。

3.2.1 专业主干课程主要模块

3.2.1.1 课程模块化的目的

"模块课程"或课程内容模块化是职业教育中比较流行和熟悉的术语,是职业教育课程内容的组织形式之一。

1. 模块课程组织形式的特点

(1)模块课程是一种学习单元、小型化课程组织形式,"项目"课程是这种模块课程的典型组织形式。

(2)每个模块相对独立,一个模块是一个完整的"学习包",每学完一个模块可以获得一项职业工作的技能、知识或能力。

(3)模块课程的内容依据职业岗位实际需要确定,实用性、应用性强。

(4)模块课程内容组织不以学科为中心组织教学内容,而强调能力培养,围绕能力形成组织教学内容。

(5)每个模块内容不多,能在适当相对短的时间内完成学习,针对性强。

(6)模块之间可以灵活组合,每个模块组合有明确的行为目标和具体要求。

(7)课程模块更新效率高,可以及时反映行业发展所产生的新技术、新方法、新工艺、新手段。

2. 课程模块化的目的

职业教育课程模块化的根本目的是增加课程的灵活性。科学技术发展迅猛,产业和行业中新技术、新方法、新工艺、新手段不断应用,必将导致工作内容、职业种类迅速地变化。这就要求不断更新职业教育课程,如果按学科性课程的长周期模式设计职业教育课程,那么每次进行课程调整时都要重复整个的课程开发过程,开发时间长,课程改革的周期难以跟上工作领域的变化;而职业教育有较强的区域性,不同地区之间生产技术差别较大,其要求也有较大的差别,普适性较强的课程,自然无法满足不同区域职业教育的要求。因此,职业教育课程必须适应:

(1)灵活性。课程可以根据需要方便地进行增加、减少或更换其中的一些模块,以满足工作世界的变化。把课程内容分解成一个个小的单元,每个单元又是一个独立的"学习包";"学习包"包含工作领域的一项职业工作的技能、知识或能力,并且"学习包"又进行标准课程化处理,这样能极大地满足职业教育课程改革的需要。

(2)更新效率高。由于模块课程是由一些小型化得教学单元的模块组成,课程可以局部的、单个的模块进行组合,新技术、新方法、新工艺、新手段就可以较快地出现课程的教学内容里。职业教育课程模块化可以增强职业教育课程的灵活性和提高课程更新的效率,以满足工作领域变化的需要。

3.2.1.2 铁路运输管理专业主干课程主要模块

铁道运输管理专业教育主要面向铁路技术站、货运站和客运站的行车与运输调度、铁路客运和铁路货运组织与管理等工作领域。根据职业教育课程模块化的要求,对原铁道运输管理专业的传统课程进行整合并模块化,其专业主干课程由铁路行车组织与管理、铁路客运组织与管理、铁路货运组织与管理三大工作领域构成,即专业主干课程包括"铁路行车组织与管理"、"铁路客运组织与管理"和"铁路货运组织与管理"三大系列模块。

1. 专业主干课程模块组成

铁道运输管理专业主干课程内容模块组成框图如图 3.1 所示。

2. 专业主干课程模块内容简介

(1)"铁路行车组织与管理"课程模块

模块 1:接发列车

该模块主要包括办理闭塞、布置与准备接发列车进路、开闭信号或交接行车凭证、立岗接发列车和开通区间等学习性工作任务。该模块主要学习接发列车作业程序及标准用语;办理闭塞、布置与准备接发列车进路、开闭信号与交接行车凭证、立岗接发列车、开通区间、指示发车等接发列车作业项目的一般技能与方法;特殊列车的接发以及特殊情况下的接发列车;救援列车及无空闲线路接车;接发列车的应急处理、车机联控和分散自律式行车办法等接发列车作业项目的技能与方法等内容。

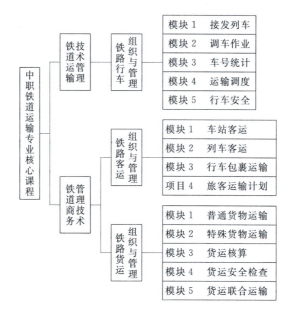

图 3.1 铁道运输管理专业主干课程内容模块组成框架

模块 2:调车作业

该模块主要包括调车作业的有关作业规定与标准;牵出线调车作业程序及方法、驼峰调车作业过程与组织方式等调车作业一般技能与方法;车辆制动作业程序;列车机车车辆编挂作业;车站班计划、车站阶段计划和车站调车作业计划的编制步骤与方法;对调车事故处理方法等内容。

模块 3:车号及统计

该模块主要包括列车接收交付、票据管理、现在车管理、车站统计工作有关作业规定与标准;运输统计报表、列车编组顺序表的填写;进行货车停留时间统计和货车货物装卸作业情况统计;车号自动识别系统作业等内容。

模块 4:运输调度

该模块主要包括铁路局日常运输组织;调度日(班)计划编制与执行;列车运行图列车运行调整;常用调度命令用语及发布;铁路运输调度指挥等知识与技能;行车调度指挥自动化以及列车运行指挥系统(TDCS)和铁路运输管理信息系统(TMIS)等内容。

模块 5:行车安全

该模块主要包括行车安全相关法律法规;行车事故处理方法和流程;制定行车事故应急处理方案和组织救援方案的实施等方面的内容。

(2)"铁路客运组织与管理"课程模块

模块 1:车站客运

该模块主要包括车站售票服务工作;退票手续的办理和处理;旅行变更办理车票签证;票务管理和各种杂费计算;组织旅客车站候车和旅客乘降服务;处理误购(售)、误乘情况和车站旅客运输事故;旅客运输计划的编制;客运服务工作。

考虑近年来,铁道运输管理专业学生的就业变化,本模块根据本校需要可以增加地铁站务员岗位的工作内容。

模块 2:列车客运

该模块主要包括列车乘务工作的基本知识与技能;列车客运的规章;各种等次车厢列车旅

客服务;站车交接业务程序和作业标准;列车乘务管理工作;旅客运输阻碍的处理;旅客运输事故的处理;旅客列车乘降组织等内容。

模块3:行包运输

该模块主要包括有关行李、包裹运输的规章;行包托运与承运办理以及行包交付作业程序和方法;行包出入库、库存货物保管以及装卸车作业的基本知识与技能;行包运费计算及核收;行包运输变更和运输事故处理方法;行包专列运输组织内容。

模块4:旅客运输计划

该模块主要包括编制客流计划、编制技术计划和编制日常计划等学习性工作任务。该模块主要学习旅客运输的规章和实施细则;旅客运输计划指标的计算;客流调查与预测方法;旅客列车运行方案图的铺画;票额分配计划和车站旅客输送日计划编制等内容。

(3)"铁路货运组织与管理"课程模块

模块1:普通货物运输

该模块主要包括货物运输的规章和实施细则;货物托运与承运的受理、货物到站交付等作业;货物货物运输合同的变更与解除手续办理;集装箱货物运输组织;铁路货运计划的编制;货场货物装卸、货物保管和货物换装和整理作业;合理布置货位货场;专用线(专用铁路)运输组织等内容。

模块2:特殊货物运输

该模块主要包括阔大货物运输、鲜活货物运输、危险货物运输规章和实施细则;阔大货物运输、鲜活货物运输、危险货物运输的条件及组织方法;阔大货物、易腐货物、鲜活货物、危险货物运输的托运与承运作业;放射性物质的托运和承运;特种货物运输费用计算等内容。

模块3:货运核算

该模块主要包括铁路运输费用的规章和实施细则;确定运价号、运价率的方法;填制各种运单货票;整车货物的运费、零担货物的运费和集装箱货物的运费计算;核收货物运输变更运费及杂费;核收运输变更及运输阻碍的运费以及各种杂费等内容。

模块4:货运安全及检查

该模块主要包括货物运输安全的规章;货运记录编制方法;货运事故的种类及等级;货运事故调查和处理的程序和方法;检查货运运输的各个环节包括货车交付、货物装载加固、换装、货车使用及通行检查程序;事故理赔组织等内容。

模块5:货物联合运输

该模块主要包括水陆联运、国际铁路货物联运条件;水陆联运货物运单、国际铁路联运货物运单和其他联运货物的单证;运用规章计算国际铁路联运货物的运输货物和运送费用;国际铁路联运货物的运输联运货运事故赔偿处理、国际联运商务记录的编制等内容。

3.2.2　专业主干课程学习重点、难点

3.2.2.1　专业主干课程重点

职业教育的专业教学应该以学生的专业从业范围的职业能力培养为重点,显然专业教学重点内容的选择应以职业分析为基础。根据前面铁道管理专业中等职业人才的典型职业工作分析,确定专业核心课程的学习重点内容。

1."铁路行车组织与管理"课程学习重点

(1)接发列车作业

办理闭塞法;开闭信号;行车凭证;车机联控;列车进路的变更;非正常情况下的接发列车。

（2）调车作业

调车作业的标准；牵出线调车作业；驼峰调车作业；手闸及铁鞋制动；列车调车作业计划的编制。

（3）车号及统计

列车编组顺序表；车站班计划、阶段计划的编制；调车作业计划；现在车报表和18点现在重车去向报表；装卸车统计；货车停留时间统计。

（4）运输调度

运输工作技术计划；列车运行图的编制与调整；车站工作日计划图的编制；列车运行实绩图；调度命令的发布。

（5）行车安全

铁路行车安全管理；行车事故处理；安全检查表的编制方法；事故救援组织；机车车辆轻微脱轨的简易起复方法。

2.“铁路客运组织与管理”课程学习重点

（1）车站客运

旅客票价、旅客票价表的运用；售票工作；客运杂费的核收；不符合乘车条件的处理；退票的处理、旅行变更的处理；客运服务工作组织；客运服务标准化作业。

（2）列车乘务

乘务工作的特点及任务、旅客列车乘务组及乘务员需要数量的计算、旅客列车乘务工作制度及组织；旅客运输阻碍的处理；旅客急病的处理、旅客伤害事故处理。

（3）行李、包裹运输

行李、包裹的托运及承运；行包运费的核收；行包运输变更及行包违章运输的处理；行李、包裹运输事故的处理。

（4）旅客运输计划

旅客运输客流预测；客流计划的编制；时刻表及编组表的编制；票额分配计划，旅客输送日计划的编制。

3.“铁路货运组织与管理”课程学习重点

（1）普通货物运输

货物运输组织原则；货物运输作业过程；货物的中转作业方法、货物的运输统计分析；集装箱货物运输作业；专用线管理。

（2）特种货物运输

阔大货物的运输组织；鲜活货物的运输组织；危险货物的运输组织方法；阔大货物的装载方案、超限等级、加固方案；军运超货物、危险货物的运输组织。

（3）货运核算

货运价格；整车运费、零担运费、集装箱运费的计算；运输变更、运输阻碍运费的计算；货运杂费计算。

（4）货运安全及检查

货运记录的种类和编制；货运事故的调查与处理；货运事故的赔偿；货运事故速报；货运事故的统计与分析。

（5）货物联合运输

水陆联运货物运单、国际铁路联运货物运单和其他联运货物的单证；运用规章计算国际铁路联运货物的运输货物和运送费用;国际铁路联运货物的运输联运货运事故赔偿处理。

3.2.2.2 专业主干课程学习难点

1."铁路行车组织与调度"课程学习难点

(1)非正常情况下的接发列车。

(2)机车与车辆及车辆间的摘挂。

(3)列车调车作业计划的编制。

(4)驼峰调车作业。

(5)列车运行图的编制与调整。

(6)行车事故的处理。

2."铁路客运组织与管理"课程学习难点

(1)误购、误售、退票的处理、旅行变更的处理。

(2)行李、包裹运输事故的处理。

(3)时刻表及编组表的编制。

(4)旅客运输阻碍和客运事故处理。

(5)铁路客票管理信息系统。

3."铁路货运组织与管理"课程学习难点

(1)货物的中转作业。

(2)集装箱运输专用车管理。

(3)货物装载加固方案的设计。

(4)危险货物的运输组织。

(5)运输变更、运输阻碍运费的计算。

(6)联运货运事故赔偿处理。

3.3 教学内容的组织

专业教学内容的组织主要涉及两个要素,一是专业教学内容(或课程内容)的选择,二是教学内容的组织(或序化)。教学内容组织强调的是学生对知识的建构过程。以典型工作任务为核心是教学内容选择的依据和原则,以工作过程为参照系是教学内容组织和序化的必然选择。教学内容的组织具体指向就是专业课程方案设计。

3.3.1 专业课程方案设计

课程是实现专业教育教学活动的载体。专业教育教学活动及其内容的选择是由课程确定,同时课程又规定专业教育教学活动内容组织与安排,课程是专业教育教学活动中可以操作的一系列方案,包括专业教学方案(或计划)、课程标准(或大纲)、教材等。因此,专业课程方案的设计重要的方面是专业教学内容的选择与安排,直接关系到教学目标的实现。

行动导向教学模式是现代职业教学理念,"项目教学"、"学习领域"、"任务为引领、项目为驱动"是行动导向职业教学模式中最有代表性的术语。这些术语和教学理念很好地彰显了职业教育教学内容组织的内涵,它们把职业教育的专业教学中理论知识学习与实践技能训练通过学习"项目"或者是学习性工作"任务"紧密地结合在一起。

3.3.1.1 行动导向课程方案的几个基本概念

1. 学习领域

学习领域实际上就是的理论与实践教学一体化的现代职业教育课程模式,它是职业活动导向下职教课程概念。在职业教育中,学习领域是一个跨学科的课程计划,是案例性的、经过系统化教学处理的行动领域。每一个学习领域是一个学习课题,通过一个学习领域的学习,学生可以完成某一职业的一个典型的综合性任务。通过若干个相互关联的所有学习领域的学习,学生可以获得某一职业的从业能力和资格。

2. 职业活动领域

一个职业一般由多种职业活动组成,在这个职业中的职业活动总和就叫职业活动领域。职业活动领域产生于职业活动,且职业活动领域的内涵大于职业活动,它涉及职业以外的日常生活和社会活动的内容。职业活动领域是以问题为导向的综合性任务,即与实际情况紧密相关的综合性的工作任务,是从某一职业工作的具体过程出发,为完成这一职业工作所应采取的活动,是比技术性的职业活动内涵丰富得多,涉及社会活动领域的实际工作领域。

3. 学习情境

学习情境在形式上相当于学科体系中课程的章节,但又有所区别。"所谓学习情境,就是一个案例化的学习单元,它把理论知识、实践技能与实际应用环境结合在一起,是学习领域这一宏观计划的具体化。在技术领域,学习情境常常表现为具体的学习任务。"因此,学习情境就是学习领域中的工作性学习任务,由项目或任务引出。

学习情境是组成学习领域课程方案的结构要素,是课程方案在职业学校学习过程中的具体化。换句话说,学习情境要在职业的工作任务和行动过程背景下,将学习领域中的目标表述和学习内容进行教学论和方法论的转换,构成在学习领域框架内的"小型"主题学习单元。

4. 职业活动领域、学习领域与学习情景的关系

学习领域从职业活动领域转换而来,学习领域的学习又直接为职业活动领域服务,而学习情境则是学习领域的具体化。

(1)学习领域是经过教学化处理的职业活动领域

如图3.2所示,学习领域是应用于教学中的职业活动领域,它是以实际工作过程作为出发点,使学生通过学习,既掌握职业技能,又提高自身综合素质。学习领域是通过职业情境中的典型职业活动,即与专业实践紧密相关的案例(或项目,或任务)学习来实现专业知识的获得与职业技能的掌握。因此,学习领域的选择是以职业能力和专业技能的典型技能作为出发点的。

(2)学习情境是学习领域的具体化

学习领域是综合性任务,它由经过教学化处理的、以行为活动(工作过程)为导向的学习情境构成。在学习领域课程中,课程计划只确定学习领域的名称和基本要求,教师在教学过程中还必须将学习领域内容细化为具体的学习任务,即一个个具体的学习情境。学习情境是在学习领域的基础上开发的,是教学的具体安排或授课内容。在教学中,学习情境是学习领域的具体体现,是学习领域的具体教学活动。

图 3.2　学习领域与职业活动领域

学习情境把理论知识、实践技能与实际应用环境结合在一起。学习情境的任务是培养学生的行为能力。在具体的学习情境下,如果学习过程是以职业活动为导向,并根据相应的策略来控制学习的过程,就可以使学生在活动学习中能以最快的速度获得行动能力。

3.3.1.2　学习领域课程方案设计

学习领域课程方案以能力为出发点,以培养学生建构或参与建构工作世界的能力为主要目标。学习领域课程方案由与该专业相关的职业活动体系中的典型工作任务分析导出全部的职业行动领域,再由行动领域导出学习领域课程。

1. 学习领域课程

学习领域课程是职业活动的系统化课程。对学习领域课程的学习是真正意义上的职业活动导向的学习,学生在教师的指导下,在活动中进行自主地学习,并通过学习处理实际问题,总结提炼出具体的专业和职业知识(包括劳动过程知识)以及技能,并积累经验,通过抽象思维处理综合性问题;对学习领域课程的学习是对整个职业活动过程的反思,并使学生最终获得控制工作过程的能力,以最快的速度获取包括专业能力、方法能力、社会能力等方面的职业能力。

2. 学习领域课程的主要内容

学习领域课程是以培养学生具有建构工作世界的能力为主要目标的,而这是以理解企业的整体的工作过程和经营过程为前提的,因此工作过程知识自然成为学习领域课程的主要内容。学习领域课程把工作过程知识作为职业教育课程的核心内容。

3. 学习领域课程方案的基本结构

从学习领域课程方案的结构来看,每一职业的课程由多个学习领域组成,具体数量由各职业的实际情况决定。组成课程的各学习领域之间没有内容和形式上的直接联系,但在课程实施时要采取跨学习领域的组合方式,根据职业定向的案例性工作任务,采取活动导向和项目导向的教学方法。

从学习领域课程方案的内容来看,每一学习领域均以该专业相应的职业活动领域为依据。作为学习情境的主题内容,是以职业任务设置与职业活动过程为取向的,以职业活动体系为主参照系。

学习领域课程方案的基本结构见表3.9。

表3.9　学习领域课程方案的基本结构

| 学习领域 | 基准学时 | | | |
（名称）	小计（课时）	第一学年	第二学年	第三学年
学习领域1				
学习领域2				
⋮	⋮	⋮	⋮	⋮
学习领域 n				
总计（学时）				

学习领域课程方案主要是由职业工作能力要求出发描述的学习目标、学习型工作任务陈述的学习内容和理论与实践学习时间(基准学时)三部分构成。学习领域课程是一个职业教育(或专业)中跨学科的课程计划,学习领域中描述的学习性工作任务是案例性的、经过系统化教学处理的行动领域。一个"学习领域"就是一个主题学习单元。通过一个"学习领域"的学习,学生可以完成某一职业的一个典型的综合性工作任务,采用行动导向(如案例、项目)教学。通过若干相互关联的所有"学习领域"的学习,学生可以获得某一职业(专业)的从业能力和资格。

4. 学习领域课程开发

学习领域课程开发主要通过两个程序,一是由行业专家(如技师、工段长等)先进行工作过程分析,获得反映职业教育毕业生从事的职业工作描述(行动领域——实际的工作任务),二是再由课程专家进行教学过程分析,把职业世界对人才的能力要求转化为教学内容方面的具体要求,获得教学所需的学习领域——整合的典型工作任务和学习性的工作任务,并进行教学过程方案设计,获得学习情境。学习领域课程开发包括:岗位分析、工作分析、学习领域、学习情境、课程转化,其开发的基本路线如图3.3所示。

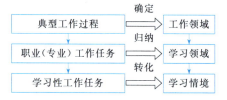

图 3.3　学习领域课程开发

3.3.2　专业主干课程教学设计

根据对专业培养对象的业务范围工作世界对应岗位关键能力要求分析,结合专业培养目标教学要求,铁道运输管理专业核心教材内容把"铁路行车组织与管理"、"铁路客运组织与管理"和"铁路货运组织与管理"作为专业能力培养的三大主干课程模块。下面是将铁道运输管理专业归并成职业化的学习领域课程,见表3.10。

表 3.10　铁道运输管理专业主干课程学习领域示例

专业主干课程	序号	学习领域	时间安排(基准学时)				专业主干课程	序号	学习领域	时间安排(基准学时)			
			小计	第一学年	第二学年	第三学年				小计	第一学年	第二学年	第三学年
行车组织与管理	1	接发列车	50		32	18	客运组织与管理	14	旅客运输计划	28			28
	2	车站作业计划	40		40			15	客运服务礼仪	40		40	
	3	调车作业	52		36	18		16	国际旅客联运	36			36
	4	车号及统计	40		28	12			小计	264			
	5	列车编组	28		28		货运组织与管理	17	普通货物运输	46		28	18
	6	列车运行图	36		24	12		18	特殊货物运输	54		36	18
	7	行车调度	56			56		19	货场管理	16		16	
	8	运输计划及方案	28			28		20	货物装载	28		28	
	9	行车安全	48			48		21	货物运费核收	46		28	18
		小计	380					22	货运安全及检查	36			36
客运组织与管理	10	售票工作	42		24	18		23	货物联合运输	32			32
	11	车站客运工作	46		28	18			小计	268			
	12	列车乘务工作	42		24	18	总　　计			912			
	13	行包运输工作	36		36								

3.3.2.1　专业主干课程教学内容分析
——以"铁路行车组织与管理"学习领域课程为例

"铁路行车组织与管理"是铁道运输管理专业的主干课程之一。该专业能力课程内容主要由传统学科教材体系的"铁路行车组织"、"铁路行车规章教程"、"铁路运输调度工作"、"铁路行车安全管理"以及"铁路运输管理信息技术"(行车部分)等课程综合而成的。主要包括接发列车、车站作业计划、列车编组、车站行车工作统计、调车作业、列车运行图、列车调度与指挥、运输技术计划及运输方案、行车安全管理、铁路行车事故处理以及铁路运输管理信息系统(TMIS)应用等教学内容。其任务是通过学习车站行车工作组织及调度、列车编组计划、列车运行图以及《技规》等基本知识和基本技能，使学生具有组织行车与调度、正确执行和运用行车规章的能力；通过学习铁路运输工作计划、列车调度指挥、调度工作分析、行车调度信息管理和行车安全管理的基本理论和基本方法，使学生初步具备行车调度指挥、列车运行调整、列车运行监督和行车指挥自动化管理的能力，为学生从事运输组织工作奠定基础。

1. 学习领域课程

铁路行车组织与管理的典型工作任务有：正常情况下接发列车、非正常情况下接发列车、车站作业计划的编制、调车工作、车号及统计工作、列车运行图的编制和车站通过能力、行车调度与指挥、运输计划及运输方案、行车安全管理和行车事故处理等。因此，"铁路行车组织与管理"的主要教学内容归并后可分为接发列车、车站作业计划、调车作业、列车编组、车号及统计、列车运行图、运输调度、运输计划及方案和行车安全等九个学习领域。

2. 学习领域课程设计教学分析

"铁路行车组织与管理"课程主要讲授涉及车站和铁路局行车组织与管理工作内容，即接发列车工作、列车编组、调车工作、车号及统计工作、列车运行图、行车调度、运输计划、行车安全管理是车站和铁路局行车组织与管理主要的典型工作任务。

把表3.10作为"铁路行车组织与管理"学习领域课程教学计划，已经能较合理地体现专业能力教学需要。实用、可操作的学习领域课程计划中对应的每个学习领域要有课程方案教学说明，例如表3.11就是"铁路行车组织与管理"课程学习领域1："接发接车"课程方案说明的具体示例。

"铁路行车组织与管理"课程各学习领域课程设计教学分析示例如下。

学习领域1:接 发 列 车

该学习领域教学内容涉及车站值班员、助理值班员和信号员等工种的作业内容及技能要求。接发列车包括正常情况和非正常情况下的接发列车作业。办理闭塞、布置与准备接发列车进路、开闭信号或交接行车凭证、立岗接发列车和开通区间等五个学习性工作任务是接发列车学习单元的主要教学内容，非正常情况下的接发列车还包括设备故障时的接发列车、天气不良情况、施工检修情况的接发列车、开行路用、救援列车及无空闲线路接车。本学习领域的知识与技能的教学内容要求参照《接发列车作业标准》和《技规》有关规定组织，通过教学使学生掌握接发列车作业程序及标准用语，掌握车机联控技能，了解CTC分散自律式行车办法，初步具备胜任车站值班员、助理值班员和信号员等工作岗位的专业能力。

"接发列车"学习领域对应工作任务与学习内容的对应关系如图3.4所示。

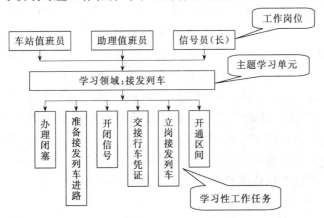

图3.4　"接发列车"学习领域对应工作任务与学习内容的对应关系

"接发列车"学习领域课程方案的教学说明示例,见表3.11。

表 3.11 学习领域 1:"接发列车"课程方案教学说明

学习领域 1	接发列车	学时	50
职业行动领域描述: 　　接发列车工作是铁路运输生产活动的重要内容,是铁路行车组织工作的重要组成部分是保证列车按图行车、安全正点,确保铁路运输畅通无阻的关键环节。接发列车工作参与人员多、作业环节复杂,在工作中任何疏忽都可能造成列车晚点,甚至发生行车事故。因此,要求有关工作人员必须认真执行接发列车作业程序,严格按照作业标准操作,做到安全、迅速、准确、不间断地接发列车。车站接发列车工作的人员有:车站值班员、助理值班员、信号员(长)或扳道员(长)等。接发列车工作的主要内容有:办理闭塞、布置与准备进路、开闭信号或交接凭证、接送列车和开通区间。除布置进路外,其他各项工作应在车站值班员统一组织指挥下,指派助理值班员、信号员或扳道员办理。			

学习目标描述			
实践学习目标 　　(1)能办理闭塞手续,填写行车日志; 　　(2)能布置与变更进路,填写占线板(簿); 　　(3)能及时开关闭进、出站信号和引导信号; 　　(4)会使用标准化作业用语,显示接发列车手信号; 　　(5)能接发车作业,交接各种行车书面凭证; 　　(6)会使用无线列调电话、手信号旗(灯); 　　(7)能开通区间,及时向列调报点; 　　(8)能接发特殊列车(超长、超限、军列、专列及挂有危险品列车等); 　　(9)能在设备故障、天气不良、施工、检修时接发列车; 　　(10)能办理开行路用、救援列车及无空闲线路接车		理论学习目标 　　(1)掌握行车设备、备品、工具的用途、数量、性能和保管、交接、维修办法,一般故障的识别及处理知识; 　　(2)掌握行车日志、调度命令、行车设备检查(施工)登记簿等填写、保管与交接的规定; 　　(3)掌握有关信号设备加封、道岔加锁的办法; 　　(4)掌握区间和闭塞分区的分类及划分,行车闭塞法的基本知识及本站采用的基本闭塞法; 　　(5)掌握《技规》、《行规》、《站细》关于接发列车的规定	

工作与学习内容			
工作内容 　　(1)办理闭塞,填写各种行车凭证; 　　(2)布置与准备接发车进路; 　　(3)开闭信号或交付行车凭证; 　　(4)立岗接车与发车; 　　(5)开通区间并向列调报点		工具 　　(1)半自动、自动闭塞集中联锁与非集中联锁车站控制台、电锁器联锁控制台及道岔、加锁道岔的工具、勾锁器和锁板等; 　　(2)进出站信号机、无线列调电话、手信号旗(灯)、无线列调电话或自动报点装置、闭塞电话等; 　　(3)各种行车凭证、行车日志(簿)	工作要求 　　(1)认真执行接发列车作业程序; 　　(2)严格按照作业标准操作; 　　(3)努力做到安全、迅速、准确、不间断地接发列车

学习领域 2:车站作业计划

　　该学习领域教学内容涉及调度室主任或运转主任、车站调度员、调车区长(站调助理)等岗位的工作内容及技能要求。车站作业计划是根据路局下达的日(班)计划编制的,包括班计划、阶段计划和调车作业计划。车站班计划的编制、阶段计划的编制和调车作业计划的编制等三个学习性工作任务是车站作业计划的编制学习单元的主要教学内容,本学习领域的知识与技能的教学内容要求参照《调规》和《技规》的有关规定组织,通过该模块教学使学生掌握车站班计划、阶段计划和调车作业计划的编制步骤和方法,掌握车站班计划的审批、下达和执行,掌握车站技术作业图表的填记方法,掌握阶段计划得布置与下达,掌握解编调车作业计划的编制的技能,熟知调车区现在车的掌握以及调车作业通知单的填记,了解铁路运输日常工作组织和调度室主任的工作职责,初步具备调车区长(站调助理)、车站调度员等工作岗位的专业能力。

　　"车站作业计划"学习领域对应工作任务与学习内容的对应关系如图3.5所示。

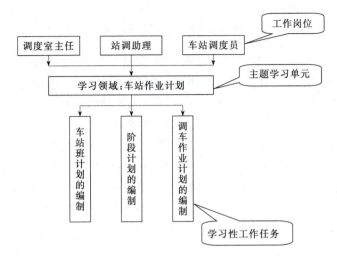

图 3.5 "车站作业计划"学习领域对应工作任务与学习内容的对应关系

"车站作业计划的编制"学习领域课程方案的教学说明示例,见表 3.12。

表 3.12 学习领域 2:"车站作业计划"课程方案教学说明

学习领域 2	车站作业计划	学时	40

职业行动领域描述:

　　铁路运输日常工作计划包括调度部门编制的旬、日(班)计划和车站作业计划。车站作业计划是为保证完成铁路局的日(班)计划任务,实现列车运行图、列车编组计划的行动计划。车站作业计划的编制目的是根据每天的装卸数量、车流去向和流量的变化,按照列车运行图、列车编组计划和车站技术作业过程,组织车站每班和班内各阶段的作业,发挥设备效能,使列车揭发、列检工作、机车运用、调车作业、货车装修和车辆摘挂等工作有序运作,均衡而有节奏地完成运输生产任务。车站作业计划是根据路局下达的日(班)计划编制的,包括班计划、阶段计划和调车作业计划。车站班计划是车站作业的基本计划,由调度室主任或运转主任编制;阶段计划是班计划分阶段的具体安排,是完成班计划的保证,由车站调度员编制;调车作业计划是实现阶段计划、指挥调车机车的具体实施计划。由调车区长(站调助理)编制。

学习目标描述		
实践学习目标 　(1)能根据铁路局旬、日(班)计划要求编制车站(日)班计划; 　(2)能根据车站日(班)计划要求编制阶段计划; 　(3)能根据阶段计划要求编制调车作业计划; 　(4)会填记车站技术作业图表; 　(5)能将阶段计划要求向相关工种人员布置下达; 　(6)能向调车人员传达下达调车作业计划; 　(7)能准确掌握调车区现在车动态; 　(8)会填记调车作业通知单		**理论学习目标** 　(1)掌握铁路线路、站场设备以及与车站调度有关的设备、备品、工具的使用、管理等相关知识; 　(2)掌握车站(日)班计划的编制程序、方法和要求; 　(3)掌握阶段计划的编制程序、方法和要求; 　(4)掌握调车作业计划的编制程序、方法和要求; 　(5)掌握车站班计划的审批、下达和执行,阶段计划的布置与下达; 　(6)熟知调车区现在车的掌握以及调车作业通知单的填记; 　(7)熟知《调规》的有关规定

工作与学习内容		
工作内容 　(1)车站(日)班计划的编制; 　(2)阶段计划的编制; 　(3)调车作业计划的编制; 　(4)车站班计划的审批、下达和执行; 　(5)阶段计划得布置与下达; 　(6)车站技术作业图表的填记	**工具** 　(1)车站日计划大表、车站阶段计划大表、调车作业通知单; 　(2)计算机、电话、铅笔(黑色、红色、蓝色)、橡皮等; 　(3)车站平面示意图或线路固定用途表等	**工作要求** 　(1)认真执行《调规》的有关规定; 　(2)严格按照编制步骤和方法编制; 　(3)努力做到合理、准确、高效,确保安全

学习领域 3:调 车 作 业

本学习领域教学涉及调车区长(站调助理)、调车长、连结员、制动员和扳道员等工种的作业内容及技能要求。牵出线调车、驼峰调车作业、中间站调车、制动工作和自动化驼峰作业等五个学习性工作任务是调车作业学习单元的主要教学内容,本学习领域的知识与技能的教学内容要求参照《调标》以及《技规》和《调规》的相关内容组织。通过本模块的教学使学生掌握调车作业的有关规定,掌握牵出线调车的基本理论和技能,掌握驼峰调车作业的基本理论和技能,掌握中间站调车的基本理论和技能,掌握铁鞋、减速器、减速顶等对车辆进行间隔制动的基本理论和技能,了解自动化驼峰作业,初步具备站调助理、调车长、连结员、制动员和扳道员等工作岗位的专业能力。

"调车作业"学习领域对应工作任务与学习内容的对应关系如图 3.6 所示。

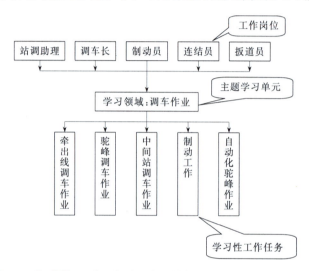

图 3.6 "调车作业"学习领域对应工作任务与学习内容的对应关系

"调车作业"学习领域课程方案的教学说明示例见表 3.13。

表 3.13 学习领域 3:"调车作业"课程方案教学说明

学习领域 3	调车作业	学时	54
职业行动领域描述: 　　调车工作是铁路运输生产的重要组成部分,也是车站行车组织工作的一项重要而复杂的内容。从整个运输过程来看,车辆在车站的停留时间,在车辆周转时间中占相当大的比重。参与调车工作的人员有车站调度员、车站值班员、助理值班员、信号员和调车长等。正确执行调车作业计划的布置与变更,妥善安排机车车辆的停留位置,合理选择牵出线调车作业方法、驼峰调车速度及制动方式,对提高调车作业效率,缩短车辆停留时间,加速车辆周转,对保证行车安全、实现列车编组计划、列车运行图、运输方案有着直接的关系。调车作业主要内容有:牵出线调车、驼峰调车、中间站调车、制动工作和自动化驼峰作业等。与调车作业有关的人员涉及车站调度员、调车区长、调车长、连结员、制动员和扳道员等工种。调车区长(站调助理)指挥调车、控制推峰速度,连结员提钩、摘挂车辆和摘解软管;制动员对车辆制动;扳道员安排进路以及信号员发出信号等。			
学习目标描述			
实践学习目标 (1)能正确观速、测距,合理调整调车速度; (2)会利用推送调车法、单钩溜放法、连续溜放法进行调车作业; (3)能准确、及时提钩,进行排风、摘管作业; (4)能对简易驼峰组织变速推峰、对机械化驼峰组织定速推峰; (5)能利用铁鞋对车辆进行目的制动; (6)能操纵减速器和使用减速顶对车辆进行制动		理论学习目标 (1)掌握与调车作业有关的设施、设备、备品、工具的用途、数量、性能等基础知识; (2)掌握牵出线调车作业的程序、标准; (3)掌握驼峰调车作业的程序和标准; (4)掌握中间站调车作业的程序和标准; (5)掌握制动工作的基本理论和方法; (6)掌握《调标》、《技规》关于调车作业的规定	

续上表

工作与学习内容		
工作内容 　(1)牵出线调车作业； 　(2)驼峰调车作业； 　(3)中间站调车作业； 　(4)制动工作作业； 　(5)自动化驼峰作业	工具 　(1)手信号旗；调车联控设备；车场、机车、车辆模型； 　(2)折角塞门；拉风杆；驼峰信号机；提钩杆； 　(3)软管；铁鞋；铁鞋叉；人力制动机；车辆减速器；减速顶	工作要求 　(1)严格执行《调标》、《技规》中调车作业标准； 　(2)认真完成调车作业操作程序； 　(3)安全、正确、及时地调车

学习领域 4：车号及统计

本学习领域教学涉及车号员及工种的作业内容及技能要求以及站调助理、助理值班员关于车站统计工作内容的技能要求。列车接收与交付、现在车统计、装卸车统计、货车停留时间统计、票据管理等五个学习性工作任务是车号及统计学习领域单元的主要教学内容，本学习领域的知识与技能的教学内容要求参照《铁路货车统计规则》、《铁路机车统计规则》、《行规》及《站细》的相关内容组织。通过本模块的教学使学生掌握车站统计工作的基本知识和技能，掌握运统 1～11、运报－1～4、货报－1 等常用统计报表的名称和使用范围，掌握列车接收与交付的基本理论和技能，掌握现在车统计、装卸车统计和货车停留时间统计等统计作业程序和标准，掌握票据管理基本理论和技能，初步具备胜任车号等工作岗位的专业能力。

"车号及统计"学习领域对应工作任务与学习内容的对应关系如图 3.7 所示。

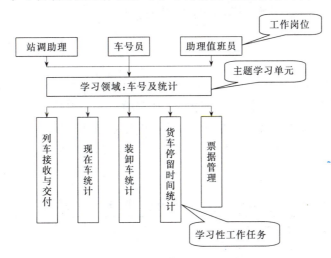

图 3.7 "车号及统计"学习领域对应工作任务与学习内容的对应关系

"车号及统计"学习领域课程方案的教学说明示例，见表 3.14。

表 3.14 学习领域 4："车号及统计"课程方案教学说明

学习领域 4	车号及统计	学时	40
职业行动领域描述： 　车号及统计工作是铁路运输工作中的重要环节，是车站作业的重要组成部分，在车站掌握生产、指导生产、保证列车安全正点运行及加强计划管理方面都起着重要作用。车号及统计工作不仅是反映和考核车站工作任务完成的实绩的主要依据，也是作为组织运输生产、分析改进工作和加强经营管理的重要依据，是铁路局运输工作统计的基础。与车号及统计工作相关的人员有：车号员（包括外勤与内勤车号员）、站调助理和助理值班员等。车号及统计工作的主要内容有：列车接收与交付、现在车统计、装卸车统计、货车停留时间统计、票据管理等。			

续上表

学习目标描述	
实践学习目标 (1)能编制列车编组顺序表; (2)能接收确报并进行站车交接; (3)能正确处理或传递运输票据; (4)能根据车号判断车种、自重、换长,计算列车重量和长度; (5)能正确掌握现在车,进行货车出入数统计; (6)能正确填记各种报表,准确计算车站工作的相关指标; (7)能运用号码制货车停留时间登记簿和非号码制货车停留时间登记簿统计货车停留时间; (8)能进行区间装卸车停留时间统计; (9)能正确管理票据	**理论学习目标** (1)掌握列车的种类、运行速度、牵引定数等有关参数和机车、车辆等运行设备、设施的构造原理与性能等基本理论知识; (2)掌握运统1~11、运报-1~4、货报-1等常用统计报表的名称、使用范围和填记方法; (3)掌握列车接收与交付的知识和作业标准; (4)掌握现在车统计基本理论和作业标准; (5)掌握装卸车统计作业程序和标准; (6)掌握货车停留时间统计作业程序和标准; (7)掌握票据管理基本理论和标准; (8)掌握《铁路货车统计规则》的有关规定

工作与学习内容		
工作内容 (1)接收列车与交付列车; (2)现在车统计与掌握; (3)装卸车统计; (4)货车停留时间统计; (5)票据管理等	**工具** (1)《技规》、《行规》、列车编组计划、列车运行图、《铁路货车统计规则》《铁路危险货物运输规则》《列车预确报管理办法》; (2)运统1~11、运报-1~4、货报-1等常用统计报表; (3)货票柜、计算机、算盘; (4)列车编组顺序表、禁止溜放限速连挂的车辆表、货运票据、普通记录; (5)车站平面示意图或线路固定用途表等	**工作要求** (1)认真贯彻执行《统计法》《统计法实施细则》履行法律法规赋予的职权; (2)严格按照《铁路货车统计规则》作业; (3)认真、细致地工作,确保统计数字及时、准确、完整

学习领域5:列 车 编 组

本学习领域教学涉及列车调度员、车站值班员、车号员、调车区长及铁路局有关行车工作内容及基本技能要求。列车编组顺序表的编制、列车中车辆的编挂、列车中机车的编挂、违编列车的判定、列车编组计划的编制等五个学习性工作任务是列车编组学习领域单元的主要教学内容,该学习领域的知识与技能的教学内容主要参照《技规》以及《站细》的相关内容组织。

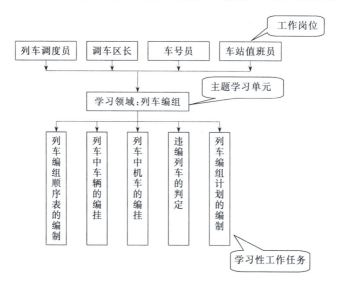

图 3.8 "列车编组"学习领域对应工作任务与学习内容的对应关系

通过本模块的教学使学生掌握列车编组顺序表的编制的理论知识和基本技能,掌握货物列车编组计划、装车地直达列车编组计划、技术站列车编组计划的编制标准和方法,掌握列车中车辆的编挂、列车中机车的编挂、列车中车辆的连挂的有关规定和操作程序,掌握对违编列车的判定和处理方法,初步具备列车调度员、车号员、车站值班员、调车区长等工作岗位的关于列车编组计划和执行方面的专业能力。

"列车编组"学习领域对应工作任务与学习内容的对应关系如图3.8所示。

"列车编组"学习领域课程方案的教学说明示例,见表3.15。

表3.15　学习领域5:"列车编组"课程方案教学说明

学习领域5	列车编组	学时	28

职业行动领域描述:

车流组织是铁路行车组织的一项重要工作,它包括车流路径的选择、列车编组计划的制订以及日常车流推算与控制等主要内容。车流组织要解决的核心问题是如何把车流变成列车流。合理确定各技术站编组列车的办法和列车编解任务,合理组织车流,编组列车,科学合理的组织客流和物流,对提高铁路运能具有重要意义。列车编组学习领域教学主要涉及列车调度员、车站值班员、车号员、调车区长及铁路局有关编组计划人员工作内容及基本技能要求。列车编组工作的主要内容有:列车编组顺序表的编制、列车中车辆的编挂、列车中机车的编挂、违编列车的判定、列车编组计划的编制等。

学习目标描述

实践学习目标	理论学习目标
(1)能编制列车编组顺序表;	(1)掌握《技规》关于列车编组基本原则;
(2)能计算列车的长度和重量;	(2)掌握货物列车编组计划、装车地直达列车编组计划、技术站列车编组计划的编制标准和方法;
(3)能按有关规定检查列车编组质量;	(3)掌握列车编组顺序表的编制的理论知识和方法;
(4)能根据列车编组顺序表核对出发列车;	(4)掌握列车中机车编挂作业标准和方法;
(5)能按列车编组计划对列车中车辆编挂作业;	(5)掌握列车中车辆编挂和连挂作业标准和方法;
(6)能按列车编组计划进行列车中机车的编挂作业;	(6)掌握对违编列车的判定和处理方法;
(7)能按《技规》对违编列车进行判定;	(7)掌握列车编组的安全和技术要求
(8)能按《技规》、列车运行图和编组计划进行编组	

工作与学习内容

工作内容	工具	工作要求
(1)列车编组顺序表的编制;	(1)车站平面示意图、列车运行图、行车日志、列车编组计划;	(1)严格执行《技规》;
(2)列车中车辆的编挂;	(2)重车流表、列车编组顺序表车辆集结时间推算表、分界站货车出入报表、现在车报表、18:00现在重车去向报表等;	(2)严格执行编组计划;
(3)列车中机车的编挂;		(3)科学合理地组织客流和物流,提高运能
(4)违编列车的判定;	(3)《技规》、《行规》、《站细》等	
(5)列车编组计划的编制;		
(6)列车编组计划的执行		

学习领域6:列车运行图

本学习领域教学涉及车站调度员、列车调度员、计划调度员、车站值班员及铁路局有关行车工作内容及基本技能要求。列车运行图的编制、区间通过能力的计算、车站改编能力的计算等三个学习性工作任务是行车调度学习领域单元的主要教学内容,该学习领域的知识与技能的教学内容主要参照《技规》、《行规》以及《站细》的相关内容组织。通过本模块的教学使学生掌握列车运行图的编制基本知识和技能,掌握铁路车站通过能力车站改编能力计算的理论知识和技能,掌握区间通过能力计算的理论知识和技能,会画站名线、运行线、列车越行及会让,能根据列车运行图组织行车,初步具备车站调度员、列车调度员、计划调度员、车站值班员等工作岗位运用列车运行图组织行车的专业能力。

"列车运行图"学习领域对应工作任务与学习内容的对应关系如图3.9所示。

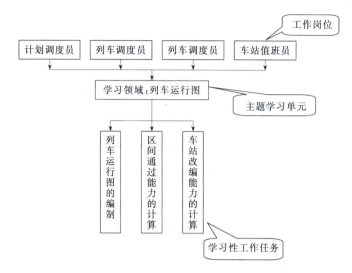

　　"列车运行图"学习领域课程方案的教学说明示例,见表3.16。

表3.16　学习领域6:"列车运行图"课程方案教学说明

学习领域6		列车运行图		学时		36

职业行动领域描述:

　　列车运行图是列车运行的图解,是用以表示列车在铁路区间运行及车站到发或通过时刻的技术文件,是铁路运输组织列车运行的基础,它规定各次列车占用区间的顺序,列车在区间的运行时分,列出在各车站的到达、出发、通过时刻,列出会让、越行,列车重量和长度、机车的交路等,是铁路运输组织管理工作的综合性计划,也是铁路经济效益的源头。列车运行图领域教学涉及行车部门的各个工作岗位主要是车站调度员、列车调度员、计划调度员、车站值班员及铁路局有关行车工作内容及基本技能要求。与列车运行图相关的主要内容有:列车运行图的编制、区间通过能力的计算、车站改编能力的计算等。

学习目标描述

实践学习目标	理论学习目标
(1)能根据列车运行图组织行车;	(1)掌握列车运行图的格式和分类;
(2)会编制列车运行方案图及机车周转图;	(2)掌握列车运行图的组成因素;
(3)会画站名线、运行线、列车越行及会让;	(3)掌握列车运行图的编制要求和步骤;
(4)会编制一个区段列车运行详图;	(4)掌握铁路车站通过能力的计算;
(5)能编制分号运行图;	(5)掌握车站改编能力的计算;
(6)能计算列车运行图的主要指标;	(6)掌握区间通过能力的计算
(7)会计算区间通过能力和车站改编能力;	
(8)能检查列车运行图的编制质量	

工作与学习内容

工作内容	工具	工作要求
(1)根据列车运行图组织行车; (2)编制列车运行方案图及机车周转图; (3)编制区段列车运行详图; (4)编制分号运行图; (5)计算列车运行图的主要指标; (6)计算区间通过能力和车站改编能力	(1)计算机及编制列车运行图操作系统软件; (2)列车运行图图纸; (3)《技规》《行规》《站细》等	(1)遵守法律、法规,有高度的责任感; (2)严格执行《技规》《行规》《站细》,按标准作业; (3)准确、及时、安全、合理地组织客流和物流,提高运输效益

学习领域 7:运 输 调 度

本学习领域教学涉及列车调度员、车站值班员及铁路局有关行车工作内容及基本技能要求。车流调整、列车调度指挥、调度命令的发布、调度工作分析、行车指挥自动化等五个学习性工作任务是行车调度学习领域单元的主要教学内容,该学习领域的知识与技能的教学内容主要参照《调规》《技规》,以及《站细》的相关内容组织。通过本模块的教学使学生掌握编制执行列车运行计划、列车运行调整和车流调整的理论知识和技能,掌握常用调度命令用语及发布,掌握调度工作分析的理论知识和初步技能,了解铁路运输指挥管理系统和铁路行车指挥自动化方法,初步具备列车调度员和计划调度员等工作岗位的专业能力。

"运输调度"学习领域对应工作任务与学习内容的对应关系如图 3.10 所示。

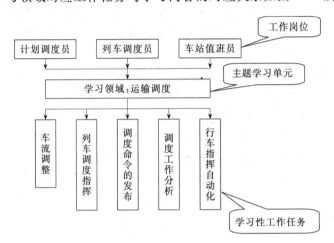

图 3.10 "运输调度"学习领域对应工作任务与学习内容的对应关系

"运输调度"学习领域课程方案的教学说明示例,见表 3.17。

表 3.17 学习领域 7:"运输调度"课程方案教学说明

学习领域 7	运输调度	学时	56

职业行动领域描述:

铁路运输调度工作是整个铁路运输组织过程不可缺少的核心组成部分,它担负着铁路日常运输的组织、协调和指挥工作。运输调度工作的生产过程要求全路各单位各工种必须有节奏地协同动作、互相配合。铁路运输调度代表各级领导组织指挥日常运输工作,通过编制与执行日常工作计划,对相关部门各工种进行调度和指挥,科学合理的组织客流和物流,提高客货运输服务质量,协调配合进行工作。行车调度学习领域教学主要涉及列车调度员及铁路局有关行车工作内容及基本技能要求。行车调度工作的主要内容有:车流调整、列车调度指挥、调度命令的发布、调度工作分析、行车指挥自动化等。

学习目标描述

实践学习目标	理论学习目标
(1)会编制调度日班计划;	(1)了解铁路运输调度的基本任务;
(2)能进行列车运行调整;	(2)掌握路局调度组织机构的设置;
(3)能绘制列车实绩运行图;	(3)掌握列车调度员、计划调度员、货运调度员和客运调度远的主要工作职责;
(4)能及时、正确发布行车调度命令;	(4)掌握编制与执行列车运行计划的基本原则和方法;
(5)能进行行车调度指挥;	(5)掌握列车运行调整和车流调整的基本知识和方法;
(6)能进行列车运行晚、正点统计分析和货车周转时间分析;	(6)掌握常用调度命令用语及发布;
(7)能够根据列车运行有关规定,正确、及处理列车运行中突发事件;	(7)掌握调度工作分析的理论知识和方法;
(8)能解释和分析列车运行指挥系统 TDCS 和 TMIS 系统	(8)了解铁路运输指挥管理系统和铁路行车指挥自动化方法;
	(9)掌握《调规》和《技规》关于运输调度的有关规定

续上表

工作与学习内容		
工作内容	工具	工作要求
(1)编制执行列车运行计划; (2)列车运行调整; (3)车流调整; (4)调度命令用语及发布; (5)铁路行车指挥自动化	(1)列车调度员、车站值班员工作台; (2)车站平面示意图、区段基本运行图、编组计划; (3)列车运行图、行车日志; (4)列车运行指挥系统 TDCS 和铁路运输管理信息系统 TMIS 的仿真软件; (5)《调规》《技规》《行规》《统规》	(1)认真执行《调规》《技规》《调标》《站细》; (2)严格按照铁路行车调度作业标准操作; (3)科学合理地组织客流和物流,提高客货运输服务质量

学习领域 8:运输技术计划及运输方案

本学习领域教学涉及计划调度员及路局运输处技术人员的工作内容及基本技能要求。运输生产数量指标计划、货车运用指标计划、运用车保有量计划、机车运用指标计划和运输方案等五个学习性工作任务是运输技术计划及运输方案学习领域单元的主要教学内容,该学习领域的知识与技能的教学内容主要参照《技规》《行规》《调规》《货规》《运规》以及《站细》的相关内容组织。通过本模块的教学使学生掌握铁路运输技术计划及运输方案的基本知识和编制方法,掌握各种运输技术计划的编制的步骤和方法,掌握运输方案的编制和执行要求,掌握计算货车周转时间、机车运用指标、区段行车量等知识和方法,掌握分界站货车出入计划的编制方法。初步具备编制铁路运输技术计划及运输方案的专业能力。

"运输技术计划及运输方案"学习领域对应工作任务与学习内容的对应关系如图 3.11 所示。

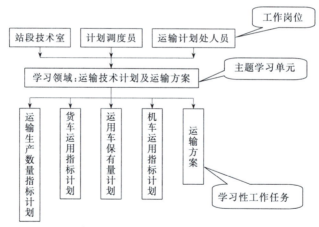

图 3.11 "运输技术计划及运输方案"学习领域对应工作任务与学习内容的对应关系

"运输技术计划及运输方案"学习领域课程方案的教学说明示例,见表 3.18。

表 3.18 学习领域 8:"运输技术计划及运输方案"课程方案教学说明

学习领域 8	运输技术计划及运输方案	学时	28
职业行动领域描述: 　　运输方案是铁路运输部门为保证完成运输生产计划的综合安排。通过运输方案可以更好的组织合理运输和直达运输,充分挖掘运能,使运能和运量相互协调,全面完成运输任务。铁路运输生产计划是为完成铁路运输生产月度货物运输计划而制定的月度机车车辆运用计划,是编制运输方案的主要依据。运输方案主要包括货运工作方案、列车工作方案和机车工作方案。运输技术计划主要包括运输生产的数量指标计划、货车运用指标计划、运用车保有量计划、机车运用指标计划和主要站指标计划等。运输技术计划的编制依据月度货运计划、列车编组计划、列车运行图、区段通过能力、车站改编能力、车站技术作业过程以及铁道部、铁路局关于计划月度运输工作的指示。本学习领域教学涉及计划调度员及路局运输处技术人员的工作内容及基本技能要求,学习领域的主要内容有:运输生产数量指标计划、货车运用指标计划、运用车保有量计划、机车运用指标计划和运输方案等。			

续上表

学习目标描述		
实践学习目标 　(1)能确定铁路局货车运用数量及质量指标； 　(2)能编制铁路局列车工作方案； 　(3)能编制空车调整图； 　(4)能编制重车车流表		**理论学习目标** 　(1)掌握各种运输技术计划的编制的步骤和方法； 　(2)掌握运输方案的编制和执行要求； 　(3)掌握计算货车周转时间、机车运用指标、区段行车量等知识和方法； 　(4)掌握分界站货车出入计划的编制方法
工作与学习内容		
工作内容 　(1)编制路局工作技术计划； 　(2)编制路局运输方案； 　(3)评价路局活动设备的运用状态； 　(4)价货车和机车工作量的完成情况	**工具** 　(1)《技规》、《行规》、《站细》等； 　(2)计算机及编制技术计划和运输方案的操作系统； 　(3)列车运行图、列车编组计划、各种计划用表	**工作要求** 　(1)坚决执行国家的法律法规； 　(2)严格按章办事，及时、迅速、安全规范操作； 　(3)组织合理运输和直达运输，充分挖掘运能，使运能和运量相互协调

学习领域9:行 车 安 全

　　本学习领域教学涉及行车安全监察人员的工作内容及基本技能要求，主要是站段安全室、班组安全员的工作内容及要求。行车安全管理、行车事故预防、行车事故处理和事故救援组织等四个学习性工作任务是行车安全学习领域单元的主要教学内容，该学习领域的知识与技能的教学内容主要贯彻《铁路法》、《铁路运输安全保护条例》的基本精神，参照《技规》、《行规》、《事规》、《行车安全监察工作规程》以及《站细》的相关内容组织。通过本模块的教学使学生掌握铁路运输安全相关法律法规的基本内容，明确铁路行车安全组织机构及工作职责，掌握行车事故预防和事故分析的基本理论和方法，掌握行车事故救援设备功能和使用方法；掌握事故救援工作的方法和注意事项，初步具备对事故进行定性分析、进行事故调查和处理、对事故及时正确通报以及制定行车事故应急处理方案和组织实施救援方案等方面的专业能力。

　　"行车安全"学习领域对应工作任务与学习内容的对应关系如图3.12所示。

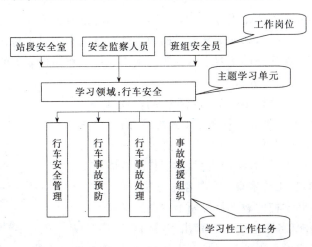

图3.12　"行车安全"学习领域对应工作任务与学习内容的对应关系

　　"行车安全"学习领域课程方案的教学说明示例，见表3.19。

表 3.19　学习领域 9:"行车安全"课程方案教学说明

学习领域 9	行车安全	学时	48
职业行动领域描述: 　　铁路运输安全是运输生产系统运行秩序正常、旅客生命财产无险、货物和运输设备完好无损的综合表现。铁路运输生产的根本任务就是把旅客和货物安全、及时地运送到目的地,其作用和特点决定了铁路运输必须把安全生产放在各项工作的首要位置。铁路行车安全是指在运输过程中,维护铁路正常的运行秩序,保证旅客及铁路员工生命财产安全,保证运输设备和货物完整性的全部生产活动。因此,保证铁路行车安全是铁路运输工作的重中之重。安全第一,预防为主是铁路运输安全的管理方针,铁路运输部门有完善的行车安全组织机构,实行部、局、站段三级管理。铁道部、铁路局设置行车安全监察机构,配备安全监察人员,站段设有安全室,生产班组设有安全员。行车安全工作的主要内容有:行车安全管理、行车事故预防、行车事故处理和事故救援组织。			

学习目标描述	
实践学习目标	理论学习目标
(1)熟悉安全预防与事故预防相关法律法规; (2)能宣传解释行车安全管理相关法律条文; (3)能对事故进行定性分析; (4)能正确迅速地进行事故调查和处理; (5)能对事故及时正确通报; (6)能制定行车事故应急处理方案; (7)能组织救援方案的实施	(1)掌握铁路运输安全相关法律法规的基本内容; (2)明确铁路行车安全组织机构及工作职责; (3)掌握行车事故预防和事故分析的基本理论和方法; (4)掌握行车事故救援设备功能和使用方法; (5)掌握事故救援工作的方法和注意事项; (6)掌握《技规》、《行规》、《事规》、《行车安全监察工作规程》以及《站细》关于行车安全管理的规定

工作与学习内容		
工作内容	工具	工作要求
(1)行车安全管理; (2)行车事故预防; (3)行车事故分析; (4)行车事故处理; (5)事故救援组织	(1)《技规》、《行规》、《事规》、《行车安全监察工作规程》以及《站细》等; (2)安全监察通知书、安全检查表事故分析用表、事故统计用表; (3)起复工具等事故救援相关设备	(1)坚决执行国家的法律法规; (2)严格依法办事,按照作业标准操作; (3)努力做到及时、迅速、准确地处理行车安全问题

3. 学习性工作任务教学分析

(1)学习性工作任务

企业工作任务与学校学习任务的集成被称为学习性工作任务。学习性工作任务是职业教育专业教学论中的核心元素。经过教学处理过的典型工作任务就是学习领域课程方案中的学习性工作任务。基于工作过程的学习性工作任务的开发,是学习领域课程开发的重要工作。学习性工作任务教学分析主要是确定"工作和学习"的内容以及完成这一工作内容所需的技能、知识与态度的要求。同时,如何选择合适的教学处理方法和手段也是让学生在教学的场所(或环境)中通过典型工作任务的学习来掌握履行未来职业工作岗位职责的能力。

(2)学习性工作任务教学分析

学习性工作任务教学分析是一个将职业行动领域典型工作任务转换成为学习性工作任务"教学处理"的过程。其任务是确定"工作和学习"的内容,主要包括三个维度:工作对象,工作的工具、方法与组织,对工作的技能和知识目标要求。确定"工作和学习"内容的方法,是从企业的典型工作任务和学校的教学目标两个方向逐渐靠近的结果,从典型工作任务描述中"结晶"出学习内容,将

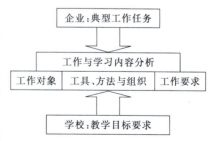

图 3.13　工作与学习维度的确定

这些内容与还处在确定过程中的学习目标进行比较,当现有内容不能满足学习目标要求时,则需要对学习内容加以补充和细化,反之亦如此。学习性工作任务的"工作与学习"维度确定示意图如图 3.13 所示。

根据学习性工作任务教学分析要求,以铁路行车组织与调度的"接发列车"学习领域为例,其学习性工作任务教学分析结果见表3.20。接发列车工作、列车编组、调车工作、车号及统计工作、列车运行图、运输调度、运输计划、行车安全等学习性工作任务可以参考表3.20设计。

表3.20　学习领域1:"接发列车"学习性工作任务教学分析结果

学习领域1:接发列车			
学习性工作任务	工作对象	工具、方法与组织	学习目标要求
任务1:办理闭塞	车站值班员;信号员(长);助理值班员	闭塞机;闭塞电话;行车凭证;行车日志	实践技能: (1)能办理正常情况下闭塞手续; (2)能办理特殊情况下闭塞手续; (3)能办理电话闭塞手续; (4)能办理电话中断时的行车手续; (5)能确认区间(分区)空闲; (6)能填写行车日志、占线板和揭挂警示牌; (7)能正确使用自动闭塞总辅助按钮 理论知识: (1)闭塞设备的基本原理及采用; (2)办理闭塞和揭挂有关标志的规定; (3)三显示、四显示自动闭塞的原理及采用; (4)划分区间及闭塞分区的方法
任务2:布置与准备接发列车进路	车站值班员;信号员(长);助理值班员;扳道员	车站集中联锁控制台;电锁器联锁控制台及道岔;加锁道岔的工具;钩锁器和锁板	实践技能: (1)能布置与变更进路; (2)能合理使用到发线; (3)能检查确认进路空闲并填写占线板; (4)能正确准备进路; (5)能按标准用语汇报、复诵; (6)能在停电及无联锁条件下准备进路、加锁道岔 理论知识: (1)划分接发列车进路的方法; (2)确认到发线间距、有效长及容车数的方法; (3)道岔辙叉号数确定、道岔编号及股道编号的方法; (4)影响接发列车进路的调车作业
任务3:开闭信号或交接行车凭证	车站值班员;信号员(长);助理值班员	集中联锁控制台;进出站信号机;手信号旗(灯);行车凭证	实践技能: (1)能及时开放和关闭进、出站信号和引导信号; (2)能正确、及时显示接发列车手信号; (3)能正确交接各种行车书面凭证 理论知识: (1)进出站信号开放时机的规定; (2)关闭信号时机的规定; (3)开放进站信号时机的计算
任务4:立岗接发列车	助理值班员;扳道员	无线列调电话;手信号旗(灯)	实践技能: (1)能立岗接车; (2)能立岗发车; (3)能监视列车运行状态,正确处理异常情况; (4)能确认列车整列发送; (5)能处理列车冒进信号的情况 理论知识: (1)接发列车作业的标准(TB); (2)电气化铁路超高货物的确定

续上表

学习性工作任务	工作对象	工具、方法与组织	学习目标要求
任务5:开通区间	车站值班员;助理值班员;信号员(长)	半自动、自动闭塞;集中联锁与非集中联锁车站控制台;无线列调电话;自动报点装置;闭塞电话	实践技能: (1)能确定列车到、发、通过时分; (2)能办理双线自动闭塞及自动站间闭塞开通区间的手续; (3)能办理单线半自动闭塞开通区间的手续,能正确使用故障按钮; (4)能办理电话闭塞开通区间的手续; (5)能及时、正确向列车调度员报点 理论知识: 《技规》关于封锁与开通区间的规定

4. 学习领域教学设计分析

学习领域课程教学设计的核心就是科学、准确地选择"载体",然后经过教学处理,使一个学习领域的设计既要包含一个完整工作过程的所有元素,又结合学生的认识水平和知识技能系统的建构过程,符合教育教学规律和学生学习认知规律。

学习领域的设计要基于工作内容(岗位职责和工作流程)、工作方法(工具、对象和组织形式)和工作标准(操作规范和质量标准),涉及的知识技能应按照教育职业(专业)所对应的工作过程排序而不能按学科系统排序,同时又符合学生知识技能建构的顺序。

"铁路行车组织与管理"学习领域设计一览表见表3.21。

表 3.21 "铁路行车组织与管理"学习领域一览表

学习领域＼学习情境	学习情境1	学习情境2	学习情境3	学习情境4	学习情境5
1. 接发列车	办理闭塞	布置与准备进路	开闭信号或交接凭证	立岗接送列车	开通区间
2. 车站作业计划	车站日班计划的编制	阶段计划的编制	调车作业计划的编制		
3. 调车作业	牵出线调车作业	驼峰调车作业	中间站调车作业	制动工作	自动化驼峰作业
4. 车号及统计	接收与交付列车	车站现在车统计	装卸车统计	货车停留时间统计	票据管理
5. 列车编组	列车编组顺序表的编制	列车中车辆的编挂	列车中机车的编挂	违编列车的判定	列车编组计划的编制
6. 列车运行图	区间通过能力的计算	列车运行图的编制			
7. 运输调度	车流调整	列车调度指挥	调度命令的发布	调度工作分析	行车指挥自动化
8. 运输技术计划及运输方案	运输生产数量指标计划	货车运用指标计划	运用车保有量计划	机车运用指标计划	运输方案
9. 行车安全	行车安全管理	行车事故预防	行车事故处理	行车事故救援	

3.3.3 学习情境教学设计

如何使学习领域具体化为学习情境?如何设计合适的学习情境来进行教学,提高专业技能与知识的教学效果,是我们必须要认真研究的问题。

学习情境的教学设计应遵循以下原则:

(1)选择合适的载体是学习情境有效实施的前提

载体的选择要考虑教学的可操作性,如目前的教学条件是否具备,是否适合学生的知识结构,教师的知识水平和教学水平是否满足,确保教学能有效实施。

(2)基于行动导向设计学习情境

学习情境的设计要便于教师采用行动导向教学法组织教学。广泛采用项目、引导文等教学方法。在教学中充分发挥学生的主体作用,给学生以足够发挥的空间,让学生真正动起来,激发学生的学习积极性,培养学生独立分析问题和解决问题的能力、自我控制与管理能力、做计划的能力和评价的能力。

(3)以培养学生职业能力为目的

从学习目标来看,每个学习情境的学习目标设计要有包含职业能力三维目标。从教学组织形式来看,学习情境设计便于采用小组协作式学习,有利于发挥学生的团队合作精神,培养学生的协调人际关系能力,增强社会责任感。

学习情境教学设计与我们习惯的单元教学教案设计有些相似。学习目标即能力培养目标的描述一般包括专业能力、方法能力和社会能力等三个方面见表3.22,以"铁路行车组织与管理"课程中的"调车作业"学习领域的学习情境2"驼峰调车作业"为例,说明学习情境教学设计的基本结构。

表 3.22 学习情境教学设计基本结构

学习情境名称:驼峰调车作业	学时数:12

学习目标:

　通过学习,使学生获得从事驼峰调车作业所需的专业知识和技能,掌握与调车作业有关的设备和工具的用途及性能等方面基础知识;掌握驼峰调车作业的程序、标准和方法;掌握《调标》以及《技规》中关于调车作业的规定。具体目标如下:

专业能力:

　实践技能:(1)能进行排风、摘管作业;

　　　　　(2)能正确、及时地提钩;

　　　　　(3)能对简易驼峰组织变速推峰;

　　　　　(4)能对机械化驼峰组织定速推峰;

　　　　　(5)能预排进路

　理论知识:(1)驼峰调车特点;

　　　　　(2)驼峰作业方案;

　　　　　(3)影响推峰速度的因素

　拓展知识:驼峰自动集中设备

方法能力:

(1)严格执行《技规》、《调标》和《调规》中作业标准;

(2)准确掌握速度及安全距离;

(3)安全、正确、及时地进行调车作业;

(4)合理选择制动方式提高调车作业效率

社会能力:

(1)有良好的团队合作精神,能与相关岗位工种角色的协调配合;

(2)严格执行调车作业程序和标准,安全规范操作;

(3)态度认真积极,具有高度责任感;

(4)能遵守法律、法规和有关规定

学习内容:驼峰调车作业

(1)操作车列一端的折角塞门,对车列排风;

(2)操作车辆的拉风杆,排出副风缸的余风;

(3)控制驼峰信号机的显示,调整调车速度;

(4)操作提钩杆,及时、正确提钩

续上表

教学媒体	教学方法	工具、设备
教学录像、仿真教学系统；《技规》《调标》相关用表等	任务教学法、引导文教学法角色扮演教学法、模拟教学法等综合运用	折角塞门；拉风杆；驼峰信号机；提钩杆；多媒体设备
内容提要： (1)驼峰调车作业过程及特点； (2)车辆通过驼峰的限制； (3)影响推峰速度的因素； (4)调节推峰速度的方法； (5)提钩的时机和方法； (6)驼峰作业方案		
本学习情境考核要求： (1)掌握驼峰调车长控制推峰速度的基本技能； (2)掌握峰上连结员提钩的基本技能； (3)掌握驼峰作业员预排进路的方法 本学习情境考核方法： 分小组角色扮演,运用仿真教学系统模拟驼峰调车作业,进行综合评价		

3.4　铁道运输管理专业学习领域课程方案示例

专业课程方案是规范学校专业教学行为的文件,它具体规定了专业的培养目标、职业领域、人才培养规格、职业能力要求、课程的组织结构、专业主要教学内容、技能考核项目与要求等内容。专业课程方案是教师开展专业课程教学活动指导文本,同时也是教学管理者对专业教学进行检查评估的参考依据。

3.4.1　铁道运输管理专业课程方案示例

铁道运输管理专业课程方案示例见表 3.23。注：示例仅仅说明专业课程方案的基本结构和组织内容的示例,不作为是实际教学实施过程中的指导依据。

表 3.23　铁道运输管理专业课程方案

铁道运输管理专业课程方案			
【专业名称】 　铁道运输管理			
【入学要求】 　初中毕业或相当于初中毕业文化程度			
【学习年限】 　三年			
【培养目标】 　本专业培养主要面向铁道运输、城市轨道交通运营及大型厂矿企业的轨道专用线运输部门,在生产第一线能从事铁道运输组织管理、运输操作及服务工作,并具有职业生涯发展基础的中等应用型技能人才。			
【职业范围】			

序号	专门化方向	就业岗位	职业资格(国家职业标准)
1	行车组织与管理	铁路行车部门的接发列车、调车、车号统计等 6 个行车工种	助理值班员(四级)证书 信号员(四级)证书 车号员(四级)证书 连结员(四级)证书 调车区长(站调助理)(四级)证书 车站值班员(四级)证书

续上表

序号	专门化方向	就业岗位	职业资格（国家职业标准）
2	客运组织与管理	铁路客运部门车站客运、列车客运和行包运输的 7 个工种	客运员（四级）证书 客运值班员（四级）证书 铁路售票员（四级）证书 列车员（四级）证书 铁路行李员（四级）证书 行李计划员（四级）证书 客运计划员（四级）证书
3	货运组织与管理	铁路货运部门的货运内勤、货运外勤、货运核算、货运检查、货运计划等 5 个工种	货运员（四级）证书 货运核算员（四级）证书 货运检查员（四级）证书 货运值班员（四级）证书 货运安全员（四级）证书

注：证书由中华人民共和国劳动和社会保障部颁发。

【人才规格】

本专业所培养的人才应具有以下知识、技能与态度

● 知识结构

(1)具有科学的世界观、人生观和科学文化素养；

(2)具备铁路货运组织与管理基础知识和方法；

(3)具备铁路行车组织与管理基础知识和方法；

(4)具备铁路客运组织与管理基础知识和方法；

(5)具备铁路运输设备和信息管理基础知识；

(6)具备铁路市场与营销和企业管理基础知识

● 能力结构

(1)具有铁路运输生产组织与管理的能力；

(2)具有铁路客、货运营销与服务的能力；

(3)具有铁路运输生产调度指挥的初步能力；

(4)具有客货运站场组织管理的初步能力；

(5)具有正确执行和运用规章解决运输生产实际问题的初步能力；

(6)具有运用计算机进行运输信息管理的初步能力

● 情感态度

(1)具有良好的敬业精神和社会责任感；

(2)遵守法律法规和铁路运输企业的规章，具有良好的职业道德；

(3)具有良好的人际交往能力、团队合作精神和服务意识；

(4)具有安全、文明生产的相关知识和职业行为规范；

(5)具有认真学习、勤奋钻研、努力提高素养的态度

● 行车组织与管理专门化方向

(1)具有车站值班员、助理值班员和信号员(长)等工作岗位基本知识和基本技能，熟悉接发列车作业的基本方法和作业标准，达到国家职业标准车站值班员、助理值班员和信号员(长)四级的技能要求

(2)具有站调助理、调车长(员)、连结员工作岗位基本知识和基本技能，熟悉调车作业的基本方法和作业标准，达到国家职业标准站调助理、连结员四级的技能要求

(3)具有车号员工作岗位基本知识和基本技能，熟悉车站统计工作的基本知识和作业要求；达到国家职业标准车号员四级的技能要求

(4)具备列车调度员、车站调度员及铁路局有关行车调度工作岗位基本知识和基本技能，掌握运输技术计划及运输方案的基本知识和编制方法，初步达到列车调度员、车站调度员技术计划编制与执行、铁路运输调度与指挥等方面的技能

(5)具备铁路行车安全监察人员、安全员的等工作岗位基本知识和基本技能，熟悉铁路行车安全规章和安全管理工作要求，达到能履行铁路行车安全管理工作职责和进行行车事故预防和处理的能力

● 客运组织与管理专门化方向

(1)具备铁路售票员岗位的基本知识和基本技能，熟悉售票、退票、车票签证、旅行变更和票务管理等工作的基本方法和作业标准，达到国家职业标准铁路售票员四级的技能要求

续上表

(2)具备客运员、客运值班员岗位的基本知识和基本技能，熟悉客运组织、站车交接、客运乘降、客运服务、客运安全等工作的基本方法和作业标准，达到国家职业标准客运员、客运值班员四级的技能要求

(3)具备铁路行李员、行李计划员岗位的基本知识和基本技能，熟悉行包运输办理、行包运输变更、行包运费的核收、行包运输组织等工作的基本方法和作业标准，达到国家职业标准铁路行李员、行李计划员四级的技能要求

(4)具备列车员、旅客车长岗位基本知识和基本技能，熟悉客运服务礼仪、旅客列车乘务工作制度以及列车乘务组织与服务、旅客运输突发事件处理等工作的基本方法和作业标准，达到国家职业标准列车值班员四级的技能要求

(5)具备客运计划员、客运值班员岗位基本知识和基本技能，熟悉客流组织、旅客运输计划、旅客列车运行方案、票额分配计划、客运调度等工作的基本方法和作业标准，达到国家职业标准客运计划员、客运值班员四级的技能要求

● 货运组织与管理专门化方向：

(1)具备货运员岗位基本知识和基本技能，熟悉货物托运与承运、物到站交付、货物装卸、货物保管、零担货物运输、集装箱物运输、整车货物运输和专用线运输组织等工作的基本方法和作业标准，达到国家职业标准铁路货运员四级的技能要求

(2)具备货运核算员岗位基本知识和基本技能，熟悉运费计算、杂费核收、运输变更及运输阻碍的运费、货物运输变更运费及杂费的核收等工作的基本方法和作业标准，达到国家职业标准货运核算员四级的技能要求

(3)具备货运值班员岗位基本知识和基本技能，熟悉阔大货物、鲜活货物危险货物运输组织基本方法和作业标准，达到国家职业标准货运值班员四级的技能要求

(4)具备货运检查员基本知识和基本技能，熟悉车站货物检查、货车货物装载检查、货物运单及货票传递与交接检查等工作基本方法和作业标准，达到国家职业标准货运检查员四级的技能要求

(5)具备货运安全员基本知识和基本技能，熟悉货运安全管理、货运记录编制、调查货运事故、办理货运事故赔偿等工作基本方法和作业标准，达到国家职业标准货运安全员四级的技能要求

【专业主干课程】

序号	课程	主要教学内容与要求	技能考核项目与要求	参考学时
1	铁路行车组织与管理	● 接发列车作业的基本知识和基本技能 ● 调车作业的基本知识和基本技能 ● 车站统计工作的基本知识和基本技能 ● 运输技术计划及运输方案编制的基本知识和基本技能 ● 铁路运输调度与指挥的基本知识和基本技能 ● 行车安全管理的基本知识和基本技能	达到助理值班员或信号员或车号员或连接员四级技能要求	380
2	铁路客运组织与管理	● 售票、退票、车票签证、旅行变更和票务管理等工作基本知识和基本技能 ● 客运组织、站车交接、客运乘降、客运服务、客运安全等工作的基本知识和基本技能 ● 行包运输办理、行包运输变更、行包运费的核收、行包运输组织等工作的基本知识和基本技能 ● 客运服务礼仪、旅客列车乘务组织与服务、旅客运输突发事件处理的基本知识和基本技能 ● 客流组织、旅客运输计划、旅客列车运行方案、票额分配计划、客运调度等工作基本知识和基本技能	达到客运员或铁路售票员或列车员或铁路行李员四级技能要求	258
3	铁路货运组织与管理	● 货物托运与承运、物到站交付、货物装卸、货物保管、集装箱货物运输、整车货物运输和专用线运输组织等工作的基本知识和基本技能 ● 运费计算、杂费核收、运输变更及运输阻碍的运费、货物运输变更运费及杂费核收工作的基本知识和基本技能； ● 阔大货物、鲜活货物危险货物运输组织的基本知识和基本技能 ● 车站货物检查、货车货物装载检查、货物运单及货票传递与交接检查等工作的基本知识和基本技能 ● 货运安全管理、货运记录编制、调查货运事故、办理货运事故赔偿的基本知识和基本技能 ● 国内水陆联运、国际联合货物运输办理的基本知识和基本技能	达到货运员或货运核算员或货运检查员四级技能要求	264

续上表

序号	课程	主要教学内容与要求	技能考核项目与要求	参考学时
4	…	…	…	…
⋮	…	…	…	…
n				

【课程结构】

⋮

【指导性教学安排】

课程分类	课程名称	总学时	各学期周数、学时分配					
			1	2	3	4	5	6
			×周	×周	×周	×周	×周	×周
公共基础课程	语文	××	×	×	×			
	数学	××	×	×	×			
	英语	××	×	×	×			
	信息技术基础	××	×					
	德育	××		×	×	×	×	
	职业生涯规划	××	×					
	体育	××	×	×	×	×		
专业核心课程	铁路行车组织与管理	××	×	×				
	铁路客运组织与管理	××		×	×			
	铁路货运组织与管理	××			×	×		
	铁道运输管理信息技术							
	铁路运输设备	××					×	
	…	××					×	
专业方向课程选修		××					×	
	…	××					×	

【教学指导计划说明】

⋮

【专业实践教学主要设备配置】

⋮

3.4.2 "铁路行车组织与管理"学习领域课程方案及教学设计分析

3.4.2.1 "铁路行车组织与管理"学习领域课程方案

1. 课程性质

"铁道行车组织与管理"是铁道运输管理专业主干课程。其任务是铁路站段或铁路局行车组织与调度工作的基本知识和基本技能,铁路站段或铁路局运输工作日班计划、列车调度指挥、调度工作分析的基本理论和基本方法,具有组织行车、调度指挥、正确执行和运用行车规章的能力,初步形成一定的学习能力和课程实践能力,并培养学生遵守纪律、诚实守信、沟通与合作的品质以及安全、环保与服务的意识。

2. 课程目标

通过本课程的学习,使学生在知识和能力方面达到:

(1)掌握车站值班员、助理值班员和信号员(长)等工作岗位基本技能和作业方法,熟知接发列车的基本方法和作业标准,能进行各种情况接发列车接发接车作业;能办理各种特殊列车的接发作业。

(2)掌握调车区长、调车员等工作岗位基本技能和作业方法,熟知调车作业的基本方法和作业标准;能编制调车作业计划,能进行牵出线调车、中间站调车和驼峰调车作业以及利用铁鞋、减速器、减速顶等对车辆进行制动作业。

(3)掌握车号员工作岗位基本技能和作业方法,熟悉车站统计工作的基本知识和作业要求;熟知运统、运报、货报等常用统计报表的使用,能进行列车接收与交付、现在车统计、装卸车统计和货车停留时间统计等车号及统计工作,能进行票据管理。

(4)掌握站调助理、列车调度员关于列车编组的基本技能和相关数据的计算及分析的方法,熟悉列车编组顺序表的编制的理论知识和基本技能,熟悉货物列车编组计划、装车地直达列车编组计划、技术站列车编组计划的编制标准和方法,能进行列车中车辆的编挂、列车中机车的编挂、列车中车辆的连挂的作业,能对违编列车的判定和处理。

(5)初步掌握列车调度员、车站值班员及铁路局有关行车调度工作岗位基本技能和作业方法,知道列车运行计划的编制与执行和铁路运输指挥管理系统和铁路行车指挥自动化方法,能办理列车运行调整作业和调度工作分析,能进行常用调度命令发布,能编制列车运行图和实绩图。

(6)初步掌握计划调度员及铁路局运输处技术人员有关运输计划工作岗位基本技能和方法。知道铁路运输技术计划及运输方案的基本知识和编制方法,熟悉各种运输技术计划的编制和执行要求,能计算货车周转时间、机车运用指标、区段行车量,能编制分界站货车出入计划;能编制铁路运输技术计划。

(7)初步掌握铁路行车安全管理的法律法规以及行车安全监察人员、站段安全室、班组安全员的工作要求。熟知《铁路法》、《安保条例》、《技规》、《行规》、《事规》、《行车安全监察工作规程》以及《站细》的相关内容,能履行铁路行车安全管理工作职责,能进行行车事故预防和处理;能组织行车事故救援。

3. 课程方案(见表 3.24)

表 3.24 "铁路行车组织与管理"学习领域课程方案

编号	学习领域	基准学时(课时)		
		第一学年	第二学年	第三学年
1	接发列车		32	18
2	车站作业计划		40	
3	调车作业		36	18
4	车号及统计		28	12
5	列车编组		28	
6	列车运行图		24	12
7	行车调度			56
8	运输计划及方案			28
9	行车安全			48
	总计(380 学时)		188	192

3.4.2.2 "铁路行车组织与管理"学习领域教学设计分析示例

学习领域1:接 发 列 车

"接发列车"学习领域教学涉及办理闭塞、布置与准备接发列车进路、开闭信号或交接行车凭证、立岗接发列车和开通区间等五个学习性工作任务。

 学习性工作任务1:办理闭塞

1. 学习目标要求

掌握办理闭塞的基本技能。

2. 工作任务

办理闭塞,填写各种行车凭证。

3. 需要工具和设备

闭塞机、闭塞电话、四种书面行车凭证、行车日志。

4. 实践技能

(1)能办理正常情况下闭塞手续。

(2)能办理特殊情况下闭塞手续。

(3)能办理电话闭塞手续。

(4)能办理一切电话中断时的行车手续。

(5)能确认区间(分区)空闲、填写行车日志、占线板和揭挂警示牌。

(6)能向无人应答站办理发车手续。

(7)能正确使用自动闭塞总辅助按钮。

5. 理论知识

(1)半自动闭塞的基本原理及采用。

(2)自动站间闭塞的基本原理及采用。

(3)三显示、四显示自动闭塞的原理及采用。

(4)划分区间及闭塞分区的方法。

6. 拓展知识

CTC分散自律式行车办法。

 学习性工作任务2:布置与准备接发列车进路

1. 学习目标要求

掌握车站值班员布置进路和信号员(扳道员)准备进路的基本技能。

2. 工作任务

布置与准备接发列车进路。

3. 需要工具和设备

车站集中联锁控制台、电锁器联锁控制台及道岔、加锁道岔的工具、钩锁器和锁板。

4. 实践技能

(1)能布置与变更进路。

(2)能合理使用到发线。

(3)能检查、确认进路空闲并正确填写占线板。

(4)能正确准备进路。

(5)能在停电及无联锁条件下准备进路、加锁道岔。

5. 理论知识

(1)划分接发列车进路的方法。

(2)确认到发线线间距、有效长及容车数的方法。

(3)道岔辙叉号数确定、道岔编号及股道编号的方法。

(4)影响接发列车进路的调车作业。

6. 拓展知识

车机联控办法。

 学习性工作任务 3：开闭信号或交接行车凭证

1. 学习目标要求

掌握车站值班员、信号员开闭信号、助理值班员、扳道员显示手信号和交付行车凭证的基本技能。

2. 工作任务

开闭信号或交付行车凭证。

3. 需要工具和设备

集中联锁控制台、进出站信号机、手信号旗(灯)、行车凭证。

4. 实践技能

(1)能及时开放和关闭进、出站信号和引导信号。

(2)能正确、及时显示接发列车手信号。

(3)能正确交接各种行车书面凭证。

5. 理论知识

计算开放进站信号时机。

6. 拓展知识

进路的划分。

 学习性工作任务 4：立岗接发列车

1. 学习目标要求

掌握车站助理值班员(扳道员)立岗接车与发车的基本技能,会处理列车冒进信号事故。

2. 工作任务

立岗接车与发车。

3. 需要工具与设备

无线列调电话、手信号旗(灯)。

4. 实践技能

(1)能立岗接车。

(2)能立岗发车。

(3)能监视列车运行状态,正确处理异常情况。

(4)能确认列车整列到发。

(5)能处理列车冒进信号的情况。

5. 理论知识

(1)接发列车作业的标准(TB)。

(2)电气化铁路超高货物的确定。

6. 拓展知识

(1)电气化铁路列车滑行进站接车和补机推送发车办法。

(2)列尾装置及其使用。

 学习性工作任务 5:开通区间

1. 学习目标要求

掌握车站值班员(助理值班员)开通区间并向列调报点的基本技能。

2. 工作任务

开通区间并向列调报点。

3. 需要工具与设备

半自动、自动闭塞集中联锁与非集中联锁车站控制台、无线列调电话或自动报点装置、闭塞电话。

4. 实践技能

(1)能确定列车到、发、通过时分。

(2)能办理双线自动闭塞及自动站间闭塞开通区间的手续。

(3)能办理单线半自动闭塞开通区间的手续,能正确使用故障按钮。

(4)能办理电话闭塞开通区间的手续。

(5)能及时、正确向列车调度员报点。

5. 理论知识

《技规》关于封锁与开通区间的规定。

6. 拓展知识

自动报点与自动生成行车日志及无线列调系统。

学习领域 2:车站作业计划

"车站作业计划"学习领域教学内容涉及车站班计划的编制、阶段计划的编制和调车作业计划的编制等三个学习性工作任务。

 学习性工作任务 1:车站班计划的编制

1. 学习目标要求

掌握车站值班站长编制车站班计划的基本技能。

2. 工作任务

根据铁路局旬、日(班)计划编制车站日班计划。

3. 需要工具与设备

车站平面示意图或线路固定用途表、车站日计划大表、计算机、电话、铅笔(黑色、红色、蓝色)、橡皮等。

4. 实践技能

(1)会编制车站(日)班计划。

(2)会绘制技术作业大表(调度规则)。

5. 理论知识

(1)车站(日)班计划的编制程序、方法和要求。

(2)铁路站场设备使用的相关知识。

(3)车站班计划的审批、下达和执行。

6. 拓展知识

铁路局运输计划及运输方案。

 学习性工作任务2:阶段计划的编制

1. 学习目标要求

掌握车站调度员编制车站阶段计划的基本技能。

2. 工作任务

根据车站日(班)计划要求编制阶段计划。

3. 需要工具与设备

车站平面示意图或线路固定用途表、车站阶段计划大表、计算机、电话、铅笔(黑色、红色、蓝色)、橡皮等。

4. 实践技能

(1)会编制阶段计划。

(2)能会填记车站技术作业图表。

(3)能将阶段计划要求向相关工种人员布置下达。

5. 理论知识

(1)阶段计划的编制程序、方法和要求。

(2)阶段计划得布置与下达。

(3)落实车流来源。

6. 拓展知识

铁路局运输计划及运输方案。

 学习性工作任务3:调车作业计划的编制

1. 学习目标要求

掌握调车区长(站调助理)编制调车作业计划的基本技能。

2. 工作任务

根据阶段计划要求编制调车作业计划。

3. 需要工具与设备

车站平面示意图或线路固定用途表、调车作业通知单、计算机、电话、铅笔(黑色、红色、蓝色)、橡皮等。

4. 实践技能

(1)会编制调车作业计划。

(2)能掌握调车区现在车以及调车作业通知单的填记。

(3)能向调车人员传达下达调车作业计划。

(4)会填记调车作业通知单的。

5. 理论知识

(1)调车作业计划的编制程序、方法和要求。

(2)《技规》《调规》关于车站计划的有关规定。

6. 拓展知识

计算机在编制调车作业计划的应用。

学习领域 3:调 车 作 业

"调车作业"学习领域教学涉及牵出线调车、驼峰调车作业、中间站调车、制动工作等四个学习性工作任务。

 学习性工作任务 1：牵出线调车作业

1. 学习目标要求

掌握调车长指挥调车的基本技能;掌握连结员提钩的基本技能;掌握调车组联系的有关制度。

2. 工作任务

观速、测距,调整调车速度;调整溜放车组间隔,调车作业安全;正确执行要道还道制度。

3. 需要工具和设备

手信号旗;调车联控设备;车场、机车、车辆模型

4. 实践技能

(1)能利用推送调车法进行调车作业。

(2)能利用单钩溜放法进行调车作业。

(3)能利用连续溜放法进行调车作业。

(4)能正确观速、测距。

(5)能按照上、下车的有关规定,正确、及时地上下车。

(6)能按照要道还道制度,进行调车作业。

5. 理论知识

(1)正线、到发线调车(包括越出站界、跟踪出站调车)。

(2)取送车调车(摘挂列车在中间站调车)。

(3)编组调车。

(4)机车出人段。

(5)车组间隔。

6. 拓展知识

(1)调车冲突的处理。

(2)调车挤岔子、脱轨的处理。

 学习性工作任务 2:驼峰调车作业

1. 学习目标要求

掌握驼峰调车长控制推峰速度的基本技能;掌握峰上连结员提钩的基本技能;掌握驼峰作业员预排进路的方法。

2. 工作任务

操作车列一端的折角塞门,对车列排风;操作车辆的拉风杆,排出副风缸的余风;控制驼峰信号机的显示,调整调车速度;操作提钩杆,及时、正确提钩。

3. 需要工具和设备

折角塞门;拉风杆;驼峰信号机;提钩杆。

4. 实践技能

(1)能进行排风、摘管作业。

(2)能正确、及时的提钩。

(3)能对简易驼峰组织变速推峰。

(4)能对机械化驼峰组织定速推峰。

(5)能预排进路。

5. 理论知识

(1)驼峰调车特点。

(2)驼峰作业方案。

(3)影响推峰速度的因素。

6. 拓展知识

驼峰自动集中设备。

学习性工作任务3:中间站调车作业

1. 学习目标要求

掌握调车长中间站调车作业的基本技能。

2. 工作任务

中间站调车作业。

3. 需要工具和设备

调车设备。

4. 实践技能

(1)能中间站调车作业。

(2)能正确、及时地提钩。

5. 理论知识

(1)中间站调车作业方法。

(2)调车作业方案。

学习性工作任务4:制动工作

1. 学习目标要求

掌握制动员对车辆制动的基本技能;掌握驼峰作业员操作车辆减速器的基本技能。

2. 工作任务

操作铁鞋,对车辆进行目的制动;操作人力制动机,对车辆进行间隔制动;操作车辆减速器,对车辆进行间隔制动;使用减速顶,对车辆进行制动。

3. 需要工具和设备

铁鞋;铁鞋叉;人力制动机;车辆减速器;减速顶。

4. 实践技能

(1)能通过选闸、试闸、拧闸的方法,选出合适的手制动机。

(2)能利用铁鞋对车辆进行目的制动。

(3)能操纵减速器对车辆进行间隔制动。

(4)能使用减速顶对车辆进行制动。

5. 理论知识

(1)人力制动原理。

(2)铁鞋制动原理。

(3)减速器构造及制动原理。

(4)减速顶构造及制动原理。

(5)驼峰制动方案(点式、点连式、连续式)。

6. 拓展知识

自动化驼峰。

学习领域 4:车号及统计

"车号及统计"学习领域教学涉及列车接收与交付、现在车统计、装卸车统计、货车停留时间统计、票据管理等五个学习性工作任务。

 学习性工作任务 1:列车接收与交付

1. 学习目标要求

掌握车号员岗位列车接收与交付的基本技能。

2. 工作任务

接收确报及站车交接。

3. 需要工具和设备

《货管规》、禁止溜放和限速连挂的车辆表、列车预确报管理办法、货运票据、普通记录等。

4. 实践技能

(1)能完成列车技术作业过程中的车号工作。

(2)能处理站车交接中的常见问题。

5. 理论知识

(1)列车的定义与分类;列车的车次。

(2)货物列车的分类及货物列车在技术站的技术作业过程。

(3)车辆的分类;车辆的标记;车辆检修色票。

(4)禁止溜放及限速连挂的规定;禁止通过机械化驼峰的车辆。

6. 拓展知识

(1)列车预确报的有关知识。

(2)车辆交接的凭证。

(3)普通记录的编制。

(4)车号自动识别系统简介。

学习性工作任务 2：现在车统计

1. 学习目标要求

掌握内勤车号员岗位现在车统计的基本技能。

2. 工作任务

核对现在车、及时修改现在车信息。

3. 需要工具和设备

车站平面示意图或线路固定用途表、货票柜、毛玻璃板等。

4. 实践技能

(1)能掌握现车。

(2)会核对现车、交接票据。

(3)会填记现在车统计报表、18:00 现在重车去向报表。

5. 理论知识

(1)现在车的分类。

(2)运用与非运用车转变的规定。

(3)货车出入的规定。

6. 拓展知识

调车作业计划。

学习性工作任务 3：装卸车统计

1. 学习目标要求

掌握车号员岗位装卸车统计基本技能。

2. 工作任务

装卸车统计。

3. 需要工具和设备

《铁路货车统计规则》、全国铁路营业站名示意图、货物运价里程表、统计用表。

4. 实践技能

(1)能进行区间装卸车停留时间统计。

(2)会填记各种货票。

5. 理论知识

(1)铁路货车统计规则。

(2)装卸车统计基本方法。

6. 拓展知识

调车作业计划。

学习性工作任务 4：货车停留时间统计

1. 学习目标要求

掌握车号员岗位货车停留时间统计的基本技能。

2. 工作任务

货车停留时间统计。

3. 需要工具和设备

《铁路货车统计规则》、全国铁路营业站名示意图、货物运价里程表、统计用表。

4. 实践技能

(1)能利用运统4,对货车进行统计。

(2)能运用号码制货车停留时间登记簿,统计货车停留时间。

(3)能运用非号码制货车停留时间登记簿,统计货车停留时间。

(4)会填记货车停留时间报表。

5. 理论知识

(1)铁路货车统计规则。

(2)货车停留时间的分类及中停时的计算。

(3)列车及货车在站技术作业过程。

6. 拓展知识

区间装卸车停留时间统计方法。

学习性工作任务5:票据管理

1. 学习目标要求

掌握车号员岗位票据管理的基本技能。

2. 工作任务

票据管理与传输。

3. 需要工具和设备

《铁路货车统计规则》、《列车预确报管理办法》全国铁路营业站名示意图、货物运价里程表、统计用表。

4. 实践技能

(1)能正确处理或传递运输票据。

(2)能根据调车作业计划进行货票排顺。

(3)能正确管理票据。

5. 理论知识

(1)铁路货车统计规则。

(2)票据管理基本理论和标准。

(3)列车及货车在站技术作业过程。

6. 拓展知识

铁路局运输计划。

学习领域5:列 车 编 组

"列车编组"学习领域教学涉及列车编组顺序表的编制、列车中车辆的编挂、列车中机车的编挂、违编列车的判定、列车编组计划的编制等五个学习性工作任务。

学习性工作任务1:列车编组顺序表的编制

1. 学习目标要求

掌握调车区长编制列车编组顺序表的基本技能。

2. 工作任务

编制列车编组顺序表。

3. 需要设备和工具

《技规》、《行规》、列车编组计划、列车运行图、《铁路货车统计规则》、《危规》、货票柜、列车编组顺序表等。

4. 实践技能

(1)能根据车号判断车种、自重、换长，计算列车重量和长度。

(2)会填写列车编组顺序表。

(3)能检查列车编组质量。

(4)会计算列车闸瓦压力。

5. 理论知识

(1)列车编组计划基础知识。

(2)列车编组的重量和长度要求。

(3)列车编组的安全和技术要求。

(4)车辆常识。

6. 拓展知识

(1)列车运行图。

(2)危险货物及其分类。

(3)超限货物及其种类、等级。

 学习性工作任务2：列车中车辆的编挂

1. 学习目标要求

掌握连接员列车中车辆编挂的基本技能。

2. 工作任务

列车中车辆的编挂。

3. 需要工具和设备

《技规》、列车编组计划、列车运行图、《铁路危险货物运输规则》、提钩杆、软管。

4. 实践技能

(1)能正确确认钩位。

(2)能摘挂车辆、摘结软管。

(3)能确认禁止编入列车中的车辆。

5. 理论知识

(1)《技规》列车中车辆编挂的有关规定。

(2)列车编组的安全要求。

(3)列车编组的技术要求。

6. 拓展知识

违反列车编组计划的有关规定。

学习性工作任务 3：列车中机车的编挂

1. 学习目标要求

掌握连接员列车中机车编挂的基本技能。

2. 工作任务

列车中机车的编挂。

3. 需要工具和设备

《技规》、列车编组计划、列车运行图、《危规》、提钩杆、软管。

4. 实践技能

(1)能正确确认钩位。

(2)能摘挂机车、摘结软管。

(3)能确认禁止编入列车中的机车。

5. 理论知识

(1)《技规》列车中机车编挂的有关规定。

(2)列车编组的安全要求。

(3)列车编组的技术要求。

6. 拓展知识

违反列车编组计划的有关规定。

学习性工作任务 4：违编列车的判定

1. 学习目标要求

掌握调车长违编列车判定的基本技能。

2. 工作任务

判定违编列车。

3. 需要工具和设备

《技规》、列车编组计划、列车运行图、《危规》、列车编组顺序表。

4. 实践技能

(1)能判别违反列车编组计划的情况并能进行处理。

(2)能确认禁止编入列车中的机车车辆。

5. 理论知识

(1)《技规》违编列车判定的有关规定。

(2)列车编组的安全要求。

(3)列车编组的技术要求。

学习性工作任务 5：列车编组计划的编制

1. 学习目标要求

掌握列车调度员和计划调度员编制列车编组计划的基本技能。

2. 工作任务

编制列车编组计划。

3. 需要设备和工具

《技规》、《行规》、列车编组计划、列车运行图、《铁路货车统计规则》、《危规》等。

4. 实践技能

(1)能掌握车流径路。

(2)能编制列车编组计划。

(3)能检查列车编组质量。

5. 理论知识

(1)列车编组计划基础知识。

(2)列车运行图。

(3)《技规》编制列车编组计划的有关规定。

6. 拓展知识

计算机编制编组计划。

学习领域 6:列车运行图

"列车运行图"学习领域教学涉及列车运行图的编制、区间通过能力的计算、车站改编能力的计算等三个学习性工作任务。

学习性工作任务 1:列车运行图的编制

1. 学习目标要求

掌握铁路局运输处列车运行图编制和管理的基本技能。

2. 工作任务

编制列车运行方案图、机车周转图和列车运行详图。

3. 需要工具和设备

计算机及编制列车运行图操作系统、列车运行图图纸。

4. 实践技能

(1)会确定列车运行图的要素。

(2)会编制列车运行方案图及机车周转图。

(3)会画站名线、运行线、列车越行及会让。

(4)会编制一个区段列车运行详图。

(5)能编制分号运行图。

(6)能根据列车运行图组织行车。

5. 理论知识

(1)列车运行图的格式和分类。

(2)列车运行图的组成因素。

(3)列车运行图的编制要求和步骤。

(4)编制列车运行图操作系统。

6. 拓展知识

列车运行图的调整。

学习性工作任务 2：区间通过能力的计算

1. 学习目标要求

掌握列车调度员、计划调度员区间通过能力的计算的基本技能。

2. 工作任务

区间通过能力的计算。

3. 需要工具和设备

计算机、列车运行图。

4. 实践技能

(1)能计算列车运行图的主要指标。

(2)能计算区间通过能力。

5. 理论知识

(1)区间通过能力的计算。

(2)列车运行图基础知识。

6. 拓展知识

列车运行图质量的检查。

 学习性工作任务 3：车站改编能力的计算

1. 学习目标要求

掌握列车调度员、计划调度员车站改编能力的计算的基本技能。

2. 工作任务

车站改编能力的计算。

3. 需要工具和设备

计算机、列车运行图。

4. 实践技能

(1)能计算列车运行图的主要指标。

(2)能计算车站改编能力。

(3)能计算车站通过能力。

5. 理论知识

(1)车站改编能力的计算。

(2)到发线通过能力的计算。

(3)咽喉道岔通过能力的计算。

(4)提高车站通过能力的措施。

6. 拓展知识

行车调度指挥。

学习领域 7：运 输 调 度

"运输调度"学习领域教学涉及车流调整、列车调度指挥、调度命令的发布、调度工作分析、行车指挥自动化等五个学习性工作任务。

学习性工作任务 1：车流调整

1. 学习目标要求

掌握列车调度员、计划调度员车流调整的基本技能。

2. 工作任务

车流调整。

3. 需要工具和设备

列车调度员、车站值班员工作台、车站平面示意图、区段基本运行图、编组计划、列车运行图、行车日志、TDCS 和 TMIS、《调规》、《技规》、《行规》。

4. 实践技能

(1)能正确推算车流。

(2)能正确熟练地进行列车运行的调整。

5. 理论知识

(1)车流动态的掌握。

(2)车流调整的方法。

6. 拓展知识

自动化行车调度系统。

学习性工作任务 2：列车调度指挥

1. 学习目标要求

掌握列车调度员、计划调度员列车调度指挥的基本技能。

2. 工作任务

列车调度指挥。

3. 需要工具和设备

列车调度员、车站值班员工作台、车站平面示意图、区段基本运行图、编组计划、列车运行图、行车日志、TDCS 和 TMIS、《调规》、《技规》、《行规》。

4. 实践技能

(1)能正确熟练地进行列车运行的指挥与调整。

(2)能绘制列车实绩运行图。

(3)会编制调度日班计划。

(4)能进行列车调度指挥。

5. 理论知识

(1)编制与执行列车运行计划的基本原则和方法。

(2)列车调度指挥的基本方法。

6. 拓展知识

动车列车调度指挥的原则。

学习性工作任务 3：调度命令的发布

1. 学习目标要求

掌握列车调度员、计划调度员调度命令的发布的基本技能。

2. 工作任务

调度命令的发布。

3. 需要工具和设备

列车调度员、车站值班员工作台、车站平面示意图、区段基本运行图、编组计划、列车运行图、行车日志、TDCS 和 TMIS、《调规》、《技规》、《行规》。

4. 实践技能

能及时、正确发布行车调度命令。

5. 理论知识

(1)常用调度命令用语。

(2)调度命令发布。

学习性工作任务 4：调度工作分析

1. 学习目标要求

掌握列车调度员、计划调度员调度工作分析的基本技能。

2. 工作任务

调度工作分析。

3. 需要工具和设备

列车调度员、车站值班员工作台、车站平面示意图、区段基本运行图、编组计划、列车运行图、行车日志、TDCS 和 TMIS、《调规》、《技规》、《行规》。

4. 实践技能

能够根据列车运行有关规定，正确处理列车运行中突发事件。

5. 理论知识

(1)调度工作分析的理论知识。

(2)调度工作分析的方法。

学习性工作任务 5：行车指挥自动化

1. 学习目标要求

掌握行车指挥自动化的基本技能。

2. 工作任务

调度工作分析。

3. 需要工具和设备

列车调度员、车站值班员工作台、车站平面示意图、区段基本运行图、编组计划、列车运行图、行车日志、TDCS 和 TMIS、《调规》、《技规》、《行规》。

4. 实践技能

能解释和分析列车运行指挥系统 TDCS 和 TMIS 系统。

5. 理论知识

(1)铁路运输指挥管理系统和铁路行车指挥自动化方法。

(2)TDCS 和 TMIS。

6. 拓展知识

运输生产信息管理。

学习领域 8:运输技术计划及运输方案

"运输技术计划及运输方案"学习领域教学涉及运输生产数量指标计划、货车运用指标计划、运用车保有量计划、机车运用指标计划和运输方案等五个学习性工作任务。

学习性工作任务 1:运输生产数量指标计划。

1. 学习目标要求

基本掌握路局运输处技术计划、运输方案的编制和管理的基本技能。

2. 工作任务

编制运输生产数量指标计划。

3. 需要工具和设备

计算机编制技术计划和运输方案的操作系统。

4. 实践技能

(1)能确定铁路局货车运用数量及质量指标。

(2)会编制空车调整图。

(3)会编制重车车流表。

5. 理论知识

(1)使用车计划。

(2)接运重车、卸空车、空车调车计划。

(3)分界站货车出入计划。

6. 拓展知识

施工方案。

学习性工作任务 2:货车运用指标计划

1. 学习目标要求

基本掌握路局运输处技术计划、运输方案的编制和管理的基本技能。

2. 工作任务

编制运输生产数量指标计划。

3. 需要工具和设备

计算机编制技术计划和运输方案的操作系统。

4. 实践技能

(1)会运输生产数量指标计划。

(2)能货车运用指标。

5. 理论知识

(1)会编制运用车保有量计划。

(2)机车运用指标。

学习性工作任务 3:运用车保有量计划

1. 学习目标要求

基本掌握路局运输处技术计划、运输方案的编制和管理的基本技能。

2. 工作任务

编制运用车保有量计划。

3. 需要工具和设备

计算机编制技术计划和运输方案的操作系统。

4. 实践技能

会编制运用车保有量计划。

5. 理论知识

(1)管内工作车保有量。

(2)移交重车保有量。

(3)空车保有量。

 学习性工作任务 4：机车运用指标计划

1. 学习目标要求

基本掌握铁路局运输处技术计划、运输方案的编制和管理的基本技能。

2. 工作任务

编制机车运用指标计划。

3. 需要工具和设备

计算机编制技术计划和运输方案的操作系统。

4. 实践技能

(1)会计算货车周转时间。

(2)会编机车运用指标计划。

(3)评价货车和机车工作量的完成情况。

5. 理论知识

(1)列车平均总量。

(2)机车全周转时间。

(3)机车日车公里和日产量。

 学习性工作任务 5：运输方案

1. 学习目标要求

初步掌握运输方案的编制和管理的基本技能。

2. 工作任务

编制与执行运输方案。

3. 需要工具和设备

运输方案及计算机操作系统。

4. 实践技能

(1)知道运输方案的编制方法。

(2)会编制运输方案。

(3)能执行运输方案。

(4)能评价设备的运用状态和评价工作量的完成情况。

5. 理论知识

(1)运输方案作用。

(2)运输方案编制原则和方法。

(3)运输方案执行、分析与考核。

学习领域 9:行 车 安 全

"行车安全"学习领域教学涉及行车安全管理、行车事故预防、行车事故处理和事故救援组织等四个学习性工作任务。

学习性工作任务 1:行车安全

1. 学习目标要求

熟悉站段安全室、班组安全员有关行车安全管理的基本技能。

2. 工作内容

行车安全管理。

3. 需要工具和设备

《铁路法》、《安全保护条例》、《技规》、《行规》、《事规》、《行车安全监察工作规程》以及《站细》等法律法规,有效的通信、信息技术。

4. 实践技能

(1)熟悉行车安全相关法律法规。

(2)领会事故通报程序。

5. 理论知识

(1)铁路运输安全相关法律法规的基本内容。

(2)铁路行车安全组织机构及工作职责。

6. 拓展知识

安全预防与事故预防。

学习性工作任务 2:行车事故预防

1. 学习目标要求

掌握行车事故预防和事故分析的基本理论和方法。

2. 工作内容

行车事故预防宣传、解释行车安全相关法律法规。

3. 需要工具和设备

《铁路法》、《安全保护条例》、《技规》、《行规》、《事规》、《行车安全监察工作规程》以及《站细》等法律法规,有效的通信、信息技术。

4. 实践技能

(1)能进行行车事故预防宣传。

(2)解释行车安全相关法律法规。

(3)能制定行车事故应急处理方案。

5. 理论知识

(1)行车事故预防和事故分析的基本理论和方法。

(2)安全预防与事故预防事故应急处理。

(3)铁路运输安全相关法律法规。

6. 拓展知识

行车安全监察人员的工作任务。

 学习性工作任务 3：行车事故处理

1. 学习目标要求

掌握铁路交通安全事故处理通报技能。

2. 工作内容

事故通报、事故处理。

3. 需要工具和设备

《铁路法》、《安全保护条例》、《技规》、《行规》、《事规》、《行车安全监察工作规程》以及《站细》等法律法规，有效的通信、信息技术。

4. 实践技能

(1)能对事故及时通报。

(2)能正确进行事故调查和判断。

(3)能正确进行事故处理。

5. 理论知识

(1)事故分类及确定。

(2)事故通报程序。

(3)事故应急处理方法。

 学习性工作任务 4：事故救援组织

1. 学习目标要求

掌握铁路行车安全事故救援的技能。

2. 工作内容

根据事故现场情况组织事故救援。

3. 需要工具和设备

有效的通信、信息技术。

4. 实践技能

(1)能解释事故救援设备作用。

(2)能解释救援工作的方法和注意事项。

(3)能组织救援方案的实施。

(4)能对救援列车开行做充分准备。

5. 理论知识

(1)行车事故救援设备功能和使用方法。

(2)事故救援工作的方法和注意事项。

(3)事故救援组织及方法。

3.4.3 "铁路客运组织与管理"学习领域课程方案及教学设计分析

3.4.3.1 "铁路客运组织与管理"学习领域课程方案

1. 课程性质

"铁路客运组织与管理"是专业主干课程,其任务是学习铁路车站客运工作组织与服务、列车客运工作组织与服务工作的基本知识和基本技能,并初步具备组织旅客运输服务、铁路售票、行包输送工作、旅客列车乘务工作和运用客运规章解决和处理实际问题的能力。并能正确执行和运用《客规》《客管规》《铁路客运运价规则》《铁路旅客运输办理细则》《行李包裹运价表》等规章处理客运运价等方面的能力。初步形成一定的学习能力和课程实践能力,并培养学生遵守纪律、诚实守信、沟通与合作的品质,以及安全、礼仪与服务的意识。

2. 课程目标

通过本课程的学习,使学生在知识和能力方面达到:

(1)掌握铁路售票员岗位的基本知识和基本技能。能运用《客规》《铁路客运运价规则》《铁路旅客运输办理细则》《铁路运输收入管理规程》进行售票、退票、车票签证、旅行变更和票务管理等工作,并能按规章处理售票业务中实际问题。

(2)掌握客运员、客运值班员岗位的基本知识和基本技能。能运用《客规》《客管规》《铁路旅客运输办理细则》《铁路旅客运输服务质量标准》、组织旅客运输、站车交接、客运乘降、候车服务等工作,并能按规章正确处理旅客乘车事件、旅客运输阻碍、客运安全事故等旅客运输业务中的实际问题。

(3)掌握行李员岗位的基本知识和基本技能。能运用《客规》《铁路旅客运输办理细则》《行李包裹运价表》办理行李包裹的运送和到达运输、行包运输变更、行包运费的核收等工作,并能按规章正确处理行李包裹运输事故和行包运输组织中的实际问题。

(4)掌握列车员岗位基本技能。能运用《客规》《铁路旅客运输办理细则》《铁路旅客运输服务质量标准》《铁路旅客运输服务质量标准》、客运服务礼仪和旅客列车乘务工作制度等进行乘务组织与和服务工作,并能正确处理旅客运输阻碍、旅客疾病及意外伤害以及旅客运输事故等方面的实际问题。

(5)初步掌握车站计划员岗位基本知识和基本技能。能运用《客规》《客管规》《铁路旅客运输办理细则》等合理组织客流,能计算旅客运输计划相关技术指标、编制客流计划、客流图、旅客列车运行方案图、时刻表及列车编组表等,能制定票额分配计划、旅客输送日计划和办理站、车客流信息的传报和客运调度的日常工作。

3. 课程方案(见表3.25)

表3.25 "铁路客运组织与管理"学习领域课程方案

编号	学习领域	基准学时(课时)		
		第一学年	第二学年	第三学年
1	售票工作		24	18
2	车站客运工作		28	18
3	列车乘务工作		24	18
4	行包运输工作		32	
5	旅客运输计划			28
6	国际旅客联运			36
总计(230学时)			112	118

3.4.3.2 "铁路客运组织与管理"学习领域教学设计分析示例

学习领域 1：售 票 工 作

"售票工作"学习领域教学涉及售票作业、退票作业、车票签证和旅行变更等四个学习性工作任务。

学习性工作任务 1：售票作业

1. 学习目标要求

掌握铁路售票员岗位售票作业的基本技能。

2. 工作任务

操作计算机进行售票、使用代用票进行手工售票。

3. 需要工具和设备

计算机、打票机、"车票发售和预订系统"软件、《铁路客运运价里程表》、《旅客票价表》、《客规》、《细则》、《价规》、代用票样张、车站售出客票记录。

4. 实践技能

(1)会操作计算机售票系统。

(2)在车站无常备票或售票系统故障时,会填制代用票。

(3)能利用《里程表》查找发到站间客运运价里程。

(4)能识别假币识别。

5. 理论知识

(1)铁路旅客运输合同。

(2)旅客票价的理论计算。

(3)旅客票价核收规定及《旅客票价表》的运用。

6. 拓展知识

市场营销相关知识。

学习性工作任务 2：退票作业

1. 学习目标要求

掌握铁路售票员岗位退票作业的基本技能。

2. 工作任务

办理各种情况下的退票,并填制退票报告、退票报销凭证。

3. 需要工具和设备

计算机、打票机、"车票发售和预订系统"软件、《铁路客运运价里程表》、《旅客票价表》、《客规》、《细则》、《价规》、代用票样张、退票报告样张、退票报销凭证样张、车站售出客票记录。

4. 实践技能

(1)能操作计算机售票系统。

(2)能填制《退票报告》、《退票报销凭证》。

(3)会办理各种情况下的退票手续。

5. 理论知识

(1)铁路旅客运输合同。

(2)旅客票价的理论计算。

(3)旅客票价核收规定及《旅客票价表》的运用。

(4)车票有效期间计算和延长。

6. 拓展知识

市场营销相关知识。

学习性工作任务 3：车票签证

1. 学习目标要求

掌握铁路售票员岗位办理车票签证的基本技能。

2. 工作任务

车票签证。

3. 需要工具和设备

计算机、打票机、"车票发售和预订系统"软件、《铁路客运运价里程表》、《旅客票价表》、《客规》、《细则》、《价规》、代用票样张、车站售出客票记录。

4. 实践技能

(1)会操作计算机售票系统。

(2)能处理各种车票签证业务。

5. 理论知识

(1)铁路旅客运输合同。

(2)旅客票价核收规定及《旅客票价表》的运用。

6. 拓展知识

市场营销相关知识。

学习性工作任务 4：旅行变更

1. 学习目标要求

掌握铁路售票员岗位办理旅行变更的基本技能。

2. 工作任务

办理各种旅行变更,填制代用票;计算包车、租车、自备车辆挂运费和行驶费,填制代用票。

3. 需要工具和设备

计算机、打票机、"车票发售和预订系统"软件、《铁路客运运价里程表》、《旅客票价表》、《客规》、《细则》、《价规》、代用票样张、退票报告样张、退票报销凭证样张、车站售出客票记录。

4. 实践技能

(1)能操作计算机售票系统。

(2)能处理车站旅行变更。

(3)能填写客票记录。

5. 理论知识

(1)铁路旅客运输合同。

(2)旅客票价的理论计算。

(3)旅客票价核收规定及《旅客票价表》的运用。

(4)车票有效期间计算和延长。

6. 拓展知识

(1)市场营销相关知识。

(2)包车、租车、自备车辆挂运和行驶费用的计算。

(3)全路客运接算站示意图。

<h2 align="center">学习领域 2：车 站 客 运</h2>

"车站客运"学习领域教学涉及车站客运服务、车站客运组织和车站客运管理等三个学习性工作任务。

 学习性工作任务 1：车站客运服务

1. 学习目标要求

掌握客运员岗位车站客运服务的基本技能。

2. 工作任务

旅客候车服务。

3. 需要工具和设备

模拟候车室、模拟旅客站台、《里程表》、《票价表》、《行包运价表》、《客规》、《细则》、《价规》、客运记录、铁路传真电报。

4. 实践技能

(1)能按客运服务礼仪进行旅客车站候车服务。

(2)能对老弱病残孕旅客进行重点照顾与服务。

(3)能接待旅客咨询。

(4)能处理车站发生突发疾病、死亡和意外伤害事故旅客。

(5)能进行车站环境卫生的检查与清理。

5. 理论知识

(1)客运站的设备及布置要求。

(2)旅客服务礼仪及用语。

(3)旅客乘车条件。

(4)车站发生及列车交下突发疾病、死亡和意外伤害事故旅客的处理。

6. 拓展知识

(1)旅客心理学相关知识。

(2)铁路乘车证的使用。

 学习性工作任务 2：车站客运组织

1. 学习目标要求

掌握客运员岗位车站客运组织的基本技能。

2. 工作任务

组织旅客候车、组织站台乘降。

3. 需要工具和设备

模拟候车室、模拟旅客站台、《里程表》、《票价表》、《行包运价表》、《客规》、《细则》、《价规》、客运记录、铁路传真电报、代用票样张、客运运价杂费收据样张。

4. 实践技能

(1)能根据客流量组织旅客有秩序乘降。

(2)能根据具体情况组织有秩序旅客乘降。

(3)妥善处理旅客丢失车票情况。

(4)能妥善安排线路中断后旅客。

(5)能组织旅客安全乘降,做好安全宣传、引导。

5. 理论知识

(1)客运站流线工作组织。

(2)车站旅客工作组织的方法。

(3)《铁路旅客运输管理规则》组织旅客乘降有关规定。

6. 拓展知识

(1)旅客心理学相关知识。

(2)国际旅客联运乘车票据。

(3)城市轨道交通站务员工作。

 学习性工作任务 3:车站客运管理

1. 学习目标要求

掌握客运值班员岗位车站客运管理的基本技能。

2. 工作任务

组织旅客候车、组织站台乘降。

3. 需要工具和设备

模拟候车室、模拟旅客站台、《里程表》、《票价表》、《行包运价表》、《客规》、《细则》、《价规》、客运记录、铁路传真电报、代用票样张、客运运价杂费收据样张,各次列车时刻表、编组顺序表等。

4. 实践技能

(1)能编制客运记录。

(2)能编制各种等级铁路电报(事故速报)。

(3)能处理旅行变更办理车票签证。

(4)对携带品违章的旅客进行处理。

(5)能对不符合乘车条件的旅客进行处理。

(6)能处理误购(售)、误乘情况。

(7)能处理车站旅客运输事故。

(8)能核收违章携带品运费。

5. 理论知识

(1)车站旅客工作组织的方法。

(2)旅客携带危险品的查处理规定。

(3)旅客票价、行包运费计算,客运杂费核收基本知识。

(4)客运计划和运行图等基本知识。

(5)旅客运输阻碍及事故处理。

6. 拓展知识

(1)旅客心理学相关知识。

(2)国际旅客联运乘车票据。

(3)接发列车工作。

(4)城市轨道交通站务员工作。

学习领域 3:列 车 客 运

"列车客运"学习领域教学涉及列车客运服务、列车客运组织和车站客运管理等三个学习性工作任务。

学习性工作任务 1:列车客运服务

1. 学习目标要求

掌握列车员岗位列车客运服务的基本技能。

2. 工作任务

组织旅客乘降,列车旅客服务。

3. 需要工具和设备

模拟硬座车厢、硬卧车厢,《里程表》、《票价表》、《运价表》、《客规》、《细则》、《价规》、客运记录、代用票样张。

4. 实践技能

(1)能按客运服务礼仪进行旅客列车服务。

(2)能组织旅客安全有序乘降。

(3)能与车站客运值班员办理站车交接。

(4)能处理途中发生突发疾病、死亡和意外伤害事故旅客。

(5)能进行车厢环境卫生的检查与清理。

5. 理论知识

(1)"三乘一体"的含义。

(2)列车乘务组的组成及分工。

(3)列车乘务组的工作制度。

(4)列车突发疾病、死亡和意外伤害事故旅客的处理。

6. 拓展知识

(1)旅客心理学相关知识。

(2)铁路乘车证的使用。

(3)列车发生火灾的处理。

学习性工作任务 2:列车客运组织

1. 学习目标要求

掌握旅客车长岗位客运组织的基本技能。

2. 工作任务

办理途中车票过期的、车票丢失、误购、误乘及各种旅行变更,和车站客运值班员办理站车交接。

3. 需要工具和设备

模拟硬座车厢、硬卧车厢,《里程表》、《票价表》、《运价表》、《客规》、《细则》、《价规》、客运记录、代用票样张、客运运价杂费收据样张、列车旅客密度表。

4. 实践技能

(1)能处理旅客丢失车票情况。

(2)能处理旅客误乘情况。

(3)能编制客运记录。

(4)能运用规章处理实际问题。

(5)会填写列车旅客密度表。

5. 理论知识

(1)列车乘务组的工作制度。

(2)列车乘务组的组成及分工。

(3)列车突发事故的处理。

(4)客运运价杂费核收。

6. 拓展知识

(1)旅客心理学相关知识。

(2)国际旅客联运乘车票据。

(3)车底需要数的计算。

(4)乘务组需要数的计算。

 学习性工作任务 3:车站客运管理

1. 学习目标要求

掌握旅客车长岗位列车客运管理的基本技能。

2. 工作任务

列车客运管理。

3. 需要工具和设备

模拟硬座车厢、硬卧车厢,《里程表》、《票价表》、《运价表》、《客规》、《细则》、《价规》、客运记录、代用票样张、客运运价杂费收据样张、列车旅客密度表。

4. 实践技能

(1)会填写列车旅客密度表。

(2)会确定列车乘务组的乘务形式和乘务组数。

(3)能编制各种等级铁路电报(事故速报)。

(4)能处理旅客旅行变更情况。

(5)能妥善处理违章乘车情况。

(6)能运用规章处理实际问题。

5. 理论知识

(1)旅客运输计划和运行图等基本知识。

(2)《铁路旅客运输管理规则》有关规定。

(3)旅客票价、行包运费计算,客运杂费核收基本知识。

(4)客运计划和运行图等基本知识。

(5)旅客运输阻碍及事故处理。

6. 拓展知识

(1)旅客心理学相关知识。

(2)国际旅客联运乘车票据。

学习领域4：行 包 运 输

"行包运输"学习领域教学涉及行包运输办理、列车行包运送、行包运输变更办理和行包专列运输等四个学习性工作任务。

 学习性工作任务 1：行包运输办理

1. 学习目标要求

掌握车站行李员岗位基本技能。

2. 工作任务

办理行包承运，办理行包到发。

3. 需要工具和设备

行李、包裹托运单样张、行李票样张、包裹票样张、客运运价杂费收据样张、退款证明书样张、《里程表》、《行包运价表》、《客规》、《细则》、《价规》、客运记录、铁路传真电报、货运记录样张、计算机、打印机、行包制票软件。

4. 实践技能

(1)能判定行李包裹范围。

(2)能办理行包承运。

(3)能核收行包运费。

(4)能办理行包到发。

5. 理论知识

(1)行李、包裹运输合同。

(2)行包运输作业的程序和标准。

(3)行包运价及计算方法。

(4)行包房货位划分方法。

6. 拓展知识

(1)旅客心理学相关知识。

(2)国际旅客行包联运。

 学习性工作任务 2：列车行包运送

1. 学习目标要求

掌握列车行李员岗位基本技能。

2. 工作任务

办理行包承运，办理行包到发。

3. 需要工具和设备

行李、包裹托运单样张、行李票样张、包裹票样张、客运运价杂费收据样张、退款证明书样张、《里程表》、《行包运价表》、《客规》、《细则》、《价规》、客运记录、铁路传真电报、货运记录样张、计算机、打印机、行包制票软件。

4. 实践技能

(1)能办理列车运输行包作业。

(2)能安排行李车货位及行包堆放位置。

(3)能妥善保管行包票运输报单联、公文和信件。

(4)会填写列车行李、包裹运输密度表。

(5)接到车站要求办理运输变更的电报。

5. 理论知识

(1)列车行包运输作业的程序和标准。

(2)行李车内货位的划分方法。

(3)行李车内票据柜的使用方法。

 学习性工作任务3：行包运输变更办理

1. 学习目标要求

掌握列车行李员岗位基本技能。

2. 工作任务

处理车站行包运输变更、处理处理行包运输事故。

3. 需要工具和设备

行李、包裹托运单样张、行李票样张、包裹票样张、客运运价杂费收据样张、退款证明书样张、《里程表》、《行包运价表》、《客规》、《细则》、《价规》、客运记录、铁路传真电报、货运记录样张、计算机、打印机、行包制票软件。

4. 实践技能

(1)能处理车站行包运输变更。

(2)能处理车站违章运输行包。

(3)能处理逾期到达行包。

(4)能处理车站行包运输事故。

5. 理论知识

(1)《客规》关于行李、包裹运输相关规定。

(2)行包事故的种类及等级。

(3)行包运价制定及《行李、包裹运价表》的构成。

(4)行包运送组织原则及运到期限的计算。

 学习性工作任务4：行包专列运输

1. 学习目标要求

掌握列车计划员岗位基本技能。

2. 工作任务

行包专列运输。

3. 需要工具和设备

行李、包裹托运单样张、行李票样张、包裹票样张、客运运价杂费收据样张、退款证明书样张、《里程表》、《行包运价表》、《客规》、《细则》、《价规》、客运记录、铁路传真电报、货运记录样张、计算机、打印机、行包制票软件。

4. 实践技能

能组织行包专列运输。

5. 理论知识

(1)行包专列的运输组织方法。

(2)行包运价及计算方法及核收。

6. 拓展知识

(1)包用、租用行李车或行李车固定容间运费的计算。

(2)中铁快运包裹的办理。

学习领域5:旅客运输计划

"旅客运输计划"学习领域教学涉及客流计划、技术计划和日常计划等三个学习性工作任务。

学习性工作任务1:客流计划

1. 学习目标要求

掌握客流计划的编制方法,能正确编制客流图,计算旅客运输计划指标。

2. 工作任务

理会客流分类及旅客列车分类方法,寻找影响客流变化的主要因素;调查并预测客流量;编制客流斜线表和客流图;计算旅客运输计划指标。

3. 需要工具和设备

模拟区段、模拟客流量,计算器,直尺。

4. 实践技能

(1)能进行客流调查。

(2)能进行客流量预测。

(3)会编制管内客流斜线表。

(4)会绘制客流图。

(5)会计算旅客运输计划指标。

5. 理论知识

(1)客流及旅客列车的分类。

(2)旅客列车车次编排。

6. 拓展知识

用回归分析法预测客流量。

学习性工作任务2:技术计划

1. 学习目标要求

掌握技术计划编制方法。能根据以完成的客流计划,编制技术计划。

2. 工作任务

确定旅客列车的重量和速度;确定旅客列车的运行区段和行车量;铺画旅客列车运行方案图,编制旅客列车时刻表、编组表;确定车底需要数和乘务组需要数。

3. 需要工具和设备

小时格列车运行图,直尺,旅客列车区段运行、停站时分标准,旅客列车时刻表、旅客列车编组表。

4. 实践技能

(1)会确定拟定开行方案的旅客列车速度及重量。

(2)能根据客流计划,确定旅客列车的运行区段和行车量。

(3)能用图解法确定列车合理开车范围。

(4)能利用小时格运行图,铺画某区段客车运行方案图。

(5)能根据方案图编制列车时刻表。

(6)根据列车时刻表,绘制车底周转图,确定车底需要数。

5. 理论知识

(1)客车方案图的编制原则。

(2)列车运行图的相关知识。

6. 拓展知识

(1)"夕发朝至"列车合理开车范围的确定。

(2)开行"夕发朝至"列车利弊的分析。

(3)旅客列车编组表的编制。

 学习性工作任务 3:日常计划

1. 学习目标要求

掌握车站计划员岗位基本技能。了解票额分配计划及车站旅客输送日计划的编制,掌握乘车人数通知单的填写。

2. 工作任务

理会票额分配计划及车站旅客输送日计划的编制原则、依据、方法;计算旅客列车定员;填制"乘车人数通知单"(客统 3)和"列车旅客密度表"(客统 4)。

3. 需要工具和设备

票额分配计划表,车站旅客输送日计划表,乘车人数通知单,列车旅客密度表。

4. 实践技能

(1)会进行票额分配。

(2)会计算列车定员。

(3)会编制车站旅客输送日计划,掌握审批和执行的方法。

(4)会填写"乘车人数通知单"。

(5)会填写"列车旅客密度表"。

5. 理论知识

(1)票额分配的依据、原则。

(2)日计划的考核指标。

6. 拓展知识

票额分配计划的编制。

3.4.4 "铁路货运组织与管理"学习领域课程方案及教学设计分析

3.4.4.1 "铁路货运组织与管理"学习领域课程方案

1. 课程性质

"铁路货运组织与管理"是铁道运输管理专业主干课程。其任务是使学生掌握铁路普通货物运输、特殊货物运输、货场管理、货物装载、货物运费核收、货运安全及检查的货运工作的组织与管理的基本知识与技能。初步具备正确执行和运用《货规》《价规》《鲜规》《危规》等特殊货物运输规章处理货运运价和特殊货物运输的能力，并具备进行货运安全检查和处理货运安全事故的能力。形成一定的学习能力和课程实践能力，并培养学生遵守纪律、诚实守信、沟通与合作的品质以及安全、服务的意识。

2. 课程目标

通过本课程的学习，使学生在专业能力方面达到：

(1)掌握内勤货运员岗位基本知识和基本技能。能运用《货规》《价规》办理托运与承运货物、办理货物到站交付等工作，具备组织零担货物运输、集装箱货物运输、计划整车货物运输和组织集装化货物运输的能力，并运用货运规章解决实际问题。

(2)掌握外勤货运员岗位基本知识和基本技能。能运用《货规》《加规》办理货物装卸、到发站的验货、合理货场布置货位、货物换装和整理、货物保管和外交付等作业，具备货物站车交接、路企交接、集装箱交接和组织装配整零车、组织集装箱货物和组织专用线运输的初步能力，并运用货运规章解决实际问题。

(3)掌握货运核算员岗位基本知识和基本技能。能运用《货规》《价规》《铁路货物运输杂费管理办法》《货车使用费核收暂行办法》填制运单货票、计算运输费用、核收货物运输变更运费及杂费等工作，具备核收运费、杂费计算与核收和运输变更及运输阻碍的运费的能力，并运用货运规章解决实际问题。

(4)掌握货运值班员岗位基本知识和基本技能。掌握超长、超重、超限货物等特殊货物运输组织方法；掌握鲜活货物等特殊货物的运输组织方法；掌握危险货物运输组织方法；能运用《超规》《鲜规》《危规》以及《加规》组织阔大货物运输、鲜活货物运输和危险货物运输，解决在特种货物运输组织管理过程的实际问题。

(5)掌握货运安全员基本知识和基本技能。能运用《铁路货物事故处理规则》《货管规》解决货运安全以及货运事故处理的相关问题，具备编制货运记录、调查核实货运事故、办理货运事故赔偿等方面的能力。

(6)掌握货运检查员基本知识和基本技能。能运用《货管规》《铁路货运检查管理规则》《铁路货物事故处理规则》对车站货物检查、对货车货物装载加固和篷布苫盖检查、货物施封检查以及货物运单及货票传递与交接等工作，具备办理货物检查、货物换装及货车整理、货运交接检查作业等方面的能力。

3. 课程方案(见表 3.26)

表 3.26　"铁路货运组织与管理"课程方案

编号	学习领域	基准学时(课时)		
		第一学年	第二学年	第三学年
1	普通货物运输		28	18
2	特殊货物运输		36	18

续上表

编号	学习领域	基准学时（课时）		
		第一学年	第二学年	第三学年
3	货场管理		16	
4	货物装载		28	
5	货物运费核收		28	18
6	货运安全及检查			36
7	货物联合运输			32
总计（258学时）			136	122

3.4.4.2 "铁道货运组织与管理"学习领域教学设计分析示例

学习领域1：普通货物运输

"普通货物运输"学习领域教学涉及货场货运内勤、货场货运外勤和运费核收、货物联合运输等四个学习性工作任务。

学习性工作任务1：货场货运内勤

1. 学习目标要求

掌握内勤货运员基本技能，熟悉《货规》中有关货物托运、承运、内交付的规定，并能运用规章解决实际问题。

2. 工作任务

理会货物的运输流程；办理普通整车、零担、集装箱货物在发站的托运、受理，审查并填写货物运单；办理货物承运，填制货票；理会货票各联的作用；受理整车货物运输月计划的提报；办理货物在到站的内交付、换票作业，填制到货通知，收清到达作业费。

3. 需要工具和设备

《货规》、《货管规》、《里程表》、货物运单、货票样张、铁路货物运输服务订单（整车）、到货通知、车站承运日期戳、车站受理戳、货运杂费收据样张。

4. 实践技能

(1)能办理托运与受理货物的手续。

(2)能办理承运货物的手续。

(3)能办理变更与解除货物运输合同手续。

(4)能正确填写并发出到货通知。

(5)会货物的内交付工作。

(6)能组织零担货物运输。

(7)能组织集装箱货物运输。

(8)会集装化货物运输组织方法。

5. 理论技能

(1)货物运输基本条件。

(2)铁路货物运输合同。

(3)集装箱定义及种类。

6. 拓展知识

(1)铁路货运计划的内容及编制程序。

(2)市场营销相关知识。

(3)集装箱标记及技术参数。

(4)班组管理相关知识。

学习性工作任务 2：货场货运外勤

1. 学习目标要求

掌握外勤货运员基本技能。熟悉《货规》中货物装卸、保管、外交付的规定，能运用规章解决实际问题。

2. 工作任务

配置货场装卸线和货位，布置货场；进行各种货物的进货、验收和保管工作；指导装卸工作完成整车、零担、集装箱货物的装卸车工作；货车施封、篷布苫盖、插挂货车表示牌；货物的换装和整理，并编制普通记录；货物的外交付。

3. 需要工具和设备

《货规》、《货管规》、《铁路货物运输包装标准》、施封锁、货车标示牌、"货车禁止溜放和限速连挂表"、"车辆编组隔离表"、普通记录。

4. 实践技能

(1)能进行发站的进货、验货与保管工作。

(2)能组织货物的装车作业。

(3)能组织货物在到站的卸车作业。

(4)能组织货物换装和整理作业。

(5)能组织货物的外交付作业及搬出作业。

(6)能进行集装箱的交接。

5. 理论知识

(1)确定货物件数和重量。

(2)货场分类及配置。

(3)货场设备管理。

(4)货场作业能力。

6. 拓展知识

(1)运输阻碍的处理。

(2)专用线（专用铁路）运输组织方法。

学习性工作任务 3：运费核收

1. 学习目标要求

掌握货运核算员基本技能。熟悉《货规》、《价规》关于运费核收相关规定，并运用规章解决实际问题。

2. 工作任务

使用《铁路货运运价里程表》查找运价里程；使用《价规》计算各种货物运费；使用"货运运价杂费费率表"核收杂费；手工填制货票，操作计算机制票；办理货物运输变更运费核收。

3. 需要工具和设备

《货规》、《价规》、《里程表》、货票样张、货运杂费收据样张、计算机、打印机、货运制票软件。

4. 实践技能

(1)会查找运价里程。

(2)会确定运价号、运价率。

(3)会计算整车货物的运费。

(4)会计算零担货物的运费。

(5)会计算集装箱货物的运费。

(6)会计算运输变更及运输阻碍的运费。

(7)会核收其他费用。

5. 理论知识

(1)货物运价的概念及分类。

(2)《铁路货物运价规则》的主要内容。

6. 拓展知识

(1)利用环状理论确定最短径路运价里程。

(2)会绘制某站至全路各站的最短径路示意图。

(3)假币的识别。

学习领域 2:特殊货物运输(专用线货物运输)

"特殊货物运输"学习领域教学涉及阔大货物运输、鲜活货物运输和危险货物运输等三个学习性工作任务。

　学习性工作任务 1：阔大货物运输

1. 学习目标要求

掌握超长、集重、超限货物的货物运输组织方法。熟悉《加规》、《超规》关于阔大货物运输的相关规定,并能运用规章解决实际问题。

2. 工作任务

理会阔大货物装载的基本技术条件;办理超长、集重、超限货物的托运、受理、承运;确定阔大货物运输条件;阔大货物装车;阔大货物加固;填制"超限、超重货物托运说明书"和"超限、超重货物运输记录";编制超限货物运输的请示文电和批复文电。

3. 需要工具和设备

《加规》、《超规》、货物运单、货票样张、货车主要技术参数表、阔大货物模型、平车模型、卷尺、水平仪、铅锤、"超限、超重货物托运说明书"、"超限、超重货物运输记录"、铁路电报。

4. 实践技能

(1)能确定货物重心水平位置。

(2)能确定重车重心高。

(3)能对超长货物进行装载。

(4)能对集重货物进行装载。

(5)能对超限货物进行测量。

(6)会确定超限等级。

(7)能组织超限货物运输。

(8)能计算运行中作用于货物上的各种力。

(9)能检验货物的稳定性。

(10)会计算加固强度。

5. 理论知识

(1)阔大货物的概念及运输设备。

(2)货物装载的基本技术条件。

(3)铁路限界。

6. 拓展知识

(1)常用加固材料及加固装置。

(2)装载加固定型方案。

 学习性工作任务 2：鲜活货物运输

1. 学习目标要求

掌握鲜活货物的运输组织方法。熟悉《鲜规》关于鲜活货物运输的相关规定，并能运用规章解决实际问题。

2. 工作任务

理会鲜活货物的分类方法；理会冷藏运输的原理与冷藏运输设备；使用"易腐货物运输条件表"，确定易腐货物的运输条件；易腐货物的托运、受理和承运；易腐货物的装卸车；易腐货物车辆的挂运；组织活动物的运输。

3. 需要工具和设备

《鲜规》、"易腐货物运输条件表"、冷藏车模型、铁路加冰所示意图、加冰冷藏车作业单、铁路传真电报、家禽车图片。

4. 实践技能

(1)会对易腐货物进行分类。

(2)能办理易腐货物的托运和承运手续。

(3)能确定易腐货物运输季节和运输方式。

(4)能对冷藏车进行预冷。

(5)能组织易腐货物的装卸车工作。

(6)能组织易腐货物的到达作业。

(7)能组织活动物的发送、途中及到达作业。

5. 理论知识

(1)鲜活货物定义。

(2)《易腐货物运输条件表》的内容。

6. 拓展知识

冷藏运输原理与冷藏运输设备。

 学习性工作任务 3：危险货物运输

1. 学习目标要求

掌握危险货物运输组织方法，熟悉《危规》关于危险货物运输的相关规定，并能运用规章解决实际问题。

2. 工作任务

判定危险货物的类项,根据类项编号确定各类危险货物的主要性质和运输注意事项;使用《办理规定》、检查"托运人资质证书",办理危险货物受理和承运;检查危险货物包装,按《配放表》的要求保管危险货物;危险货物的装卸车作业;危险货物车的挂运;办理危险货物罐车运输,审查自备罐车合格证,确定罐车装载量;办理剧毒品的托运、承运、押运,全程追踪剧毒品车辆;办理放射性物质的托运和承运。

3. 需要工具和设备

《危规》、《铁路危险货物品名表》、《办理规定》、承运人资质证书样本、货物运单、"配放表"、"铁路禁止溜放和限速连挂表"、"车辆编组隔离表"。

4. 实践技能

(1)能根据危险货物的判定方法,对危险货物进行判定。

(2)会审查危险货物运输托运人的资质。

(3)能办理危险货物的托运和承运手续。

(4)会对危险货物进行包装。

(5)能组织危险货物的装卸车作业。

(6)能正确使用"危险货物配放表"对危险货物进行正确保管。

(7)能办理危险货物的交付手续。

(8)能正确使用"铁路禁止溜放和限速连挂表"、"车辆编组隔离表"。

(9)能对剧毒品运输的全程进行追踪。

5. 理论知识

(1)危险货物的定义。

(2)危险货物的分类及品名编号。

(3)危险货物办理站的规定。

(4)危险货物使用车辆的规定。

6. 拓展知识

(1)各类危险货物的主要性质及装卸、保管、搬运注意事项。

(2)危险货物应急预案的编制。

(3)放射性物品的托运、承运及装卸作业。

学习领域3:货运安全及检查

"货运安全及检查"学习领域教学涉及货运安全和货运检查等两个学习性工作任务。

学习性工作任务1:货运安全

1. 学习目标要求

掌握货运安全员基本技能,理会《铁路货运事故处理规则》关于事故处理的相关规定,并能运用规章解决实际问题。

2. 工作任务

货运事故的种类及等级;处理车站发生货运事故,编制货运记录、普通记录、拍发"货运事故速报";办理事故调查,判定货运事故责任,进行货运事故的赔偿处理。

3. 需要工具和设备

《铁路法》、《货规》、《铁路货运事故处理规则》、普通记录、货运记录样张、铁路传真电报。

4. 实践技能

(1)会判定货运事故的种类及等级。

(2)会编制货运记录及编制后的处理、送查。

(3)会编制普通记录。

(4)能对车站货运事故进行处理。

(5)能拍发"货运事故速报"。

(6)会对货运事故进行调查。

(7)能对货运事故责任进行划分。

(8)能合理组织对货运事故的赔偿。

5. 理论知识

(1)货运事故的定义。

(2)"货运记录"和"普通记录"的主要内容。

6. 拓展知识

保证货运安全的主要措施。

 学习性工作任务 2：货运检查

1. 学习目标要求

掌握货运检查员基本技能,理会《货规》、《货管规》关于货运检查的相关规定,并能运用规章解决实际问题。

2. 工作任务

货车货物检查、交接的内容以及发现问题的处理方法;检查货物装载加固、篷布苫盖,检查货车门、窗、盖、阀和集装箱;检查货车和集装箱的施封;办理途中换装整理,编制货运记录、普通记录,拍发货运事故速报。

3. 需要工具和设备

《货规》、《货管规》、货运记录样张、普通记录、铁路传真电报。

4. 实践技能

(1)能根据货运检查程序,对货运进行检查。

(2)能根据装载加固的方法,对装载加固进行检查。

(3)能对篷布、施封进行检查。

(4)能对货物进行换装和对货车进行整理。

(5)能对有或无运转车长值乘的列车,进行交接检查。

(6)能对货物运单及货票进行传递与交接。

5. 理论知识

(1)货运检查站的概念。

(2)货运检查的工作的职责和方法。

6. 拓展知识

车号员工作。

学习领域 4:货物联合运输

"货物联合运输"学习领域教学涉及国内多式联合运输和国际货物联合运输两个学习性工作任务。

学习性工作任务 1:国内多式联合运输

1. 学习目标要求

掌握货运值班员关于货物联合运输的基本技能。

2. 工作任务

组织多式联运货物;办理多式联运货物运送作业;办理货物联合运输的变更;处理货运事故赔偿。

3. 需要工具和设备

《铁路法》、《货规》、《铁路与水路货物联运规则》、《货物运输处理规则》、普通记录、货运记录样张、铁路传真电报。

4. 实践技能

(1)能解释铁路与水路的相关规定。

(2)能组织货物多式联运。

(3)会办理多式联运货物运送作业。

(4)会办理货物联合运输变更。

(5)能进行货运事故赔偿处理。

5. 理论知识

(1)多式联运相关规章。

(2)铁路与水路货物联运办理的基本条件。

(3)货物多式联运组织。

(4)运输合同的变更。

(5)货运事故赔偿处理。

6. 拓展知识

(1)铁路与航空货物联运。

(2)集装箱货物多式联运。

学习性工作任务 2:国际货物联合运输

1. 学习目标要求

了解货运值班员关于国际货物联合运输的基本技能。

2. 工作任务

办理国际联运货物承运与交付。

3. 需要工具和设备

《铁路法》、《货规》、《铁路与水路货物联运规则》、《货物运输处理规则》、《国际铁路货物联运协定》、《联合国国际货物多式联公约》、运货运记录样张、铁路传真电报。

4. 实践技能

(1)能解释国际货协要求。

(2)能填写国际联运货物运单。

(3)知道国际联运货物装运作业。

(4)知道国际联运货物承运与交付。

(5)能计算国际联运费用。

5. 理论知识

(1)国际铁路货运基本情况。

(2)国际铁路货物运输的基本条件。

(3)国际货物联运组织过程。

(4)国际铁路货物联运的费用。

(5)国际集装箱多式联运。

(6)大陆桥运输。

6. 拓展知识

(1)国际联运的运输货物限制。

(2)过境运送费用和杂费核收。

思 考 题

1. 简述课程教学分析的主要内容。

2. 简述课程教学目标设计的步骤。

3. 中职铁路客运组织与管理课程涉及主要工作岗位和工作任务有哪些?

4. "学习领域"的主要特点是什么?

5. 任选一门铁道运输管理专业课程,试完成课程标准设计。

6. 任选一个铁道运输管理(中级)专业岗位,试对其关键能力进行分析。

4 铁道运输管理专业的媒体和环境创设

在信息传播过程中,媒体是指承载、传输与控制信息的材料和工具的总称,包括报纸、书刊、广播、电影、电视、电话、广告牌、图片、幻灯机、投影仪、录音机、录像机、电子计算机等以及与各种机械相配套使用的盘、片、带等等。当媒体被引进教育教学领域,承载、传递和控制教育教学信息,并介入到教与学的过程中时,我们就把它叫做"教育媒体"或"教学媒体"。环境是指人生活于其中,并能影响人发展的一切外部条件的综合,这个外部条件既包括人生活在社会中的物质条件和社会关系的综合,也包括人们赖以生存的自然条件的综合。人们通常把一切可用于教育教学的物质条件、自然条件以及社会条件的综合称为教学环境。通常还把各种各样的媒体环境与教学环境结合在一起统称为教学资源环境,即教学资源。教学媒体和教学环境在教学活动中发挥着重要的作用,良好的教学媒体和教学环境可以使教学传递更加标准化,教学方式更加灵活,教学活动更加生动有趣。对职业技术教育的任何一个专业,教学媒体和教学环境创设都是教学组织的重要组成部分,教学媒体和教学环境直接影响甚至决定职业教育的教学活动实施过程以及所取得的成果。

 ## 4.1 铁道运输管理专业的典型教学媒体

教学媒体是指在学习或教学过程中用于传递、存储教学信息的物质工具或载体。教学媒体通常分为传统教学媒体和现代教学媒体。传统教学媒体有教材(包括教辅资料)、黑板(白板)、张贴板、模型、实物、挂图(表)等;现代教学媒体又分视觉媒体、听觉媒体、视听组合媒体和多媒体包括承载着教学信息的各种教学片带和教学应用软件。随着科学技术的高速发展,使得教学媒体的质和量在很大的程度上都得到了丰富和提高,教师可以用于传递教育信息的手段越来越多,越来越贴近实际;学生能够通过更多媒体扩展而形成的广泛渠道,获得更大范围的学习经验。运用媒体进行教学不仅可以节省板书时间,加快知识传播速度,而且教学内容可以不受时空限制,增大信息的传播量,能紧密地结合专业实际,形象、直观地促进学生集视、听、触、嗅等各种感知器官协同作用,增强教学感染力,提升教学效率,从而提高课堂教学效果。

4.1.1 专业教学媒体的选用

在职业技术教育中,教学媒体的使用已经越来越广泛。从模型、实物、挂图到教学录像、软件模拟或仿真教学,专业教学媒体内容越来越丰富、技术含量越来越高。专业教学媒体不仅可以促进学生掌握本专业相关的知识,而且可以促进学生学会实际操作。专业教学媒体为提高专业教学有效性提供了有力的技术支持。职业教育过程教学媒体的正确选择和运用,需要建立在充分遵循职业教育的教学原则的基础上,教师应该了解与教学内容有关的教学媒体以及多种教学媒体的组合的可能性,并能够对其系统的加以归纳和整理,了解各种教学媒体的不同使用方法,还应该了解各种教学媒体所能产生的最佳效果。在选择使用教学媒体时,教师要有清晰、明确的目的,并掌握灵活使用教学媒体的原则,积极主动地学习和了解专业有关教学媒体的新信息。

4.1.1.1　教学媒体的选择

教学媒体的选择应该综合考虑教学目标、学习任务、学生特点、教学媒体的教学功能与特性等因素,不要盲目和刻意追求现代教学媒体。现代教学媒体具有其明显的技术优势,但如果使用不当同样不能提高教学效果。传统教学媒体并不等于就是落后的,比如在铁道运输专业的"铁路运输设备"课程的"车辆构造及运用"内容教学中,使用示教板结合挂图除了可表现其内部结构外,还可增强学生的识图能力。现代教学媒体与传统教学媒体各有千秋,只有科学合理地选择使用,才能充分发挥教学媒体的作用,达到良好的效果。专业教学媒体的选择应从以下五个方面考虑:

1. 根据不同课程的教学目标选择

不同专业课程有其不同的教学目标,选择使用恰当的教学媒体,可以使学生通过该课程的学习,产生的行为变化更为明显。如在"铁路行车组织与管理"课程的"牵出线调车作业程序及方法"的教学中,如果仅仅依靠教材中的插图和实物模型、挂图不能形象地、直观地显示牵出线调车作业的车组溜放的过程,学生较难理解推送、单组溜放、连续溜放调车作业的特点和作业方法。如果使用多媒体教学课件,动态显示其各种车组溜放的过程,结合铁路运输仿真教学系统演示,学生容易理解了。

2. 根据不同特点的教学对象选择

职业学校的教学对象生源比较复杂,存在着不同地域、不同的社会背景,他们的知识、技能起点各不相同。在围绕教学重点和难点的前提下,教师要针对不同的教学对象,选择采用不同的教学媒体,调动学生的积极性,激发学生的兴趣,帮助学生理解、记忆和掌握。例如,铁路企业,每年都要接受安置为数不少复退军人充实职工队伍,学校要为他们开展岗前培训,教师需要承担专业教学任务。初中毕业起点的三年制学生与复退军人岗前培训的学员培训就不是同一起点教学对象,他们的基础知识和理解能力不同,社会经历不同、知识、技能起点和经验不同,因此,教师要根据具体对象,有区别地选择教学媒体,并在教学中有不同侧重面地使用教学媒体,使得教学媒体运用达到事半功倍的效果。

3. 根据教学媒体的特征和功能选择

每一种媒体都具有各自的特点和功能,它们在色彩、立体感、动静态、音响、可控性以及反馈机制等方面都不相同,因此呈现教学信息的能力和功能也不完全相同,教师选择时要尽可能地预计其使用效果。例如,"铁路货运组织与管理"课程中"装载方案设计"教学,制定某罐车运输方案,可以根据实物模型和挂图进行测量,实物模型和挂图可以展示重量、尺寸特征,通过配合三维动画的多媒体课件反映内部结构剖面,几种媒体组合使用,充分集中各种教学媒体的优势,增强学生的记忆,加深学生的认知程度,远比只用一种媒体的教学效果好。

4. 根据获得媒体的难易程度和使用媒体的效益及成本选择

教师在选择媒体时,还要考虑在职业学校自身的因素,诸如学校现有条件下能否获得媒体、制作成本与达到的效果相比是否有意义(性价比)等等。在能够达到教学目标的前提下,尽可能选择简便易行、成本较低的教学媒体。如仅需静态显示物体结构的,使用挂图比多媒体更经济、实用。又如服务性的职业岗位技能教学通过现场拍摄标准规范实况,使用教学录像更加有效。另外,还应考虑教师自身教学工作量与获得媒体所付出的时间长短之比。例如"铁路客运组织与管理"课程中"客运服务工作组织"的教学,拍摄车站客运工作实况录像,结合《铁路旅客运输规程》、《铁路旅客运输办理细则》、《铁路旅客运输服务质量标准》等铁路规章进行教学更经济合理、简便易行而且制作成本比较低。

5. 熟悉所选择媒体的内容、特性和操作规程

专业教师对所选择的媒体不仅要充分了解其结构特点、操作规程、使用说明和软件配置情况，要明白是否有资格准入限制（如有些电气操作台操作时要有电工上岗证），还要弄清楚操作使用是否复杂、维护难度是否高等情况。教师要熟悉所选择媒体的内容，充分利用其功能、特性、掌握小故障维修等常识。如实物视频展台是由数字摄像机摄制成像，小的实物拆装示范时，后排的学生看不到或看不清，可以在实物展台上拆装，通过数字投影机放大投射到屏幕，使所有的学生都能看清。例如铁道运输管理专业的"微机监控的 6502 电气集中教学仿真控制台系统"，在控制台上可以办理正常情况和非正常情况下的接发列车及调车，并可以设置故障和模拟机车运行。联锁仿真软件是按照 6502 电气集中联锁系统的联锁，联锁仿真软件的界面按照车站控制台布置，操纵方法与实际现场一样，作为专业教师在使用本系统时必须要熟悉该系统的基本知识、操作使用说明和维护常识，同时还要熟悉使用时容易发生的小故障维修技术，只有这样才能很好发挥其真正的教学功能。

4.1.1.2　教学媒体的获得途径

1. 充分利用本校现有的媒体

教师应该充分利用本校现有模型、实物、挂图、录像带、教学 VCD 和实验设备设施，充分利用相关网站中远程教育课件，充分利用本校现有实训基地资源，既可以节省教师制作媒体的时间，又能节约学校的办学成本。

2. 增加投入不断完善和更新

职业学校每年应该增加必要的投入，逐步完善和更新教学媒体。对专业课程中需要而没有配备的尽可能购置配齐，对原已配备但有缺损的要及时修缮，对内容或技术落后的应及时更新。

3. 根据需要自制或协助制作

铁道运输管理专业教师可以利用铁路运输企业现场旧的设备零件及总成件解剖制作教具；可以去火车站收集各种票据单证用于客运、货运实物教具；可以用 CAD 绘制各种购买不到的挂图；可以去车站拍摄各种场景、设备、物品的照片制成课件、去技术站一线摄制各种技能操作教学录像带等用于教学。对于教学模拟设备和仿真软件，教师可以设计编程制作或者请现场技术人员协助制作，如果制作技术含量高难度大的，还可以请高校技术人员协助制作。对于教学中需要使用的系列多媒体课件，如果媒体制作复杂，工作量较大时，可分工制作或教师设计请其他相关技术部门协助制作，也可以与其他单位共享资源。同时，软件开发注意教学软件的选题原则：针对教学内容的重点、难点的原则，即价值性原则；适用于现代教学媒体来表现的原则，即声像性原则；在技术上和经费上有能力承担的原则，即可行性原则；还要注意不重复开发原则。

4.1.1.3　教学媒体的使用

教学媒体的使用是否得当，与教学媒体的选择具有同样的重要性。教学媒体使用时应考虑该媒体使用是针对什么知识点，使用后有助于达到什么样的教学目标，要考虑教学媒体应在何时使用，时间是怎么分配的，还有起到情景创设、过程显示、示范操作还是演示验证的作用，以及媒体使用时应该注意哪些问题。

1. 应用教学范围

教学媒体通常用于课堂教学、示范教学和训练教学。课题教学有整堂代讲式、片段插入助讲式(辅助式教学)。示范教学一般是用符合标准规范内容的录像带或电脑动画技术进行教学。训练教学由学习者依据录像带提供的内容和计算机应用软件(人机交互)进行反复训练学习。

2. 主要使用方式

讲解、演示、模拟实操、总结评价,这是职业教育的模块化专业教学常用的方式。在一些技术作业流程、部件原理及构造教学中,先讲解其作业标准、工作原理及组成,其次用教具或多媒体课件演示其内在关系,教师示范或拆卸、组装该部件,再由学生自己模拟操作,最后由对整个教学活动及学生的学习情况进行概括总结评价。

如"铁路行车组织与管理"课程的"正常接发列车"内容教学,因为接发列车是车站行车工作的基本内容,保证不间断地接发列车、严格按运行图行车,是车站的基本任务之一,也是列车运行安全正点的重要保证。为保证车站接发列车的安全,必须严格执行《技规》、《行规》、《站细》等有关规定,严格执行铁道部《接发列车作业标准》规定的程序和用语。学生要学习掌握接发列车作业也必须熟悉掌握有关规定和作业标准和程序,掌握闭塞设备的使用功能。不同的闭塞设备接发列车办法各不相同,目前我国铁路基本闭塞设备主要有三种:半自动闭塞、自动闭塞、自动站间闭塞。半自动闭塞设备的车站,联锁设备有两种:集中联锁和非集中联锁。不同联锁设备,办理进路的方法不同,集中联锁设备可在行车室通过控制台操纵实现道岔位置的自动转换,而非集中联锁设备则需通过人员现场扳动道岔实现道岔的转换。教师在教学中先运用PPT展示车站接发车作业标准及主要程序,在黑板上画出甲、乙站示意图,并标画列车进行讲解,再播放一段列车进、出车站的录像画面,展现列车进、出站及在区间运行的过程提出问题引导学生进行探究分析,然后对照实物设备或模型讲解半自动闭塞设备特点,闭塞机、轨道电路、出站信号机之间的联锁关系,出站信号机开放条件,轨道电路的设置以及正常情况下列车占用区间的行车凭证及发凭证根据,还有事故按钮的使用要求及使用时机等,再一次介绍接发列车作业标准和接发列车作业程序及用语。通过讲解、演示、联系、总结将大量案例和观察综合在一起,并引导学生结合录像或创设的教学情景进行模拟接发列车练习,师生合作按照"单线半自动闭塞电气集中联锁车站正常情况接发列车作业标准"模拟办理一次接车作业过程,办理一次发车作业过程,创设职业岗位情境。最后对整个教学活动和学生的学习情况进行概括总结评价,针对学生扮演角色岗位的技能,提出问题让学生讨论,题目可以选自铁路职业技能鉴定参考丛书的相关试题。

3. 使用注意事项

运用现代教学媒体,可以把抽象的知识点形象化,用电脑动画技术,把抽象的问题转为具体的表象,同时配以适当的文字、数据,形象而生动地体现出来。通过眼看、耳听和案例分析,让学生观看影视片剪辑及职业现场录像,在播放过程中,不时提出一些问题让学生来抢答,利用现代教学媒体的交互性,充分发挥学生的主体作用。教学媒体使用,教师要注意课前进行教学设计,不要过分地依赖现代教学媒体,即使使用多媒体课件也应使用白板或黑板进行必要的板书。根据职业学校的学生实际情况,板书时间正是留给学生思考的时间。教师要注意控制好传授知识的速度和信息量,针对职业学校学生的特点,教师可以通过控制语速解决因使用教学媒体带来的传授知识太快、学生理解不了的问题。通过多作解释、反复刺激解决因传授信息量太大导致的职校学生接受不了的矛盾。教师在使用教学媒体时,要注意避免固定的位置或姿势不变,要充分使用肢体语言和音调变化,增强感染力,吸引学生的注意力。多媒体课件的色彩反差要明显,还应注意有些投影机的色彩失真的问题,还要注意字号要根据教室墙面的长宽尺寸做适当调整,避免后排学生看不清晰,造成视觉疲劳。

4.1.2　铁路运输仿真教学系统

随着科学技术的进步,我国铁路现代化建设取得了飞速发展,通过新建和对既有铁路的技术改造,大量采用了新技术、新设备、新工艺、新材料,特别是计算机技术的运用和发展,使铁路运输设备和信号技术发生了根本的变化。铁路运输仿真教学系统就是适应铁路的发展趋势,开发的铁道运输专业典型的教学媒体之一。铁路运输仿真教学系统是在铁路线的一个调度区段内列车的活动,涉及区间运行车站接发车及调车作业和调度指挥多方面的环节并通过列车运行将相关各作业环节紧密联系在一起。为了能安全正点高效地按照列车运行图组织列车运行,要求车站行车人员和调度人员不仅能熟练操作设备以办理各项作业,而且必须团结协作、密切配合,科学迅速地进行计划与决策。职业学校运用铁路运输仿真教学系统开展教学活动,形象逼真地展示铁路现场的列车运行控制场景,有助于学生尽快熟悉和掌握正常情况下和非正常情况下的接发列车及调车作业,有利于提高学生实际操作技能,从而提高教学效果。下面以浙江师范大学交通学院的"运输仿真教学系统"为例,说明"铁路运输仿真教学系统"组成以及使用功能。

4.1.2.1　系统组成

铁路运输仿真教学系统由一套沙盘、一台联锁控制器、两个微机联锁终端和一套驼峰出发场操纵台组成。该系统由中南大学交通运输工程学院设计开发。

铁路运输仿真教学系统沙盘由中间站、到达场、编组场、机务段、两个出发场和内、外包线构成一个闭环式接发列车演练环境,中间站、到达场两个站场和内、外包线采用微机联锁控制,机务段、编组场和出发场采用驼峰、出发场操纵台控制。区间采用单向四显示自动闭塞。沙盘模型的沙盘上道岔、信号机、轨道电路与现场一致。道岔的操纵、信号机的开关均由微机直接操作。用遥控机车模仿列车的运行,轨道电路即具备逐段三点自动解锁也具备一次解锁。编组场、出发场上含有减速设备。沙盘上配有站台、站舍、桥梁、隧道、涵洞,各种线路、信号标志齐全。铁路运输仿真教学系统站场布置图如图 4.1 所示。

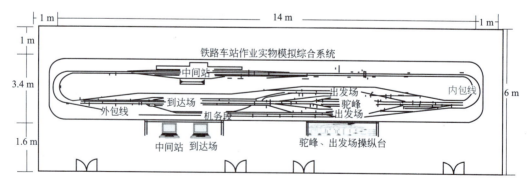

图 4.1　铁路运输仿真教学系统结构设计图

4.1.2.2　系统使用功能

铁路运输仿真教学系统沙盘构成一个闭环式接发列车演练环境。站场设置中,其区间采用 6 个闭塞分区,设 5 架区间通过信号机,信号机约 280 架,道岔 145 组,轨道区段约 400 个,道岔动作时间小于 2 s,动程 4 mm。沙盘上配置的机车 3 台,车辆 20 节,其中客车 4 节,货车

12 节,货车包括敞车、棚车、罐车、平车等,可以仿真模拟列车运行,列车运行速度设为两挡,快挡 0.2 m/s,慢挡 0.1 m/s;站场系统中,布有牵出线、货物线、专用线、安全线,道岔设有单动道岔、双动道岔、对称单开道岔、平交道岔和中岔道岔,轨道电路设有道岔区段、股道区段、无岔区段、无轨道电路区段和区间区段,信号机设有进站五显示、高柱四显示出发、矮柱四显示出发、调车、区间四显示、车站发车表示器和驼峰信号机,可以模拟接发列车作业和各种情况下的调车作业。

联锁控制器模拟实现现场的联锁机功能,接收微机联锁终端的控制命令来控制信号机的显示和道岔的转换,并实时将沙盘上轨道电路采集到微机联锁终端。微机联锁终端上运行微机联锁教学仿真系统,用来完成站场的微机联锁功能的仿真控制,并通过联锁控制器与沙盘上的信号、道岔和轨道电路进行双向控制。

微机联锁教学仿真系统具有与现场计算机联锁的站场显示图形完全一致的站场图形模拟显示;具备办理列车进路、调车进路、引导进路、推送进路、引导总锁、单操道岔、单锁道岔、封闭道岔、取消进路、人工解锁进路、区段故障解锁、中岔解锁、中途返回解锁、站场间接发车作业等微机联锁的各种功能以及各种常见故障的仿真。

驼峰出发场操纵台用来实现编组站上的列车的解体和驼峰调车作业,出发场上的列车到达和出发作业。编组站和出发场上的所有道岔、信号机不采用联锁条件控制,并不与相邻站发生联锁关系,采用驼峰出发场操纵台进行控制。所有道岔均能手动转换,所有信号机均能进行颜色转换,能够手动控制驼峰信号机的开放,缓行器能手动演示,调车场 1、2 股道调速采用减速器和减速顶示意,其他为缓行器示意。

系统具体功能有:排列列车接车发车进路、通过进路;排列长调车进路、短调车进路;排列推送进路;排列列车、调车八字变通进路;进路锁闭方式开放引导信号;全咽喉锁闭方式开放引导信号和进路锁闭时办理重复开放信号;取消已办理好的进路或错误操作;延时解锁有车接近的进路;道岔单操、单锁、单解、封闭;通过微机办理半自动闭塞、取消闭塞和办理场间联系;开放非进路调车信号;接通光带检查道岔位置;列车、调车进路分段三点解锁;中途返回解锁、中岔区段延时解锁和推送进路一次性解锁;区段故障解锁;通过故障解锁关闭信号等。

学生可通过铁路运输仿真教学系统进行在正常情况下和非正常情况下的选路、接/发列车、调车作业及各种故障情况下的应急处理等操作练习,达到提高学员的熟练操作水平和应急处理能力的目的。

整个铁路运输仿真教学系统沙盘如图 4.2 所示。

图 4.2　铁路运输仿真教学系统沙盘

4.1.3 铁路列车接发与调度教学模拟系统

铁路列车接发与调度教学模拟实验系统与铁路运输仿真教学系统不同,它是利用计算机、网络集线器(交换机)和局域网络等设备,通过网络平台运用教学模拟系统软件开展教学活动。下面以浙江师范大学交通学院的"铁路列车接发与调度教学模拟系统"为例,介绍系统组成及功能、系统配置和使用。

该系统由北京交通大学国家重点实验室设计开发。为学生提供一个双线自动闭塞下正常与非正常条件下接、发列车以及列车运行组织的实验环境,让学习者以"列车调度员"、"车站值班员"或"信号员"等身份参与模拟系统的行车组织工作,使其获得行车指挥与接发列车工作各个作业环节的感性认识。通过模拟实验,帮助学习者熟悉设备操作及有关规章,了解调度指挥及列车运行调整工作。

4.1.3.1 系统组成

铁路列车接发与调度教学模拟系统如图 4.3 所示。

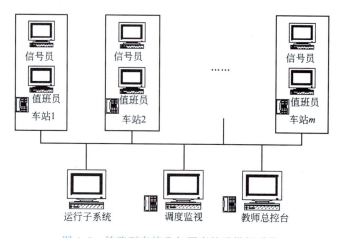

图 4.3　铁路列车接发与调度教学模拟系统

4.1.3.2 系统功能

铁路接发列车与调度教学模拟系统由车站作业过程仿真系统、调度监视仿真系统、列车运行仿真系统、教师控制系统和模拟参数维护系统组成。具体功能介绍如下:

1. 车站作业过程仿真系统

系统实现车站值班员以及信号员的工作环境仿真,信号员的工作环境主要为车站联锁控制台的仿真界面,车站值班员的工作环境主要为查询车站现车以及制订计划,下达指令的界面。系统主要实现以下功能:(1)排列各种列车进路、长调车进路、短调车进路;(2)办理列车的通过;(3)延续进路的排列和延时解锁;(4)列车进路和调车进路的 3 min 和 30 s 延时解锁;(5)列车进路和调车进路的取消;(6)道岔的单独操作和单独锁闭;(7)车站联锁逻辑仿真;(8)道岔、轨道区段、信号机故障的设置;(9)站内列车和本站作业车的查询;(10)调车计划的编制与下达;(11)进路式引导方式接车;(12)凭绿色许可证、红色许可证或路票,手信号发车;(13)摘挂列车在中间站的摘挂作业;(14)简单的区段站列车解编的仿真;(15)车站作业的自动/人工相互转换。

2. 调度监视仿真系统

系统主要对车站及区间中列车走行情况、设备状态等进行监视,为调度调整提供参考依据。系统主要实现以下的功能:(1)车站轨道区段、信号机状态的复视;(2)区间通过信号机状态的复视;(3)列车追踪;(4)列车机外停车的提示显示;(5)对某一车站的进路进行控制;(6)设置某一车站为自动/人工。

3. 列车运行仿真系统

列车运行系统主要用于管理进入模拟系统的在线列车,并通过对软件列车的跟踪,判别列车活动发生的时间与状态条件,处理所发生的活动,实现列车运行动态的描述,据此推进整个系统的模拟进程。系统主要实现以下的功能:(1)根据列车运行图自动生成仿真列车;(2)区间闭塞逻辑仿真;(3)信号故障仿真;(4)实绩运行图的自动铺划。

4. 教师控制系统

系统主要协助指导教师对整个实验系统进行管理和控制。主要实现以下功能:(1)实验系统的初始化,包括初始时刻、模拟时钟比例等设置;(2)对任意车站设置自动/人工状态;(3)实现对车站、区间的设备状态的全面复视;(4)实现列车追踪;(5)车站、区间的道岔、信号机、线路故障的随意设置;(6)对区间、车站数目的随意增减;(7)对区间、车站线路配置的随意更换;(8)对列车运行图的随意更换。

5. 模拟参数维护系统

模拟参数输入与维护系统主要提供若干个双线自动闭塞区段实验对象以及基础的模拟用参数,具体功能如下:(1)车站配置图形的绘制;(2)车站联锁表的生成;(3)区间信息的输入和维护;(4)列车运行图的输入和维护。

铁路接发列车与调度教学模拟系统如图4.4所示。

图 4.4　铁路接发列车与调度教学模拟系统

4.1.4　铁路行车调度指挥系统

铁路运输调度的基本任务是合理使用运输设备,保证完成运输生产任务及各项技术指标,保证车流正常分布。因此运输调度系统主要通过制订计划安排运输生产,通过对运输生产状态的监督,掌握运输生产实际情况,发现问题并及时制定运输调整措施,以预防或消除运输生产过程可能或已经发生的困难。目前,铁路行车调度指挥应用的系统主要包括:调度指挥管理信息系统(Dispatch Management Information System,DMIS)、列车调度指挥系统(Train operation Dispatching Command System,TDCS)及分散自律调度集中系统(Centralized Traffic Control System,CTC)。

4.1.4.1 铁路行车调度指挥系统简介

1. 调度指挥管理信息系统

DMIS 是一个采用现代计算机技术、网络技术、通信技术、多媒体技术及数据库技术,并将上述技术与铁路信号技术的特点相互融合,把传统的以车站为单位的分散信号系统逐步改造成为一个全国统一的网络信号系统,构成一个覆盖全国铁路的大型计算机网络,实现全国铁路系统内有关列车运行、数据统计、运行调整及数据资料的数据共享、自动处理与查询,从而最终实现对全国铁路运输的集中监视的指挥。

2. 列车调度指挥系统

TDCS 是采用各种新技术与铁路信号技术的特点相互融合,把传统的以车站为单位的分散信号系统逐步改造成为一个全国统一的网络信号系统,由提高安全效率向提高运输效能转变,由单一功能向综合功能转变,由模拟传输向数字传输转变,由手工绘制向辅助及自动绘制转变;通过建立一个融先进通信、信号、计算机网络、数据传输、多媒体技术为一体的现代化信息系统,为各级调度人员提供先进的调度指挥和处理手段,提高应变和处理能力,减少调度人员通话和手工制表数量,改善调度指挥人员的工作条件。

TDCS 实现对列车在车站和区间运行的实时监视,动态调整、自动生成列车运行三小时阶段计划,实现列车调度命令的自动下达和实绩运行图的自动描绘,实现分界口交接列车数、列车运行正点率、行车密度、早晚点原因、重点列车跟踪等实时宏观统计分析并形成相关统计报表;为各级调度人员提供列车的动态运行情况,便于机车合理调配,提高运输能力和安全程度;显示铁路路网、沿线线路、车站、重要列车和救援列车分布等主要信息,为铁路事故救援、灾害抢险、防洪等提供决策参考。

铁路局调度直接指挥车站运行,是调度指挥的核心层,该层由高性能的数据库应用服务器、连接车站的通信服务器、调度工作站、网络设备、功能终端、数据库等构成,在调度大厅内,设置有大屏幕投影显示墙,提供宏观运行状态,以及运行统计数据、列车实际运行位置、车次跟踪等。铁路局 TDCS 系统接收各站的现场行车信息、列车信息,下达指挥信息和计划信息(阶段计划、调度命令等),并向上级系统提供基础信息。车站为 TDCS 的基础信息采集处理层,它由车站 TDCS 采集分机、车站车务终端、网络设备构成。它从信号设备及其他设备上采集有关列车运行位置、列车车次输入校核及跟踪、信号设备状态等相关数据,并将上述数据传送到铁路局,同时实现站间透明,实现车站运输统计报表的自动生成。

3. 分散自律调度集中系统

CTC 是调度中心(调度员)对某一区段内的信号设备进行集中控制、对列车运行直接指挥、管理的技术装备。CTC 采用计算机分布式网络控制技术、信息化处理技术,采用智能化分散自律设计原则,以列车运行调整计划控制为中心,兼顾列车与调车作业的高度自动化的调车指挥系统。其工作原理是:将列车运行调整计划下传到各个车站自律机自主自动执行;在列车运行调整计划的基础上,解决列车作业与调车作业在时间与空间上的冲突,实现列车和调车作业的统一控制。

我国铁路的 CTC 是在 TDCS 平台基础上建立的、集调度指挥管理与控制一体的调度指挥系统,由调度中心、车站和调度中心及车站之间的网络三部分组成。CTC 调度中心设备主要包括数据库服务器、应用服务器、调度员工作站、助理调度员工作站、值班主任工作站、控制工作站、计划员工作站、表示墙、综合维修工作站、网络设备、电源设备、防雷设备、网管工作站、系统维护工作站等,实现进路自动控制、列车运行监视、运行计划编制、运行图铺画与调整、列车追踪、列车采点和绘制列车实绩运行图、调度命令管理等功能。CTC 车站子系统主要设备包括车站自律机、车务终端、综合维修终端、电务维修终端、网络设备、电源设备、防雷设备、联锁系统接口设备和无线系统接口设备等。车站自律机实时接收车站信号设备状态表示信息，进行列车车次号跟踪，收集行车运行实际数据，并上传至调度中心；能接收调度中心的列车运行调整计划和调车计划、直接操作命令，经检测判断后自动执行。车务终端采用双机热备冗余配置，主要完成车站的站场显示、计划浏览签收、调度命令浏览签收、站存车输入显示、列车编组顺序的生成、调车进路的人工直接操作、本站及邻近站的列车运行图显示功能。

4.1.4.2 铁路行车调度指挥系统功能

行车调度指挥系统是 CTC 的重要组成部分，其载体是设置在调度中心的各服务器和工作站。FZj－CTC 型分散自律调度集中系统的行车调度指挥系统是北京交通大学交通运输学院多年科研开发的成熟系统。该系统可提供给调度所内的值班主任、计划调度、行调等不同调度工种使用。利用 CTC，相关调度人员可以完成日班计划制订、行车调度指挥、运行实绩图输出历史数据查询、基本图浏览等功能。相关调度人员可通过该系统完成主要日常工作。CTC 提供了方便的操作方法、快捷的通信手段以及高效的智能辅助调整功能，能有效减轻调度员的工作强度，使调度员能有更多的精力及时间投入到调度方法的优化等工作中去，提高调度工作的效率。

行车调度指挥系统实现列车运行调整的任务，必须完成以下工作：(1)列车运行调整计划的制订和实绩运行图的绘制；(2)根据现有的基本运行图、日班计划、已收集的各种资料和列车实绩运行情况编制阶段计划并绘制实绩运行图；(3)日班计划的接收；(4)阶段计划的下发。铁路行车调度指挥系统的硬件配置和使用环境要求，可以与铁路接发列车与调度教学模拟系统的要求基本相同，可以实现共享，不需另外在配置。

4.2 铁道运输管理专业的教学环境创设

教学环境是一种特殊的环境；是教学活动必不可少的前提条件，它对教师的"教"与学生的"学"产生广泛的影响，尽管这种影响有时只是间接的、潜移默化的，但却不能忽视它的重要性。学生的学习动机的发展、学习效率的高低、思想素质和身体素质的发展都深刻地受到教学环境的影响。概括地说，教学环境是学校开展教学活动所必需的各种客观条件的综合，是按照培养人、造就人的特殊需要而组织起来的。现代职业教育的教育观认为，学习过程的组织是社会组织的子系统，职业教育学习过程的组织经历着企业工作岗位式的学习、学校理论主导式的学习、学校实践主导式的学习、校企合作主导式的学习。因此，职业教育的教学环境就是根据职业教育的教学目标要求，为开展各种职业活动、培养学生专业技能和职业核心能力所需的各种教学条件的综合。职业教育的教学环境主要包括专业教学环境、职业活动导向教学环境和校外实习基地。

4.2.1 专业教学环境的创设

职业教育的培养目标确定之后，为了科学、经济和高效地实施教学，达到既定的教学目标，需要创设科学合理的专业教学环境。专业教学环境包括教学软环境和教学硬环境。专业教学软环境包括工作程序与技能组合分析等。工作程序分析是指对实际工作中，技能使用前后顺序进行的分析与排序。技能组合是指工作中，为完成某一综合性任务而需要的技能的全部。

技能分析是指列出本技能的全部操作步骤与活动内容必需、够用的理论知识、工作态度、考核评价标准用到的设备、工具、材料和人员安全须知等。教学指导书、设备操作手册、应用软件等,也属于教学媒体的范畴。本书在教学媒体内容中已经作过较详细的阐述,这里不再重复。职业教育的专业教学硬环境主要包括专业教室、实习实验场所等。

4.2.1.1 专业教室

专业教室按照基于“理论与实践结合”的教学模式的特点设计的,又叫“理实一体化教室”。它的特点是:将专业理论教学与实践教学融合在一起,室内各种教学媒体不仅便于教师使用,也能给学生使用,教师在教学活动中起指导作用。各种教学媒体安排在室内四周的不同区域,以方便取用。理实一体化教室是职业教育教学改革的产物,对创新和应用职业教育教学新模式,促进教学改革等都有重要的意义。

1. 创建专业教室的宗旨

专业教室的创建要以培养学生的技术应用能力和岗位适应能力为切入点,确立“一创新”、“二渗透”、“四结合”的指导思想。“一创新”是指专业课程模式创新;“二渗透”是指理论教学与实践训练相渗透,实践教学与岗位培训相渗透;“四结合”是指多种教学形式相结合,多种考核方法相结合,专业课教学与技能实操相结合,新技术、新工艺讲座与虚拟演练相结合。

2. 专业教室的布局

专业教室的布局设计要有利于营造良好的专业学习气氛、反映专业的主流技术、便于实现理论与实践的密切结合为主要目标。

专业教室的设计根据专业的不同一般要可容纳24~48名学生同时学习,学生有一定的操作空间和活动空间。专业教室布局如图4.5所示。

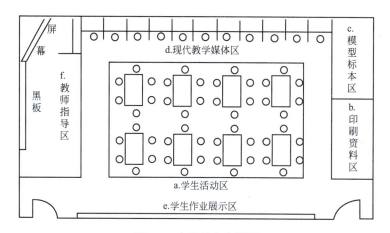

图 4.5　专业教室布局图

(1)学生学习活动区:它被安排在教室的中央,桌椅摆设要便于个别化学习和小组协作学习。可以根据学生数做适当的调整。

(2)印刷资料区:摆设有专业教学需用的教辅资料,图片、挂图、技术手册、铁路规章、各种用表、票据等。

(3)模型、标本区:有各类设备实物、仪器、仪表、模型等。

(4)现代教学媒体区:有幻灯、投影、录像、DVD等现代化教学设备,还有计算机、打印机、应用软件及专业主流技术的仿真设备。

(5)学生作业展示区:学生作业可写于黑(白)板上,或用纸打印或书写后,张贴在板报栏上。

(6)教师指导区:备有黑板(白板)和各种呈现教学信息的媒体与工具,便于教师作指导性的讲授。

另外在教室一角设有教师专用的办公桌和相应的教学资料,便于教师准备教学和接受学生咨询,指导学生学习活动的正常进行。

例如,在"货物运输专用教室",现代教学媒体区既配备了多媒体等现代化教学设备,可以播放货运作业标准的录像,介绍铁路运输的法律法规和有关实施细则,又配备了体现专业主流技术的仿真设备系统如打印机、计算机及编制中转配装计划软件、计算机制票软件;模型标本区配置超长、集重、超限货物及车辆模型、钢卷尺、水平尺、铅锤等;印刷资料区配备了各类运单、货票、运杂费收据、货物运输图纸、计划、记录、货流资料等,既营造了铁路货物运输组织管理常规的理论教学环境,又提供了真实的操作现场,既能完成办理货物承运等作业流程,又能对整个作业流程进行评价。在这样的教室上课,学生能够真正地掌握专业的新知识和新技术。

3.专业教室的功能

专业教室功能主要体现在以下几个方面:

(1)配置体现专业主流技术的关键设备,培养学生的技术应用能力

技术应用能力是职业教育培养目标的核心,是设计专业教室的切入点。在专业教室配置体现专业主流技术的关键设备,能够给学生营造良好的企业氛围,不仅有利于学生理解设备的操作原理,还能够提供机会,让学生掌握设备的操作、检修和维护技能。学生在专业教室经过专业技能训练,能够比较全面地掌握专业的主流技术和核心能力,实现与就业岗位的零距离。铁道运输管理专业的主流技术与专业教室中关键设备对应关系见表4.1。

表4.1　铁道运输管理专业的主流技术与专业教室设备对应关系

类　别	主流技术	关键设备	专业教室
铁路行车组织与管理	接发列车	微机联锁控制台,机车模型,调度监督设备;调度无线电话,集中电话,各站电话;子母钟等	接发列车与行车调度专用教室
	调车作业	集中电话,小电话,货票架,算盘、微机、打印机、模拟实际的调车作业时间标准、到达列车编组顺序表及货票、18点现在车资料、模拟站技术作业表、调车作业通知单、列车编组顺序表	行车组织专用教室
	车号及统计	集中电话,小电话,货票架,算盘、微机、打印机、模拟实际的调车作业时间标准、到达列车编组顺序表及货票、18点现在车资料、模拟站技术作业表、调车作业通知单、列车编组顺序表	行车组织专用教室
	行车调度	微机联锁控制台,机车模型,调度监督设备;调度无线电话,集中电话,各站电话;子母钟,广播设备	接发列车与行车调度室实验室
	行车安全	铁路接发列车与调度教学模拟系统	接发列车与行车调度专用教室
铁路客运组织与管理	车站客运	电脑制票机、常备票发售系统、各种票据和记录用表、计算机、打印机等	旅客运输专用教室
	列车客运	电脑制票机、常备票发售系统、各种票据和记录用表、计算机、打印机等	旅客运输专用教室
	行包运输	行包制票机、运单、各种票据和记录用表、计算机、打印机等	旅客运输专用教室

续上表

类　　别	主流技术	关键设备	专业教室
铁路货运组织与管理	普通货物运输	运单、货票、运杂费收据、计算机及编制中转配装计划软件,机制票软件;货物运输图纸、计划表、打印机、货运戳记等	货物运输专用教室
	特殊货物运输	超长、集重、超限货物及车辆模型;钢卷尺、水平尺、铅锤等;打印机、货运戳记、运单、货票、运杂费收据、计算机及编制中转配装计划软件,机制票软件	货物运输专用教室
	货运核算	运单、货票、运杂费收据、计算机及编制中转配装计划软件,机制票软件;货物运输记录图纸、计划表、打印机、货运戳记等	货物运输专用教室
	货运安全及检查	多媒体设备、事故案例录像;货运记录、普通记录等	货物运输专用教室
铁路运输设备	线路、信号、站场	带电锁器联锁控制台、带小站电气集中控制台、带大站电气集中联锁控制台、自动闭塞设备,半自动闭塞设备	铁路运输设备专用教室
	铁道车辆	冷藏车模型、罐车模型、平车模型、凹型车(16轴)模型、敞车模型	铁路运输设备专用教室
	铁道机车	转向架模型、车底架模型、轮对模型、车钩、轴箱、列车制动装置示教板	铁路运输设备专用教室

(2)满足培养职业核心能力的要求,提高学生的实操能力和团队协作精神

在专业教室进行教学活动,不仅能够让学生掌握关键设备的使用,而且能够给学生提供学习机会,学生需要根据专业课程的要求以及实验设备情况,对铁路运输生产过程进行组织管理,发挥各个岗位的作用,培养学生相互协作的团队精神。

(3)借助仿真模拟实际生产过程或作业流程,提高学生的岗位适应能力

由于受到空间和设备规格及数量的限制,某一个专业教室不可能配备专业技能所需的全部设备。为了能够让学生了解生产或工作的全过程,仿真教具或教学软件成了专业教室必不可少的一部分。借助仿真教具或教学软件,模拟实际生产过程或作业流程,可以提高学生的岗位适应能力。

(4)通过虚拟工作场景和工艺,培养学生的设计和创新能力

职业教育要体现其先进性,职业教育要注意学生设计和创新能力的培养。在专业教室配备各种层次的软硬件资源,鼓励学生积极动手、动脑,有利于培养学生的超前意识,通过计算机虚拟现实技术,培养学生的设计和创新能力,为实现人才培养模式的现代化创造条件。

专业教室是职业学校经过功能改进和扩充的教室,可以看作是一个教学车间,学生在能够参与的且在安置有实际生产设备的专业教学环境中学习是感性的、本原的、模仿的、实际的,也可能是超前的。

4.2.1.2　校内实习实验场所

校内实习实验场所按照基于"强化技能训练"的特点设计的,也叫做校内(演练)实训中心。它的特点是:在实习实验场所内,每个学生都有自己的工位,如作坊、工场。场所内各种教学媒体便于学生使用,成为他们的主要学习工具,教师在教学活动中起指导作用。学生必须在这里完成四项训练:①熟练掌握室内设备功能;②在室内使用这些设备完成与毕业后职业岗位同样工作;③在室内模拟现场演练;④在室内虚拟和探索未来新技术新设备和新工艺。

铁道运输管理专业实习实验场所设备数量,一般按能满足20人分工种进行轮换实习(演练)配置。为完成专业教学任务,实现专业培养目标,需要创设"行车组织专用教室"、"接发列车与行车调度专用教室"、"旅客运输专用教室"、"货物运输专用教室"、"铁路运输设备实验室"

等五个专业实习实验场所。

1. 行车组织专用教室

行车组织专用教室进行车站调度员、调车区长、车号长、车号员四个工种的实习演练。以区段站为模拟对象,衔接干线和支线,并具有一定解编作业量、装卸作业量,设 2 台调车机车,模拟一个班,即 12 小时的作业。

行车组织专用教室主要设备及资料配备要求如下:

(1)铁路行车调度指挥系统及站场沙盘。

(2)《技规》、《行规》、《站细》、《调标》、《调规》和《铁路车站行车作业人身安全标准》等铁路规章。

(3)集中电话、小电话、货票架,计算器等。

(4)计算机、打印机。

(5)演练模拟站的车站线路示意图。

(6)模拟实际的调车作业时间标准。

(7)每组至少一套相应数量的到达列车编组顺序表及货票、18 点现在车资料。

(8)站调、区长、车号员演练所需的空白模拟站技术作业表、调车作业通知单、列车编组顺序表。

(9)各工种岗位责任制。

(10)实习演练计划书、任务书、指导书等。

2. 接发列车与行车调度专用教室

接发列车与行车调度专用教室进行列车调度员、车站值班员、助理值班员、信号员四个工种的实习演练,以一个调度区段为模拟对象,一般不少于 6 个中间站,其中部分为微机联锁自动闭塞,部分为 6502 电气集中自动闭塞,部分为半自动闭塞。

接发列车与行车调度专用教室主要设备及资料配备要求如下:

(1)铁路列车接发与调度教学模拟系统及站场沙盘。

(2)《技规》、《行规》、《站细》、《事规》、《调规》、《统规》、《救援规则》、《铁路车站行车作业人身安全规则》、《电气化铁路电气安全规则》、《接发列车作业标准》、《调标》、《车机联控标准》、《劳动法》、《安全生产法》、《铁路法》、《安全保护条例》等法律规章。

(3)各工种岗位责任制。

(4)微机联锁控制台、机车模型、调度监督设备。

(5)调度无线电话、集中电话、各站电话。

(6)子母钟、广播设备。

(7)信号灯、信号旗。

(8)空白列车运行图、行车日志、调度命令登记簿、行车设备检查登记簿、路票、绿色许可证、调度命令、出站及跟踪出站调车通知书等。

(9)实习计划书、任务书、指导书。

3. 旅客运输专用教室

旅客运输专用教室进行铁路售票员、客运值班员、行李员、计划员、客调及列车员等工种的实习演练。前五个工种以铁路一等站,后一个工种以直通车为模拟对象。

旅客运输专用教室主要设备及资料配备要求如下:

(1)各工种岗位责任制。

（2）《客规》《客管规》《客价规》《客统规》《危规》《铁路旅客运输办理细则》《铁路旅客运输损害赔偿规定》《铁路运输收入管理规程》《铁路旅客运输服务质量标准》《技规》《劳动法》《安全生产法》、《铁路法》《运输安全保护条例》《铁路旅客运输安全检查管理办法》《铁路军事运输管理办法》《铁路旅客意外伤害强制保险条例》《铁路旅客人身伤害及自带行李损失事故处理办法》《铁路旅客运输损害赔偿规定》等法律规章。

（3）《客运运价里程表》、《旅客票价表》、《行李包裹运价表》、《旅客列车时刻表》。

（4）电脑制票机、行包制票机、常备票发售系统。

（5）旅客列车行包运输方案。

（6）旅客列车编组表、票额分配表。

（7）代用票、客票、客运记录、铁路电报、退票报告、旅客伤亡事故记录、备品损坏记录、列车旅客密度表、旅客密度、分界站报、预报、车内补票移交报告、卧铺使用表、日班计划表、旅客输送日计划表、退票报销凭证、售出客票记录表、"常备票"售出报告、乘车人数通知单、事故赔款通知书、行包记录、赔偿要求书等。

（8）实习计划书、任务书、指导书。

4. 货物运输专用教室

货物运输专用教室进行内勤货运员、外勤货运员、货运核算员、货运安全员、货运检查员等工种的实习演练。以铁路区段站货场为模拟对象。

货物运输专用教室主要设备及资料配备要求如下：

（1）各工种岗位责任制。

（2）《货规》、《货管规》、《价规》、《危规》、《鲜规》、《超规》、《加规》、《货物运价里程表》、《货物运输品名检查表》、《铁路法》、《铁路货物运输合同实施细则》、《货运事故处理规则》、《技规》、《劳动法》、《安全生产法》、《运输安全保护条例》等法律规章。

（3）计算机、打印机、货运戳记。

（4）计算机编制中转配装计划软件，微机制票软件。

（5）运单、货票、运杂费收据。

（6）托运超限货物说明书、超限货物运输记录图纸。

（7）货流资料，零担中转作业计划表、货车装载清单、不合理中转通知书。

（8）货运记录、普通记录。

（9）货物装载加固及定型方案等。

（10）事故案例。

（11）实习演练计划书、任务书、指导书。

5. 铁路运输设备专用教室

铁路运输设备专用教室为学生学习运输设备课程内容而设。铁路运输设备专用教室主要设备及资料配备要求如下：

（1）沙盘和电气集中控制台、电气集中联锁控制台。

（2）闭塞设备或仿真模型。

（3）信号机实物或仿真模型。

（4）电话集中机、电话。

（5）转辙机实物或仿真模型。

（6）各类机车、车辆模型及媒体图片。

（7）转向架模型、车底架模型、轮对模型、车钩、轴箱，列车制动装置示教板及媒体图片。

（8）各式道岔模型及媒体图片。

（9）桥梁模型及媒体图片。

铁路运输设备专用教室不要求必须单独设置，有条件的学校可以单独设，条件有限的职业学校也可以与有关实验室共用，其中（1）～（5）可以用行车调度实习演练室中的设备，（6）～（9）可以共享车辆、机车类有关专业实验室。

实习实验场所是职业学校经过功能改进和扩充的实验室，可以看作是一个演练场，学生直接参与实操实练，并且能在配置有实际或仿真的生产设备的专业教学环境里进行职业工作岗位式的学习，这种相应的学习是感性的、模拟的、实践的。在这样的场所里培养的学生与现场应该是零距离的。

4.2.1.3　微型训练室

微型训练是一种借助现代教学媒体，专门训练学生掌握某种技能、技巧的小规模的教学活动。它虽然源于师范院校学生教学技能的训练，但也非常适合职业技术教育的操作技能的训练。

1. 微型训练教学设计

微型训练教学是一个在装备有电视摄、录像设备系统的微型教学室内，以很少的模拟学生为教学对象，用较短的时间，每次只训练一种技能，如办理售票、办理退票、办理行包托运等。训练时，学生的模拟活动行为被录像机记录下来，指导教师与学生一起观看重放的模拟录像，共同分析、评价其操作技能的优缺点，然后再作训练直到掌握正确的职业技能为止。由于这一教学训练活动是对很少的学生、用很短的时间，而且只训练掌握一种技能，所以我们称它为微型教学训练。职业技术教育的操作技能的微型教学训练与师范院校学生的微格教学法有所区别。在教学媒体设备要求上可以简单得多。

微型训练教学过程设计如图4.6所示。

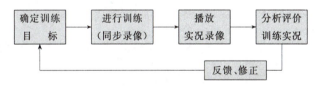

图 4.6　微型训练教学过程的设计

整个教学过程分解为以下四个步骤：

第一步，在微型教学开始前，指导教师一定要向学生讲清楚本次技能训练的目标、要求以及要领等内容，使学生有明确的心理定向；第二步，由学生扮演角色，进行实际训练，同时进行录像；第三步，重放实况录像，由训练者本人、同学、指导教师一齐观看；第四步，根据录像，对照训练目标，由训练者本人、同组学生及指导教师共同进行分析，给予评价。然后针对不足之处重新训练。以上步骤反复进行，直至达到训练目标要求为止。

2. 微型训练室的构成

一般的微型训练室可由一间或多间微型教室、控制室、观摩室、示范室等组成，微型训练室示意图如图4.7所示。

（1）微型教室

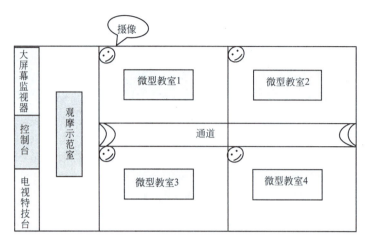

图 4.7　微型训练室示意图

微型教室装有摄像机,用来拾取实习训练学生活动图像。如有条件,应另设一台摄像机用来拾取模拟学生的学习反映情况。室内还设置一台电视机,用来显示重放的教学过程录像,供同步分析评价。

(2)控制室

控制室装有电视特技台(视频切换器)、调音台(混音器)、录放像机、监视器等设备。从微型教室送来的实习学生模拟活动的视、音频信号经电视特技台、调音台处理后,送到录像机进行录像。实况信号直接送到观摩室总控制台,可供指导教师监控和指导。

(3)观摩示范室

观摩示范室装有单向隔音玻璃窗与微型教室相通,可以看到微型教室内的教学活动现场,而不会影响其教学活动。在室内安装有总控制台,可供指导教师对微型教室的活动进行监控和指导。必要时可进行录像,并可供集中评议用。观摩示范室内的大屏幕监视器可供多人进行观摩。

3. 微型训练室的使用

微型训练室一般可用于学生专业实习分组训练、小组与小组之间的交互学习、指导教师的示范教学和教学评价与考核。

(1)分组训练

指导教师布置好课程后,可将学生分组,到各自的微型教室扮演各自的角色,如实习教师或模拟学生。每个实习教师按照指导教师规定的内容进行训练,一般为几分钟。通过微型教室中的摄录像设备做实时纪录,纪录后的录像带可马上重放或课后播放。对各小组的模拟师生的训练过程,指导教师在总控制台实施全面监控,包括图像、声音的双向传送及混合对讲;通过记录设备记录各间微型教室的训练情况,并作为后期反馈和评价的素材。

(2)交互学习

通过控制室的有关设备,可进行小组与小组之间的实况联播。指导教师可以通过总控制台,将任意一间微型教室的训练活动切换到另一间或多间微型教室的电视机上,并可向模拟师生作同步的评析,让各间微型教室的模拟教师相互学习、讨论。

(3)示范教学

在开展微型训练教学前,指导教师在示范室播放、分析技能训练实况录像,为受训学生提供典型示范。在技能训练中,指导教师随时可利用教学资源展示标准的示范,给受训学生对照仿效。

(4)讲评教学

训练操作完成后,指导教师与学生一起观看教学训练录像,并对受训学生的操作技能进行分析、评价。指导教师除了同时对各间微型训练室的训练活动作单独实时录像外,还可以在总控制台上按需要编录各室训练活动的片断。在播放训练录像的同时,指导教师除自己作评析外,还要指导学生(分组或全班)进行评议;也可将有代表性的训练录像(完整的或片断的)在全班或小组重放,以供大家学习。

各间微型教室经过简单改造,还可以布置成小组协作学习室,由教师通过总控制台进行指导。学习过程可以完整地记录下来,作为学生学习评价的组成部分。

微型训练室并不是目前专业教学必须要求,职业学校可以根据自身的经济实力和实际情况决定创建与否。但是,它是现代职业教育的专业教学环境的发展趋势之一。

4.2.2　职业活动导向教学环境

职业教育是一种"以就业为导向,以能力为本位"的教育,职业教育的专业教学需要构建有别于普通教育或普通高等教育的专业教学体系。为了有效地开展项目学习和主题学习,教师要以基于职业情境的学习情境中的行动过程为途径,为学生的学习创设接近于活动实际的学习环境,教师通过为学生的学习创造良好的教学情境,让学生在新颜和谐的学习环境中进行创造性的学习。职业活动导向教学环境是根据职业活动导向教学的要求,为开展各种职业活动导向教学培养学生专业能力和核心能力所需的各种教学条件的综合。职业活动导向教学环境主要包括教学的物理环境和教学的心理环境。

4.2.2.1　职业活动导向教学物理环境的创设

教学物理环境是学校进行教学活动的物质载体或物质基础。教学物理环境包括学校校园、教室、班级规模、教学设施和教学信息等多方面。学校校园是学校的自然地理位置所在,学校所处的位置、占地面积的大小、教学的环境布置和校园设施等构成了学校校园。学校校园环境应该是安静、美观、和谐的,一个有利于教学活动开展以及学生学习的场所。教室是学校开展教学活动的主要场所。职业活动导向教学为配合学生活动学习的开展,除传统课堂授课的教室外,还创设了专用教室,给教学活动开展及教学效率的提高带来极大的便利。班级规模对教学活动开展有着重要的作用。职业活动导向教学一般实行小班教育,教师有更多的机会进行个别辅导和实施因材施教,可以为提高教学质量营造良好的学习氛围。教学设施是构成学校物质环境的主要因素,是教学活动赖以进行的物质基础。教学设施是否完善、良好,直接关系到教学物理环境的质量。教学设施包括课桌椅、实验仪器、图书资料、电化教学设备、教具设备等,这些都是教学活动必需的基本设施。教学设施不仅通过自身的完善程度制约和影响着教学活动的内容和水平,而且以自身的一些外部特征给教师和学生带来以不同的影响。教学信息是学校信息的主要部分,教师和学生都可以成为信息的输出源和接受源。教师输出的信息是教学目标所规定的教学内容,真实、有效的传送给学生,帮助学生建立有效认知结构、促进学生智能的发展。学生也可以成为信息输出源,教学活动过程学生把自己对知识的掌握情况、学习感受和能力提高以及存在的问题等信息不断地输出,让老师接受到这些信息后,合理地调整教学方法及教学内容,以不断地促进学生学习能力的提高。教学环境还包括如空气、温度、光线、声音等环境的物理因素,这些因素可能影响教师和学生生理上的变化,可以使教师和学生改变情绪,形成不同情感体验。

职业活动导向教学环境具有自己特殊性,有别于传统的教学环境。职业活动导向教学实施环境不仅局限于校园,可以延伸到企业和社会,如企业的生产车间、火车站、列车上。在特定的环境内涵方面,职业活动导向教学环境建设必须符合职业活动导向教学以培养学生职业能力为目标的规范性要求。学校是教书育人的场所,所有的教学环境因素都经过了一定的选择和净化处理,与传统的教学环境相比,职业活动导向教学环境同样必须为保证职业活动教学的开展进行选择性地创设。与传统的教学环境相比,职业活动导向教学环境具有易于调节控制的特点,人们可以根据职业活动导向教学活动的需要,不断对教学环境进行必要的调控,使教学环境有利于职业活动异向教学活动顺利进行。

职业活动导向教学环境的创设与传统课堂教学环境有较大的区别,职业活动导向教学要为学生创设一个活动的课堂,一个便于师生交流与互动的教室和实现情境教学的环境。

教室是开展教学活动的主要场所,与传统的教室要求相同,教室要有一定的平面空间,平面的长宽比例恰当、教室布置整齐洁净、通风条件良好、室内温度舒适宜人、采光充足均衡、色调宁静协调,还要不受噪声影响。座位编排方式与传统的教室座位编排不同,职业活动导向教学的教室座位布置形式可以不拘一格。为了达到教学活动的相互作用,在座位的编排上更多地采取弹性化、多样化和多功能设计,为学生创造班集体教学、小组教学和个别教学为一体的班级教学组织环境。根据不同的教学内容和学习活动形式采用不同的教室作为布置形式。

以下介绍比较适合职业导向教学的几种常用座位布置形式。

1. 环形排列

环形排列是指让学生围坐成一个或几个圈,教师也坐于圈中。这种座位排列形式,适合于问题讨论和互相学习的座位布置,如案例教学法、角色扮演法等。环形排列分单环形和双环形,如图4.8所示。

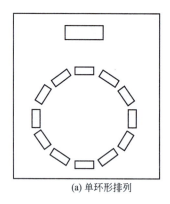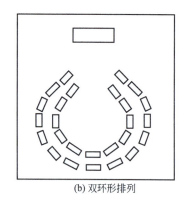

(a) 单环形排列　　　　(b) 双环形排列

图 4.8　环形排列

2. 马蹄形排列

马蹄形排列又叫"U"形排列,它将课桌排成马蹄状,教师处于马蹄的开口处。这种座位排列形式,适合于双向信息交流,既能有利于突出教师对教学过程的引导,又有利于发挥学生的主体作用和合作关系,对班级集体教学和分组教学都适用,如头脑风暴法、角色扮演法等。马蹄形排列分单排列和双排列,如图4.9所示。

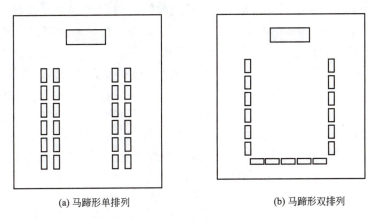

(a) 马蹄形单排列 (b) 马蹄形双排列

图 4.9　马蹄形排列

3. 小组式排列

小组式排列将课桌分成若干组,每组由 4～6 张课桌构成。这种座位排列形式,让学生坐成几个圈,给学生较多的参与不同学习的机会,适合于任务驱动教学法、项目教学法等。小组式排列可以有方桌和圆桌两种情况,如图 4.10 所示。

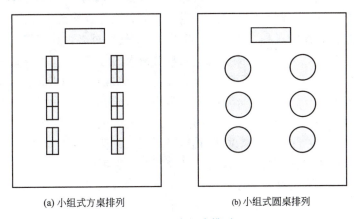

(a) 小组式方桌排列 (b) 小组式圆桌排列

图 4.10　小组式排列

4. 会议式排列

会议式排列类似于一般会议室的布置,学生与学生相视而坐,教师处于学生的前方。这种座位排列形式,适合于课堂问题讨论和学生互相交流的座位布置,如案例教学法、引导文教学法等。会议式排列如图 4.11 所示。

4.2.2.2　职业活动导向教学心理环境的创设

教学心理环境是学校进行有效保证教学活动开展的精神基础,由学校内部诸多无形的社会因素和众多心理因素构成。教学心理环境包括校风、班风、课堂心理气氛和校园文化等多方面。

1. 教学心理环境构成因素分析

校风反映了一所学校内部集体的行为风尚,是学校师生员工经过长期的努力形成的。一所学校校风的好坏对教学

图 4.11　会议式排列

活动产生巨大的影响,这是一种无形的影响,也是潜移默化的。校风是学校教学心理环境的核心,良好的校风是催人向上的,能增强师生员工自觉性,齐心协力地去完成学校既定的教学目标;消极的校风会使学校缺乏生机活力,致使学活动秩序混乱,师生人心涣散,情绪低落,难以形成工作与学习积极向上的合力,最终导致学校的教学工作难以实现教育目标。

班风指班级所有学生在长期交往中所形成的一种共同的心理倾向,是校风形成的基础。良好的班风主要是指尊师爱友、勤奋学习、关心集体、讲究文明卫生等风气,它促使学生在良好的合作与交往中发展共同的价值观念并激发学生学习的热情。班风一经形成,就具有情感上的吸引力和感染力,影响班级的每个学生,它既能塑造学生的人生观和价值观,又会影响学生学习态度和学习动机,促进教学活动的顺利开展。

课堂心理气氛是班风主要体现和反映。心理气氛是指群体在共同活动中表现出来的占优势的、较稳定的群体情绪状态,如人们的心境、情绪体验、情绪波动、人际关系,对工作、学习及周围环境的态度等等。课堂心理气氛主要指课堂里某种占优势的态度与情感的综合表现,具体地说,它是指班级在课堂教学过程中所形成的一种情绪、情感状态,包括师生的心境、态度和情绪波动以及课堂秩序等。也常被比喻为"组织人格"。与独特人格一样,每个课堂都有自己独特的气氛。课堂心理气氛是逐步形成的,一旦形成了就又有其相对稳定性。课堂心理气氛的好坏主要依赖与班级中的大多数学生对目标和任务是否认同,对教师的教学方法和教风是否心悦诚服,对教学工作的现状是否满意,师生之间的关系是否和谐等等。课堂教学过程实际上也是一个师生情感交流的过程。在教学活动中,教学气氛对能否顺利完成教学任务,达到教学目标具有十分重要的意义。良好的课堂气氛具有极大的感染力,其本身具有课堂效果的"助长"作用。如果课堂教学气氛生动活泼、积极舒展,那么就能极大地促进师生之间的情感交流和信息传递,这样的课堂气氛是教师善于引导,学生精神饱满,思维积极、反应敏捷,教学效果理想;反之,如果教师不善调控,教学课堂气氛沉闷,学生无精打采,课堂纪律问题较多,情绪压抑,甚至状态失控,学生产生不满、焦虑等消极情感,极大地阻碍师生之间的交流,教学效果难以令人满意。教师的引导方式是影响课堂心理气氛的关键因素。

校园文化是学校特有的文化现象。校园文化包含学校的办学理念、传统习惯、管理制度、校园思潮和教学的人际环境等基本要素。教学的人际环境从不同方面影响着教学活动的开展。在教学过程中,师生相互交流、相互影响,从而增强师生的情感交融,促进学生学习兴趣的增长与学习能力的提高。教学环境的创设同校园文化的营造是互相联系、互相影响的,学校良好的教学环境,对其校园文化的营造起到正面的促进作用,反之亦然。

2. 教学心理环境的创设

对职业学校专业教师而言,教学心理环境的创设主要在于课堂心理环境和课堂教学氛围的创设。职业活动导向教学要求创造一种人人参与学习、个个参与活动,并对学习充满兴趣与热情、勇于探索和体验的学习活动过程的教学心理环境。教学心理环境的形成,是教师、学生和教育情境相互作用的结果。职业活动导向教学要求课堂呈现热烈活跃与严谨祥和的氛围。教师是营造良好课堂气氛的组织者和引导者,学生是创设课堂气氛的主体。作为职业学校的专业教师不仅要为学生的学习提供符合实现教学目标和呈现教学内容的"境",而且要善于运用情感来激发学生的学习动力,动之以"情",使师生间产生一种互动效应,创设出理想的教学情境。

(1)创造健康的课堂心理环境的途径

教师的行为对良好的课堂心理环境的创造发挥关键的作用。健康的课堂心理环境的形成需要教师创造。首先,教师要确立学生是课堂主体的教学观。在职业活动导向教学中,学生是学习的主人,学生的能力更多的是在自己的学习和实践活动中获得,不是仅仅通过教师的讲授。教师要认识到学生只有智能类型和特点的不同,每个学生都能在有效的教育下得到充分的发展,要承认学生在学习中的主观能动性及个性差异,应该积极引导学生,鼓励每个学生成为均衡发展的学习者。其次,教师要进行角色的转换。教学过程不再是一种单纯的老师讲、学生听的教学模式,而是师生互动型的教学模式。教师的作用发生了根本的变化,由传统的主角,教学的组织领导者变为活动的引导者和主持人。教师从知识的权威者转变为学生学习的指导者、支持者、合作者、促进者,由舞台的主角变成幕后的导演。教师从传授知识的严师转为学生学习的辅导者,使学生作为学习的主体充分发挥学习的主动性和积极性,变"要我学"为"我要学"。再次,要构建和谐的师生关系。教师要关心和爱护学生,对学生付出感情,构建师生之间的相互尊重、相互理解的民主、合作的师生关系,使学生在平等的交往中学会自信自强,提高交流能力和与他人合作的能力。教师要发挥人格力量作用,以高尚的人格感染学生,以广博的知识引导学生,将单纯认知教学变为认知、情感、技能并重的教学,将追求知识的掌握变为掌握知识、培养技能、发展能力、实现学生个性能力的全面提高。

(2)营造和谐的课堂心理教学氛围的方法

如何使学生感到学校安然自在、不受拘束、觉得学校充满创造的活力;怎样创造有利于学习的情境,帮助学生激发学习动机;关注每一个学生的发展,努力开发每一个学生的潜能等等都是教师的责任。每一个有责任感的教师,会用自己对教师和教育的理解,明确自己的职责,并在特定的教育情境中尽心尽力尽责。营造良好的课堂教学氛围的因素是多方面的,教师积极饱满的教学热情与学生积极主动的学习动机是形成良好课堂教学氛围的两个方面。教师要善于创设一个良好的环境来促进学生健康成长。和谐的师生关系可以使教师和学生都保持积极的情绪,教师对职业充满热情,并对学生富有同情心和宽容、谅解的情怀,学生的思路会变得灵活、思维变得敏捷。因此,要营造和谐的课堂心理教学氛围,一是教师需要把微笑与耐心带进课堂,用微笑的方式与学生交流,学生会受到鼓舞,从而信任老师并以最佳主体精神进入学习环境;二是教师需要把民主与竞争带进课堂,在教学过程中,精心设计一些问题引发讨论和探索,并引入竞争机制,培养学生参与意识和竞争意识,通过互相学习、共同提高,有利于形成积极向上的学习氛围;三是教师要把鼓励与表扬带进课堂,在教学中教师善于发现学生的"闪光点",不失时机的给予鼓励和表扬,使学生感到学习是一种富有意义的活动,从而受到满足和鞭策,激发学习动机,提高了学习效果。

(3)创设良好的课堂教学情境的策略

教师是课堂教学情境的创设者。教师要科学合理地进行教学设计,通过有目的地创设良好的课堂教学情境,去调动学生的学习兴趣,激发学习积极性,使他们进入学习的角色中,有效地开发思维潜能,提高教学效率和质量,从而实现教学目标。

①授课之前精心准备,设计特定的教学情境

教师要精心备课。在课堂教学前,教师根据教学目标和内容,设计真实的教学情境,分析教学对象和各个教学内容的特点,选择合适教学方法和教学媒体,准备教学媒介和教辅材料。通过学习者分析,了解他们的学习兴趣和初始能力,精心做好课前准备,设计教学情境,以保证学生的积极主动参与教学活动。通过有目的地组织学生在实际或模拟的专业环境中,为学生提供丰富的学习资源、媒体技术手段、教学设施设备,让学生产生身临其境的逼真效果,参与设计、实施、检查和评价职业活动的过程,注意设计特定的职业活动情景氛围,使学生能在情景中产生情感上的共鸣。

②授课初始引导探索,创设问题或任务情境

教师要善于创设问题情境。在教学初始,引导学生进入一个与问题有关的情境,引发学生对教学内容的学习兴趣,调动学生参与课程学习的积极性。引导学生主动探索,唤起学生的积极思维。在这一过程中,教师要注意营造一个情境氛围,让学生情不自禁地去思维、发现和探索。

③教学过程组织讨论,创设研究性学习情境

教师是教学活动的组织者。教师将教学情境展现给学生后,已经引出问题和任务。在接下来的过程中,教师组织学生讨论,提供解决问题的线索,根据实际发展情况为学生创设思维碰撞和研究分析的情境。置学生于灵活多变且民主和谐的教学环境中,大家可以畅所欲言、各抒己见。通过师生互动,激发学生积极思维,产生解决问题的欲望,锻炼学生发现问题的能力。让学生通过一个个具体案例的讨论和思考,激发创造性潜能,讨论和解决职业活动中出现的问题,体验学习行动,研究完成相关职业活动所需要的知识和能力。

④学生体验实操过程,创设职业岗位的实践情境

学生是教学活动的主体。教师要为学生营造良好的实践氛围,在一定的时间内,让学生体验和感受操作技能。通过师生互动、学生与学生之间的合作,创设尽可能大的合作学习空间,促进交流与合作,学生和教师以团队形式共同解决提出的问题。让学生扮演职业领域中的角色,体验专业岗位技能,让学生在团队活动中互相协作,共同完成学习任务。

⑤效果评价真实有效,培养学生综合能力

职业活动教学评价是以人为本的评价。教学评价的目的在于促进学生职业能力的发展,核心在于把行动过程与学习过程相统一。采用多元化的综合评价方式,帮助学生审视和反思自我,确立自己需要并能够达成的目标,同时找到实现目标的最佳途径。在教学中让学生按照展示技术的要求,充分展示自己的学习成果,并进行鼓励性评价,培养学生的自信心、自尊心和成功感,在开放、宽松、和谐的教学活动中,培养学生的综合能力,全面提高学生的社会能力、个性能力和综合素质。

4.2.3　校外实习基地建设

职业教育是以就业为导向的教育。职业教育的培养目标是培养适应生产、建设、管理、服务一线需要的技能型人才。技能型人才是将专业知识和技能应用于专业实践,熟练掌握生产一线的基础知识和基本技能、从事生产一线的专业技术或操作人员。职业教育课程是以提高学生的职业能力和综合素质为主要目的,职业教育课程是基于知识的应用和技能的操作,经过职业教学活动,不仅要使学生"知道",而且要使学生"会做";不仅要让学生在校内获得相关的专业知识和技能,还要让学生有机会通过实习基地给学生直接"操练"的环境,特别是去企业一线,在职业岗位上,跟企业师傅或指导教师一起,接受教训师徒式的实操实练,培养他们娴熟职业技能。因此,除了校内实习实训场所等实践教学环境外,校外实习基地的建设也是教学环境创设的不可缺少的内容。

4.2.3.1　校外实习基地的功能

校外实习基地是职业学校实践教学和产学研结合的重要平台,也是学生了解社会、服务社会、接受职前教育进行岗位体验的主要渠道和场所。学生在校内实习实训场所内所进行的实习实操训练,都是仿真性的、角色模拟的,技能的训练学习是初步的。由于职业学校的条件限

制,许多更高水平的技能训练在校内没有办法完成,因此,校外实习基地是职业学校实践教学体系的一个组成部分,是为弥补校内实践教学设施的不足、完善实践教学环节而建立的。主要功能如下:

1. 校外实习基地能够缓解校内实训场地和设施的不足状况

职业学校由于办学经费紧张等原因,一般都存在校内实训场地和设施的不足状况,特别是较高水平的技能训练无法实施;随着行业的设备、技术、工艺等更新越来越快,对企业使用的新设备职业学校通常难以有足够的经费来购买,校外实习基地能够缓解校内实训场地和设施的不足状况。

2. 校外实习基地可以使学生学到特殊的工作诀窍和提高方法能力

学生在校内的训练是模仿性的,毕竟不是实际岗位的真实过程,许多个体化的、具有主观性的工作诀窍知识学生往往校内学不到,只有实际岗位上才能习得。学生还可以在校外实习基地学到从事职业活动所需要的工作方法和学习方法、解决实际问题的思路、独立学习新技术的方法,提高方法能力,这也是职业教育培养创新精神和创业教育的具体表现。

3. 校外实习基地可以使学生获得真实岗位的工作体验和锻炼社会能力

学校的教育学习者角色与职业工作的角色、校内的教学情境与工作场合等是不同的。学生今后从事职业活动所需要的能力,不仅需要培养与同事相处的能力、小组工作的合作能力、与旅客货主交流协商的能力,而且要求具有积极的人生态度和社会责任感,社会公德意识与参与意识。校外实习基地是学生接触社会的主渠道,学生在那里不仅能够获得真实岗位的工作体验,还可以在职业活动中锻炼社会能力。

4.2.3.2 建立校外实习基地的途径

建立校外实习基地以提高教学质量为目的,以有效措施为保障,坚持"校企合作、产学结合"、"满足教学需要、实习就业一条龙"的原则,使其成为人才培养的重要依托。

1. 校企合作

职业教育的专业随着社会经济的发展而发展,而每个专业的人才培养都与其相关的行业紧密的结合。职业学校为企业培养输送专业对口技能型人才,必须符合企业用人标准。学校通过校企合作,在对口企业建立校外实习基地,既能增强岗位的适应性,又能保证人才培养的质量。铁道运输管理专业毕业生主要去铁路运输企业生产第一线的车站、车务段等基层部门从事行车组织、行车调度、客运组织、货运组织等工作。根据本专业毕业生去向,学校可以与车站、车务段、调度所等对口企业签订校企合作协议,建立校外实习基地。学校可以对培训(委托培养、课程进修)、咨询服务、信息交流等方面对实习基地单位给予优先考虑,派相关教师为企业提供技术革新的相关服务,在毕业生就业政策许可范围内,可优先向实习基地单位推荐优秀毕业生。实习基地单位对学生实习派出行业内具有水平的技术人员承担实践教学的接待和指导任务,实现资源共享。

2. 产学结合

根据人才培养需要出发,本着"教学与生产相结合"及"互利互惠"的原则,积极与专业相关的企业联系,建立满足教学需要、布局合理、质量较高、相对稳定的校外实习基地。职业学校与企业共建双方,积极探索产学研合作教育模式,实现既能满足教学需要,又能让学生实习就业一条龙。根据企业发展和用人需求的实际情况,学校可以为企业按需培养人才;让学生在企业顶岗实习,变实习为岗前适应性见习。学生在实习基地既能进行岗位技能强化训练,又能在企业上创造劳动价值。

4.2.3.3 铁道运输管理专业校外实习基地建设

根据铁道运输管理专业特点,校外实习基地建设可以考虑以下几个方面:

(1)以铁路局下属的车务段为校外基地的依托单位,选择与其下属的1～2个技术站、1～2个客运站作为学生的"铁路行车调度"、"铁路旅客运输组织"和"铁路货运运输组织"的实习基地,以满足行车调度系统、旅客运输和货物运输部门诸工种(岗位)的实习需求。

(2)以中铁快运公司和中铁集装箱运输公司下属的子公司校外基地的依托单位,选择与其下属的1～2运营部作为学生的"铁路行李、包裹运输"和"铁路集装箱货运组织"的实习基地,以满足行包运输和货运部门诸工种(岗位)的实习需求。

(3)以铁路局下属的客运段为校外基地的依托单位,作为学生的"列车客运"的实习基地,以满足列车乘务员、列车长等客运部门工种(岗位)的实习需求。

(4)在符合建立实习基地条件的基础上,经与校外实习基地单位商定,与基地单位签订建立实习基地协议书,协议书通常应包括以下内容:①双方合作目的;②基地建设目标与受益范围;③双方权利和义务;④协议合作年限。校外实习基地协议签订年限,根据双方需要协商确定,一般为3～5年。

(5)签订建立实习基地合作协议书后,与实习基地单位系统研究和实施合作方案,制定基地建设与管理的规章制度,加强对实习基地的管理,确保能够满足实践教学的需要,并努力争取建立长期合作关系,在基地挂牌。

职业教育的教学媒体和教学环境创设与应用是实现职业教育现代化的重要内容之一,也是专业教学改革与发展的重要内容。职业学校的铁道运输管理专业教师要立足本专业,转变观念,积极探索,准确定位,把握职业教育发展的趋势,勇敢面对现代教育技术和方法的挑战,处理好继承与创新、吸收与保持的关系,努力开发和创设更多更好的具有本专业特色的教学媒体和教学环境。

 思 考 题

1. 简述教学媒体和教学环境的内涵及功能。
2. 例谈你对专业教学媒体的选择和使用。
3. 结合铁道运输管理专业实际设计一个专业教室的布置方案图。
4. 结合铁道运输管理专业实际设计一个专业实习场所规划图。
5. 例谈你对教学情境创设的方法与策略。
6. 谈谈你对校外实习基地建设认识。

第二部分　专业教学方法应用

5　行动导向教学法在铁道运输管理专业中的应用

教育的核心是教学过程,教学任务就是实施教育课程。职业教育课程基于知识的应用和技能的操作,在内容选择和排序上有其自身的属性,具体表现在其"职业性"的特征。职业教育的教学活动与职业领域及其行动过程紧密的联系在一起,它既富有创造性又体现着艺术性。职业学校的专业教学应如何优质地去实现教学目标,如何高效地去完成预期教学任务,从而达到满意的教学效果,这需要每一个教师不断学习和更新现代职业教育理念,遵循职业教育规律,结合本专业的职业属性和特点,积极探索适合本专业教学的方法和策略,精心设计、因材施教,努力提高教学能力和教学水平。本章从行动导向教学的特点出发,通过介绍适用于铁道运输管理专业的基于行动导向教学体系中教学策略与教学方法,阐述行动导向教学法在铁道运输管理专业教学中的应用。

5.1　行动导向教学的内涵及特点

行动导向教学模式源于德国的"双元制"职业教育。德国传统的"双元制"职业培训比较重视学习者的职业技能,对职业技能以外的其他方面的能力重视不够。20世纪80年代中后期,随着社会工业化程度的提高和知识经济社会以及信息化社会的到来,人们认识到技术工人仅仅具备职业技能满足于求生存是不够的,需要在生存的基础上谋求更大、更好、更快的发展,这就要求在对学生培训职业能力的同时,有意识的加强对学生方法能力和社会能力的培养,即学生不仅需要具有专业能力还具备所谓跨专业的关键能力。于是,在"双元制"职业教育的基础上进行改革和发展,形成了具有培养学生的专业能力和关键能力的一种新型的职业教育模式——行动导向教学模式。

5.1.1　行动导向教学的内涵

姜大源教授在《职业教育学研究新论》中指出:职业教育专业教学需要围绕教学目标、教学过程、教学行动三个层面展开。

其一,职业教育的教学目标应以本专业所对应的典型职业活动的工作能力为导向的。职业教育是以能力为本位的教育,是建立在学习者掌握本专业基本的职业技能、职业知识和职业态度的过程中,着重于职业能力的培养的教育模式。对职业教育的教学目标来说,过程比结果更重要,能力比资格更重要。

其二,职业教育的教学过程应以本专业所对应的典型的职业活动的工作过程为导向的。职业教育的教学过程应该以职业的工作过程作为参照体系,强调通过对工作过程的"学"的过程去获取自我建构"过程性知识"的经验,并可进一步发展为策略,主要解"怎么做"(经验)和"怎么做更好"(策略)的问题;而不是通过"教"的过程来传授"陈述性知识"的理论,要解决"是什么"(事实、概念等)和"为什么"(原理、规律等)的问题。职业教育教学内容的排序,应按工作过程展开,针对行动顺序的每一个过程环节来传授相关的教学内容。

其三,职业教育的教学行动是以本专业所对应的典型的职业活动的工作情境为导向的。职业教育的教学行动应以情境性原则为主、科学性原则为辅。情境是指职业情境。职业教育的教学是一种"有目标的活动",强调"行动即学习",行为作为一种状态,是行动的结果。这是职业教育的教学特征之一。基于职业情境的、采取行动导向的教学体系称为行动导向教学体系。

行动导向教学是根据完成某一职业工作活动所需要的行动、行动产生和维持所需要的环境条件以及从业者的内在调节机制来设计、实施和评价职业教育的教学活动。行动导向教学的内涵主要体现在行动导向教学的目标是培养学生的关键能力;行动导向教学的内容是"工作过程系统化"课程内容;行动导向教学方法是以学生的"学"为主,教师的"教"是为学生的"学"服务的;行动导向教学要求为学生创设良好的教学情境,让学生能在贴近社会活动和职业活动的环境与氛围中学习。行动导向教学体系在培养学生的关键能力上进行了完整的设计,有效地促进和落实了学生综合素质的全面培养。

5.1.2　行动导向教学的特点

职业教育的行动导向教学的基本意义在于:学生是学习过程的中心,教师是学习过程的组织者与协调人;遵循"资讯、计划、决策、实施、检查、评估"完整的"行动"过程;在教学中教师与学生互动;让学生通过"独立地获取信息、独立地制定计划、独立地实施计划、独立地评估计划";在自己"动手"的实践中,掌握职业技能、习得专业知识,从而构建属于自己的经验和知识体系。

基于行动导向教学具有以下特点:

1. 教学目标的综合性

现代职业教育的目标是培养具有综合职业能力的新型劳动者——高素质技能型人才。他们不仅具有专业能力还具备所谓跨专业的关键能力。这就是说,高素质的劳动者除了应该具备职业领域的专门能力外,还应具备诸如学习能力、解决问题的能力,计划和决策能力、团队工作能力、与人交往与合作的能力、将自己融于集体的意识和能力,正确的价值观念和行为方式、饱满的工作热情、严谨的工作态度、质量意识等等。这些跨专业的能力和专业能力一起构成现代技术工人的综合职业能力。行动导向教学的目标指向不仅包括陈述性知识和程序性知识中的动作技能,更将指导做事和学习的智慧技能的获得以及培养严谨认真的工作态度放在重要的地位,通过对问题或任务的实际解决习得解决问题的方法,全面提高学生的社会能力、个性能力和学生的综合素质。因此,教学目标应该包括知识、技能和态度三部分。

2. 学生学习的主体性

行动导向教学强调:学生作为学习的行动主体,以职业情境中的行动能力为目标,以基于职业情境的学习情境中的行动过程为途径,以独立地计划、独立地实施与独立地评估即自我调节的行动为方法,以教师及学生之间互动的合作行动为方式,以强调学习中学生自我构建的行动过程为学习过程,以专业能力、方法能力、社会能力整合后形成的行动能力为评价标准。学生在学习过程中不只用脑,而是脑、心、手共同参与学习,通过行为的引导使学生在活动中提高学习兴趣、培养创新思维、形成关键能力。教学设计中采取以学生为中心的教学组织形式,倡导"以人为本",把教学与活动结合起来,让学生在活动中自主学习,通过活动引导学生将知识与实践活动相结合,以加深对专业知识的理解和运用。在活动中培养学生的个性,使学生的创新意识和创新能力得到充分的发挥。

3. 教学过程的互动性

行动导向教学在教学过程中不再是一种单纯的老师讲、学生听的教学模式,而是师生互动型的教学模式。教学活动中,教师的作用发生了根本的变化,即从传统的主角,教学的组织领导者变为活动的引导者、学习的辅导者和主持人。学生作为学习的主体充分发挥了学习的主动性和积极性,变"要我学"为"我要学"。行动导向教学提倡创设尽可能大的合作学习空间,学习任务应能促进交流与合作,学生和教师以团队形式共同解决提出的问题。在教学中不仅有教师向学生传授知识的活动,还有学生与教师、学生与学生之间的交互学习活动,将单纯认知教学变为认知、情感、技能并重的教学,将追求知识的掌握变为掌握知识、培养技能、发展能力、实现学生个性能力的全面提高。

4. 教学活动的开放性

行动导向教学采用非学科式的、以能力为基础的职业活动模式。它是按照职业活动的要求,以学习领域的形式把与活动所需要的相关知识结合在一起进行学习的开放性教学。学生也不再是孤立的学习,而是以团队的形式进行研究性学习。教学设计为学生学习创造良好的教学情景,让学生自己寻找资料,研究教学内容;让学生扮演职业领域中的角色,体验专业岗位技能;让学生通过一个个具体案例的讨论和思考,激发创造性潜能;让学生在团队活动中互相协作,共同完成学习任务;让学生按照展示技术的要求充分展示自己的学习成果,并进行鼓励性评价,培养学生的自信心、自尊心和成功感,培养学生的语言表达力,在开放、宽松、和谐的教学活动中全面提高学生的社会能力、个性能力和综合素质。

5. 教学方法的多样性

行动导向教学有一套可单项使用,也可综合运用的教学方法,可以根据学习内容和教学目标选择使用。目标单一的知识传授与技能教学方法,如谈话教学法、四阶段教学法、六阶段教学法;行为调整和心理训练的教学方法,如角色扮演教学法、模拟教学法;综合能力的教学方法,如项目教学法、引导课文教学法、头脑风暴法、任务驱动教学法、案例教学法等。职业教育的教学活动设计不仅要结合各种具体教学方法的科学合理使用,还需要注意教法的不断创新,根据不同专业特点和学习者具体情况以及教学内容、教学环境、教学要求和教学目标的变化,探索和创造出更多、更好地符合本职业教学需要的行动导向教学的新方法,体现专业特色,适应以能力为本的人才培养要求,更好地实现行动导向教学目的。

6. 教学情境的职业性

行动导向教学是根据完成某一职业工作活动所需要的行动、行动产生和维持所需要的环境条件以及从业者的内在调节机制来设计、实施和评价职业教育的教学活动,其目的在于促进学习者职业能力的发展,核心在于把行动过程与学习过程相统一。行动导向教学特别注重教学情境的创设,教学情境包括教学环境和教学情景,教学设计要注意创设通过有目的地组织学生在实际或模拟的专业环境中,为学生提供丰富的学习资源、媒体技术手段、教学设施设备,让学生产生身临其境的逼真效果,参与设计、实施、检查和评价职业活动的过程,同时还要注意营造特定的职业活动情景氛围,使学生在情景中产生情感上的共鸣,情不自禁地去思维、发现和探索,讨论和解决职业活动中出现的问题,体验并反思学习行动,最终获得完成相关职业活动所需要的知识和能力。

行动导向教学法的特点如图5.1所示。

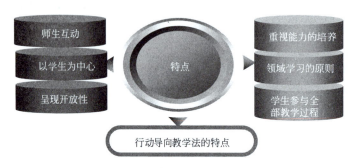

图 5.1　行动导向教学法的特点

5.1.3　行动导向教学法与传统教学法的区别

行动导向教学法与传统教学法的区别见表5.1。

表 5.1　行动导向教学法与传统教学法的对比表

	行动导向教学法	传统教学法
教学形式	以学生活动为主,以学生为中心	以教师传授为主,以教师为中心
学习内容	以间接经验和直接经验并举,在验证间接经验的同时,某种程度上能更多的获得直接经验	以传授间接经验为主,学生也通过某类活动获取直接经验,但其目的是为了验证或加深对间接经验的理解
教学目标	兼顾认知目标、情感目标、行为目标的共同实现	注重认知目标的实现
教师作用	教师不仅仅是知识的传授者,更是学生行为的指导者和咨询者	知识的传授者
传递方式	双向的,教师可直接根据学生活动的成功与否获悉其接受教师信息的多少和深浅,便于指导和交流	单向的,教师演示,学生模仿
参与程度	学生参与程度很强,其结果往往表现为学生要学	学生参与程度较弱,其结果往往表现为要学生学
激励手段	激励是内在的,是从不会到会,在完成一项任务后通过获得喜悦满意的心理感受来实现的	以分数为主要激励手段,是外在的激励
质量控制	质量控制是综合的	质量控制是单一的

5.2　行动导向教学策略制定与教学方法选择

教学策略是指对完成特定教学目标而利用的教学程序、教学方法、教学组织形式和教学媒体运用等因素的总设计。教学方法是指教学过程中教师与学生为完成教学任务而使用的一切办法的总合,即包括教师的教法,也包括学生的学法,是教法与学法的有机结合。现代意义的专业教学法更多地侧重于"学的方法",而不是仅仅强调"教的方法"。本节主要介绍基于行动导向教学体系中教学策略的制定与教学方法的选择。

5.2.1 教学策略的制定

基于职业教育的"教学目标应以典型职业活动的工作能力为导向"、"教学过程应以典型的职业活动的工作过程为导向"和"教学行动应典型的职业活动的工作情境为导向"等教学特征,教学策略的制定应从专业的教学目标出发,在先进的职业教育理论指导下,针对教学内容和教学对象的特点,在时间、形式、情境、媒体与方法等多个维度上,对教学活动做出科学合理的安排。

5.2.1.1 教学策略制定的流程

教学策略制定的实质是教师根据教学目标设计的施教方案,也称教学设计。教学设计是教师开展教学活动的基本依据和行动指南。教学设计方案包括教学目的与对象、教学内容的安排、教学时间的分配、教学活动的组织与调控、教学方法的选择与运用、教学评价方式与手段等诸方面。

基于行动导向的教学策略制定的一般流程如图 5.2 所示。

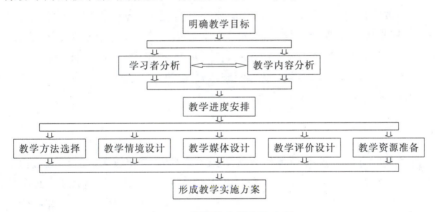

图 5.2 教学策略制定的流程

5.2.1.2 教学策略制定的原则

教学设计是教学工作中一项极富创造性的工作,科学合理的教学设计方案可以保证教师有效地实施教学,提高教学质量,使学生获得良好地发展。因此,教学设计是一项能充分发挥教师才智,焕发生命活力的具有个性特点的创造性活动。行动导向教学专业课程教学设计应该根据教学目标的要求,遵循学习规律,运用科学方法,对参与教学活动的诸多因素进行全面分析和策划。基于行动导向教学的特点,教学策略制定的主要应遵循以下原则:

1. 教学目标综合性原则

职业教育的总目标是培养学生的综合职业能力,确定教学目标要坚持教学目标综合性原则。学生通过在职校的学习,要求实现对职业、社会和个性等方面的综合发展,这就不仅需要培养他们掌握未来职业的专业理论知识与技能,还要培养他们分析问题、解决问题的能力和完成任务的方法,全面提高学生的社会能力、方法能力、情感态度以及价值观的方面的综合能力。职业教育课程的具体教学目标是:专业能力目标(知识与技能)、核心能力目标(方法能力与社会能力)和情感态度目标等。

2. 教学对象主体性原则

行动导向教学强调学习中学生自我构建的行动过程为学习过程,学生是教学活动的主体,学生的学习过程是脑、心、手共同参与学习,通过职业行为的引导使学生在活动中提高学习兴趣、培养创新思维,形成关键能力。教师教学策略的制定,应该建立在学习者分析的基础上,通过对学生初始能力、智力水平和态度情感以及兴趣爱好等方面的进行分析,遵循学生的学习规律和学习特征,合理安排教学时间和教学内容,恰当运用教学方法和教学媒体,设计体现以学生为中心的教学组织形式,同时考虑职校学生个体存在的差异性,在活动设计中注意学生个性能力的培养,能够使学生的创新意识和创新能力得到充分的发挥。

3. 教学情境职业性原则

教学的具体情境是认识逻辑、情感、行为、社会和发展历程等方面背景的综合体。一般教学情境的设计有故事化情境、活动化情境、生活化情境和问题化情境等几种方式。行动导向教学行动是以典型的职业活动的工作情境为导向的,教学情境设计要体现职业性原则。根据完成某一职业工作活动所需要的行动、行动产生和维持所需要的环境条件以及从业者的内在调节机制来设计、实施和评价职业教育的教学活动。在设计教学情境时,要考虑如何呈现工作任务、如何运用具体案例和变化材料,才能最有效地去激发学生的兴趣和维持注意力;考虑如何有针对性地组织教学内容,让学生认识到其重要性和价值性;考虑如何阐明教学目标,有效调控学习进程,发挥学生的主观能动性和调动学生学习积极性,帮助学生树立自信心;考虑如何运用科学的评价和反馈方式,给学生提供展示自己成果和能力的机会,体会成功感和满足感,进而激发学习动机。为学生学习设计逼真的职业情境,提供丰富的学习资源、体验职业岗位技能,在经历职业活动的工作学习过程中获得发展。

5.2.2　教学方法的选择

职业教育的教学方法的选择与运用直接关系到教学质量和效果。教学方法由职业教育的教学目标和教学内容决定。教学方法在专业教学领域中的运用是不能离开"面对什么对象"、"为了什么专业教学目标"、"涉及什么专业教学内容"、"应用什么教学媒体"等教学要素。教学方法的选择应该根据专业教学目标,遵循现代职业教育规律,结合教学对象特点和学校相应的教学条件,适合于本专业内容教学。

5.2.2.1　教学方法的选择依据

基于行动导向教学的特点,教学方法的选择依据主要考虑以下几个方面:

1. 教学目标的具体要求

教学方法的选择要以教学目标的具体要求为依据。课程单元教学是职业教育专业教学的基础,每个的单元的教学均有对学生知识、技能、态度等方面既定的教学目标,而每一方面的目标的实现,都应该有相应的教学方法完成,不同的目标需要选择不同的教学方法。在职业教育专业课程教学中,偏向理论知识类的单元的教学,为了达成教学目标,可以选择引导文教学法、张贴板教学法、谈话教学法、问题讨论教学法等去实践;偏向技能操作类的单元的教学,为了达成教学目标,可以选择实验教学法、任务驱动教学法、项目教学法、模拟教学法等去实践;偏向于培养学生品质、性情和态度类的单元教学,可以选择考察教学法、角色扮演教学法、模拟教学法等去实践;偏向于培养学生综合分析能力、训练创造性思维类的单元教学,可以选择头脑风暴法、案例教学法、项目教学法、探究学习法等去实践。根据不同的教学内容和不同的教学目标,选择不同的教学方法。任何教学方法都是为一定的教学目的和任务服务的。教师必须注意选用与教学目的和任务相适应并能实现教学目的和任务的教学方法。然而,行动导向教学法追求目标的综合性,综合性的目标不是单一的教法所能实现的,需要多种教学方法的综合运用才能去完成和实现。

2. 教学对象的学习特点

教学方法的选择要以教学对象的学习特点为依据。行动导向教学方法是建立在学生作为学习主体的基础上的,教学对象的年龄、性别、经历、气质、性格、思维类型、审美情趣等的不同,也对教学方法提出不同的要求。教师对教学方法的选择要充分考虑学生的智力因素和非智力因素特点,立足于学生的可接受程度和适应性,一定要符合学生的原有基础水平、认知结构和个性特征,例如,对低年级和高年级的学生教学,在方法上就应该有所区别;对缺乏必要感性认识的或认识不够充分的学生与对感性认识较好的学生就应该有所区别;学生处于对知识的学习理解阶段和学生处于知识转化迁移阶段就应该有所区别。教师要根据教学对象的特点,善于选择那些能促进他们知识、技能和品质发展的教学方法。只有选用与此相适应的教学方法,才能真正有效地提高教学对象的知识能力和思想水平,促进其健康向上地发展。

3. 学校相应的教学条件

教学方法的选择要以学校相应的教学条件为依据。职业教育的发展与教学技术的运用为教学方法的实践提供了支撑。学校的教学资源,如教学设备、教学场地、实训场所、实习基地、教辅材料等都会制约着教师对教学方法的选择范围。教师应该充分熟悉学校教学条件,最大限度地、最经济地利用学校现有教学资源,去选择最优化的教学方法,实现最佳的教学效果。当然,学校应该积极地创造条件,不断完善的教学条件,同时,教学方法的选择也要考虑是否符合教学时间的范围和教师本身的可能性等因素。教师自身的素养条件和驾驭能力,直接关系到选用的教学方法能否发挥其应有的作用。教师应对自身素养及所具备的条件实事求是地进行分析,根据其特点和条件选用恰当的教学方法,以扬长避短。

4. 与本专业的适应性

教学方法的选择要以与本专业的适应性为依据。不同专业有其不同的特点,教学内容、教学要求和教学环境有很大的区别。教学方法的应用要符合专业内容教学的特殊要求,以利于达到专业教学的特定目标。不同的教学方法有其应用的场合和条件,例如"角色扮演法"在管理、服务类专业的教学中可以有很好的应用,学生通过对职业角色进行扮演,体验未来职业岗位的情感,深化对学生职业能力和职业素养的培养;"项目教学法"则对技术类专业有很好的应用价值,加工一个零件(机械)、建造一个花坛(土木)、制作一个网页(计算机)等都可以开发成为一个教学项目去实施教学。教师要根据本专业的特点,积极探索和实践符合本专业教学需要的教学法,按照参与度、认同感、时效性、综合化和高效性等多角度去选择和使用适应本专业的具有专业特色的教学法。

适应本专业的具有专业特色的最优化的教学方法来自教师广泛而深入的教学实践。一般来说,最优化的教学方法应具备如下条件:

(1)参与度。主要指一种教学方法的使用过程中,教师与学生的参与程度及其积极性水平,师生关系是否融洽,能不能心领神会地默契配合与协作,能否达到思维共振与感情共鸣。教学的出发点便是师生在教学过程中的交流与合作,教学方法应有较高的师生参与度,较好地体现出教学的民主性。

(2)认同感。一种教学方法能否被接受者认同,直接影响到其作用能否卓有成效地发挥。

如果教师所采用的教学方法既能使学生在理智方面认同,又能使其在情感方面认同,则说明这是一种优化的教学方法。否则,就难以保证教学方法的实效。

(3)综合化。最优化的教学方法必须是克服了每种类型方法的局限性,而在其功能、效果、手段等方面呈现出综合化特点的教学方法。只有综合了各种方法的优点和长处,才能发挥出整体最优的功能。

(4)高效性。最优化的教学方法既要能取得最佳效果,又要能达到最高效率,是高效果与高效率的统一。优质高效、省时低耗应当是现代教学方法追求的根本目标。那种效果虽好但耗时太多,或效率虽高但效果不佳的教学方法,不能算是最优化的教学方法。

(5)审美值。最优化的教学方法,应该符合美的规律和原则,能给学生带来美的感受,从而使其本身也成为审美的对象。最优化的教学方法即是艺术性的方法,使用最优化教学方法进行教学就是一种艺术性的劳动,审美也就成为其不可缺少的因素。具有审美价值的最优教学方法注意寓教于乐,使学生在不知不觉中受到深刻的教育。

5.2.2.2　适用于铁道运输管理专业的教学方法

教学方法的应用要符合专业内容教学的特殊要求,以利于达到专业教学的特定目标。不同的教学方法有其应用的场合和条件。铁道运输管理专业教学目标是培养与我国社会主义现代化建设相适应,德、智、体、美、劳全面发展,牢固掌握文化基础知识、具备铁道运输专业综合职业能力,在铁路、其他轨道交通运输第一线的从事运输经营服务管理人员,主要从事铁路运输基层站段的铁路运输系统行车和调度、铁路客运组织与管理和铁路货运组织与管理和服务工作。铁道运输管理专业从专业属性上看是倾向于管理学科,根据专业属性和职校学生的认知特点以及管理学科成功的教学经验,角色扮演教学法、案例教学法、模拟教学法、任务驱动教学法、引导文教学法以及项目教学法等是铁道运输管理专业比较合适的教学法。例如"角色扮演教学法"在"铁路客运组织与管理"教学中可以有很好的应用。通过对将来所从事的车站客运员、售票员、行李员、列车员等职业角色进行扮演,让学生体验未来职业岗位的情感,而深化对学生职业能力的培养,使学生在感悟职业角色的内涵过程中,调动学习的内在动力,把职业知识与职业技能和职业心理有机地结合在一起学习,形成良好规范的职业素养。又如"案例教学法"在"铁路行车组织与管理"教学中可以有很好的应用。通过呈现未来职业岗位中具体事例和变化材料,分析各种情况行车调度作业案例和行车安全事故案例,用具体事例说明未来职业岗位中的多样性、复杂性,让学生感受矛盾、冲突、错综、纷呈、惊奇等职业心理过程,把职业知识与职业技能培养和职业道德培养有机地结合在一起学习,从而提高学生处理问题和解决问题的方法和能力,强化学生综合职业能力的培养。

职业教育的教学不仅要结合各种具体教学方法的科学使用,而且需要注意教法的不断创新,根据不同专业特点和学习者具体情况以及教学内容、教学环境、教学要求和教学目标的变化,探索和创造更符合本专业教学需要的行动导向教学的新方法,体现专业特色,适应以能力为本的人才培养要求,更好地实现行动导向教学目的。"教学有法,教无定法",认识、模仿、应用、开发创新各种教学方法,并能根据不同情况灵活应用,才真正是教师自己专业教学能力发展之路。

5.2.3　行动导向教学法运用应注意的几个问题

各种教学法的运用都有其自身特点。在行动导向教学法运用时,要注意处理和把握好以下几个问题:

1. 教师角色的转变

行动导向教学是让学生在活动中,用行为来引导学生、启发学生的学习兴趣,让学生在团队中自主地进行学习,培养学生的关键能力。在这种教学理念的指导下,老师首先要转变角色,要以主持人或引导人的身份引导学生学习,教师要使用轻松愉快的、充满民主的教学风格进行教学。老师要贯彻好主持人的工作原则,在教学中控制教学的过程,而不要控制教学内容;要当好助手,要不断地鼓励学生,使他们对学习充满信心并有能力去完成学习任务,培养学生独立工作的能力。

2. 教学文件的准备

在实施行动导向教学法时,老师要让学生在活动中学习并要按照职业活动的要求组织好教学内容,把与活动有关的知识、技能组合在一起让学生进行学习,教学要按学习领域的要求编制好教学计划、明确教学要求、安排好教学程序。上课前,要充分做好教学准备,要事先确定通过哪些主题来实现教学目标,教学中要更多地使用卡片、多媒体等教学设备,使学生的学习直观易懂,轻松高效。

3. 协作能力的培养

在实施行动导向教学法时,老师要为学生组织和编制好小组,建立以学生为中心的教学组织,让学生以团队的形式进行学习,培养学生的交往、交流和协作等社会能力。要充分发挥学生的主体作用,让学生自己去收集资料和信息,独立进行工作,自主进行学习,自己动手来掌握知识,在自主学习过程中学会学习。在教学过程中不断地让学生学会使用展示技术来展示自己的学习成果。

4. 学习任务的完整

学习任务应尽可能完整,所反映的职业工作过程应该清晰透明。将传统劳动组织中相分离的计划、实施和检查工作内容结合起来进行教学设计,包含计划、实施、评价等步骤的完整职业工作过程。消除学科界限和专业分割,提倡完整的与客观职业活动相近的学习过程。行动导向教学一般采用跨学科的综合课程模式,不强调知识的学科系统性,而重视"案例"和"解决实际问题"以及学生自我管理式学习。

5. 教学方法的选用

各种教学方法都具有其自身不同的特点与功能,教师应该熟悉各种教学方法的优缺点,把握其适应性和局限性,扬长避短,或有所侧重地使用,或进行优化组合,不可盲地选用教学方法。按前面所提到的"参与度、认同感、时效性、综合化和高效性"等多角度考虑选用。

5.3 　行动导向教学法在铁道运输管理专业教学中的应用

行动导向教学有一套可单项使用,也可综合运用的教学方法,可以根据学习内容和教学目标选择使用。职业教育的行动导向教学法各有其应用特点和适应场合,行动导向教学法中角色扮演教学法、案例教学法、模拟教学法、任务驱动教学法、引导文教学法以及项目教学法比较适合铁道运输管理专业教学,本节重点介绍这六种教学法及在铁道运输专业课程教学中的应用。

5.3.1 　角色扮演教学法在本专业教学中的应用

1. 角色扮演教学法

角色扮演教学法是指在教学过程中,通过剧情化的教学内容,让学生扮演剧中的人物,进入角色,体现角色生活,学生在角色扮演的过程中,学习知识、理解知识、掌握技能,提高能力所采用的教学方法。

角色扮演教学法是为了让学生体验未来所从事的职业领域范围内各种角色行为发生的心理过程,并对这些行为的作用进行评价提供有效工具而采用的一种教学形式。它通过设定一个最接近现实状况的环境,让学生分别扮演某种角色并借助于角色演练来理解角色的内涵,从而提高学生专业能力、方法能力和社会能力。根据不同的教学目的和表演形式可以有冲突式角色扮演、模拟式角色表演、决策式角色扮演、乌托邦式角色扮演等类型。

2. 角色扮演教学法的一般步骤

(1)材料准备

教师在实施教学前,要进行学情分析,针对职业学校特点,设计适合本专业学生的"剧情",收集信息、准备材料,精心策划,设计教学。教师要给扮演不同角色准备相应的资料,可以将角色要点制成小卡片形式发给不同的角色,根据需要对教学内容剧本化准备相应的"道具"。比如,信号员用的手信号旗、行车日志等。

(2)角色分工

布置课题的内容和表演形式,教师把学生划分成几个小组,例如 6 人一组,每组中又分别扮演职业岗位环境里不同的合作伙伴的角色。比如,车站客运服务的客运值班员、售票员、旅客等角色。

(3)情景表演

情景是使学生能够把他们所学的知识和技能与未来所从事的职业岗位具体的情节联系在一起,分演示、训练和展示三个阶段。演示可由教师和自愿参加的几个学生来扮演不同角色的代表进行示范。然后进入学生进行角色扮演训练阶段,鼓励学生适当地使用手势、表情和实物,尽量使交流具有真实性。再是进入展示阶段,按分组每组进行汇报表演,其他组观摩。

(4)组织讨论

观看角色扮演后组织讨论,让大家谈感受和体会。讨论的出发点是让学生完全融入角色中去,教师应该注意行为引导,控制氛围和场景。学生通过问题情境探索并学习如何处理人与人的关系问题,以民主地方法来参与讨论问题、分析问题、研究问题,培养学生解决问题的技能和态度。

(5)成果评定

开展综合性的评价,从专业能力、方法能力和社会能力几方面全面的评价和考核学生的学习水平。对于学生完成学习任务的情况,采用自我评价,组际互评及教师最终对小组客观、准确与全面的评价,以保持小组活动的有效性。特别是以小组为单位开展的成绩评定,有益于学生团队合作精神与集体荣誉感的培养。

(6)总结反思

归纳本单元的专业知识和技能,总结经验,肯定成绩,指出不足。通过总结反思学生角色扮演和职业活动,进一步加深学生的对这一职业岗位的所涉及的专业理论理解,熟悉与其相关的职业活动中的知识技能运用。

3. 角色扮演教学法的应用分析

(1)应用范围

角色扮演教学法提供了一种以经验为基础的学习情境,在这个学习情境中,学生以职业岗位工作人员身份为角色,没有风险地、逼真地去体验角色的情感与态度、练习各种技能、领悟职业角色的内涵。在职业领域内,每一个人都处于不同的位置,又自己的岗位职责,与本专业相关的职业岗位都可以是学生扮演的角色,教学内容要求的知识与技能以及态度可以设计一系列形成剧本。根据铁道运输管理专业的技术应用领域,学生未来从事的铁路运输服务面向旅客、面向货主,都是专业领域里的角色。通过角色扮演教学法的教学,使学生加深对职业技能与知识的理解和掌握,探索角色的情感和价值观,培养独立解决问题的能力是十分适用的教学方法。

(2)应用关键点

角色扮演教学法的关键点一是如何设计和营造一个学生表演的活动情境,让参与活动的学生在其中分别担任一个相应的角色并轮换出场表演;二是如何培养学生正确的认识角色,学会了解角色内涵,从而进入角色,圆满完成角色承担的工作任务,为学生进入未来的职业岗位奠定基础;三是注意在教学中善于把语言表达、实践技能、团结合作、人际交往和专业能力的培养有机结合在一起。

4.角色扮演教学法应用示例

"铁路货运组织与管理"课程中"货物运单填制与审核"的角色扮演教学法教学案例如下:

案例1 货物运单填制与审核

1. 教案头

课程类别	铁路货运组织与管理			学习领域	普通货物运输		
学习任务	货物运单填制与审核						
教学班级	铁道运输管理专业×班	课时	8	教学地点	专用教室 (货物运输综合实验室)		
教学目标		知识目标		技能目标		情感态度目标	
	1. 掌握货物运单填制的基本内容 2. 掌握货物运单填制的基本要求和方法 3. 掌握货物运单审核的基本内容 4. 掌握货物运单审核的要求和方法			1. 能熟练填制铁路普通货物运单 2. 能审核铁路普通货物运单,发现运单填写中的问题,并提出改正方法 3. 能按照铁路货运员岗位要求进行标准化作业		1. 培养法律意识 2. 培养认真、严谨的工作态度 3. 养成安全生产和标准作业习惯	
教学内容	学习内容: 1. 铁路货物运单填制基本要求 2. 铁路货物运单审核的基本内容 能力训练任务: 1. 普通货物运单填写 2. 普通货物运单审核						
教学方法与策略	角色扮演教学法等			教学媒体	教学录像、货票、多媒体设备、计算机等		

学习资料	参考教材
	  戴实 . 铁路货运组织 . 北京:中国铁道出版社,2007.
	技术资料
	  1.《货规》、《货管规》、《铁路货物运价规则》、《铁路集装箱运输管理规则》等规章
	  2. 货物运输作业程序及作业标准表(货运值班员、货运员)
	教辅材料:货物运单						

2. 教学设计

<table>
<tr><td colspan="3" align="center">1. 情景创设</td></tr>
<tr><td align="center">职业岗位角色</td><td align="center">虚拟情境</td><td align="center">设备与工具</td></tr>
<tr><td>内勤受理货运员、托运人各2人,4人一组</td><td>××站货运营业室</td><td>《货规》、《里程表》、计算机、各种戳记等</td></tr>
<tr><td colspan="3" align="center">2. 活动设计</td></tr>
<tr><td colspan="3">货物运单审核与填制教学从对相关知识的学习到实践技能的训练共8课时,其中相关理论知识的学习2课时,技能示范及训练4课时,学习成果展示及评价2课时,教学活动流程如下:
感知角色——分析角色——示范角色——扮演角色——讨论反思——评价总结——应用迁移</td></tr>
<tr><td colspan="3" align="center">3. 教学过程</td></tr>
<tr><td></td><td align="center">教师活动</td><td align="center">学生活动</td><td align="center">教学意图</td></tr>
</table>

<table>
<tr><td rowspan="1">感知角色</td><td>【引入】铁路货物运单是铁路货物运输合同的重要组成部分,货物运单审核是货物发送作业程序中非常重要的一项工作。为保证货物运输的安全,必须严格按照《货规》有关规定,认真审核货物运单,符合要求后,正确填制和审核货物运单。本课的任务是学习铁路普通货物运单的填写、审核</td><td>思考及回答问题</td><td>介绍普通货物运单的填写方法与要求;货物运单的审核内容及要求;货物运单鉴证</td></tr>
<tr><td rowspan="2">接受任务</td><td>【提出任务】普通整车货物运单填写举例:某托运人在××站托运××货物,重××kg,数量××件,包装××,收货人×××,到站××站,保价运输,保价金额××元。如何正确填写货物运单?</td><td>思考问题</td><td>引出新课,引起注意,激发求知欲</td></tr>
<tr><td>【播放多媒体课件】货物运单填写项目及要求以及铁路货运办理的规范作业</td><td>观看多媒体课件</td><td>增加学生的感性认识,便于思考问题</td></tr>
<tr><td>分析角色</td><td>【分析探究】
(1)引导学生联想
(2)启发学生思考
(3)货物运单填制需要学习哪些知识
(4)怎样审核货物运单</td><td>观察思考</td><td>通过看多媒体课件,引导学生思考</td></tr>
<tr><td rowspan="2">示范角色</td><td>【讲解】
(1)货物运单基本填写要求和重点要求
(2)货物运单审核的基本内容
(3)鉴证货物运单内容</td><td>认真领会</td><td>介绍《货规》关于货物运单填写及审核的具体规定</td></tr>
<tr><td>【示范】
针对具体案例讲解示范</td><td>按照学习材料或参与示范模拟表演,或仔细观察,实操感受</td><td>使学生熟悉铁路普通货运作业标准,货运单填制操作及审核</td></tr>
<tr><td>扮演角色</td><td colspan="3">(1)学生分组:每组2~4人,分别扮演托运人、受理货运员,每组学生为一对练组合
(2)角色训练:先挑选一个组合,在老师的指导下进行对练示范:办理一次运单填写和审核作业过程。当学生对作业基本清楚后,全班再进行角色训练练习。这个过程通过角色扮演模拟现场作业,完成货物托运及受理作业的办理,使学生在角色训练中对货物托运和受理作业知识技能的理解,提高学习兴趣和学习效率。
(3)角色扮演:学生分别扮演托运人和受理货运员,进入全环节训练,与现场作业要求完全一致。同时交换进行货运单审核。
(4)教师指导:在学生训练过程中,教师作为咨询和监督员,进行监督、指导和检查,发现问题及时纠正。</td></tr>
<tr><td>讨论</td><td colspan="3">针对扮演角色的岗位技能提出一些问题让学生讨论</td></tr>
<tr><td>反思</td><td colspan="3">角色扮演中的不足</td></tr>
</table>

续上表

4. 评价总结
学习成果展示及教学评价
成果展示：按规定时间训练结束后，每个组分别进行学习成果展示。根据教师给定的任务，办理货物托运和受理作业。
多元评价：根据每个组的整体办理情况，教师给出小组评定成绩，同时其他小组学生也进行互相评判打分，并进行讲评，综合教师与学生的评价，以教师占60％，学生互评(小组平均)占40％计算单元成绩。小组的成绩即是该小组每个学生的成绩。
总结及提出新的教学内容
在每个小组学习成果展示后，教师对该项教学内容的学习情况进行总结，肯定成绩，提出缺点与不足。通过总结达到梳理所学知识，进一步理解巩固的目的，同时引出下次新的教学内容。
评价用表(附后)

5. 运用练习
训练题可以选自铁路职业技能鉴定参考丛书的相关试题(略)

6. 教学后记	
教学效果自评	
教案修改建议	
资源增补建议	

3. 成果展示评价用表

表1　货物运单填制与审核项目作业演练评价用表(标准)

班级＿＿＿＿＿第＿＿＿＿＿学习小组　完成时间＿＿＿年＿＿＿月＿＿＿日

小组成员 ＿＿＿＿、＿＿＿＿、＿＿＿＿、＿＿＿＿、＿＿＿＿

项　目	展示过程行为表现描述	分值	得分
专业实 践能力	能圆满完成作业演练全过程,且完全符合作业标准化要求	60	
	能完成作业演练全过程,偶尔没有达到标准化作业要求	45	
	能完成作业演练大部分内容,多次没有达到标准化作业要求	30	
	能完成作业演练少部分内容,与标准化作业要求有很大的差距	15	
方法能力	解决问题的方法有创新且富有成效	20	
	能在小组内解决学习中碰到的困难	15	
	能在教师的指导下解决学习中碰到的困难	10	
	在教师的指导下,能解决学习中碰到的部分困难	5	
社会能力	小组成员精诚合作,气氛融洽,富有团队精神	20	
	能有效地开展小组交流与合作	15	
	能开展小组交流与合作,但成效一般	10	
	职责不清,小组成员间缺乏有效的交流与合作	5	
合　计			

表2　货物运单填制与审核项目作业演练评价互评结果统计用表

货物运单填制与审核　项目作业演练评价互评结果

请根据课堂中其他小组的成果展示,评定其他小组的学习成果：

第1小组＿＿＿＿＿分;第2小组＿＿＿＿＿分;第3小组＿＿＿＿＿分;

第4小组＿＿＿＿＿分;第5小组＿＿＿＿＿分;第6小组＿＿＿＿＿分

组长签字＿＿＿＿＿＿＿＿＿＿

时间＿＿＿＿年＿＿＿月＿＿＿日

表 3　货物运单填制与审核项目作业演练成绩表

学　号	姓　名	所在小组	教师评价(60%)	其组互评(20%)	本组互评(20%)	成　绩

4. 教学流程

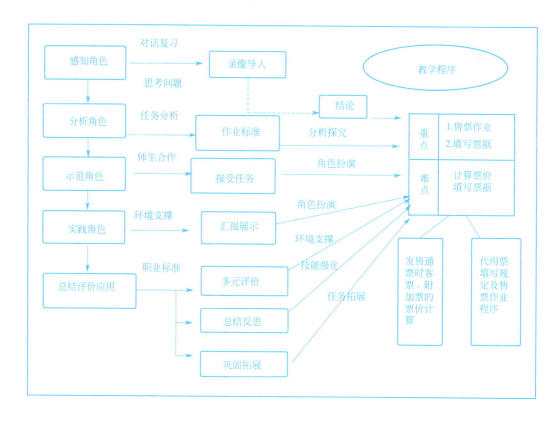

5.3.2　案例教学法在本专业教学中的应用

1. 案例教学法

案例教学法又称个案分析教学法,它是根据教学目标的需要,把职业活动中的真实情境通过典型化处理,形成可供学生思考分析和决裂的案例,通过对该具体案例的描述,引导学生对案例进行讨论和研究,以提高分析问题和解决问题能力的教学方法。

案例教学法是以案例为基本素材,通过对一个具体情境的详细描述,把学生带入特定的事件情境中,对这一具体情境进行讨论,提出推理、概括并得出结论的一种教学形式。案例教学以学生为主体,学生积极参与教学活动,借助于精选出来的案例主动掌握知识、能力、情感、态度和价值观;案例教学将理论与实践有机结合,侧重学生创新意识和未来职业岗位技能培养;案例教学促使学生学会思考、学会探索,发展并不断完善自身的知识体系,丰富学习经验,培养实事求是的科学态度,真正达到培养能力提高素质之目的。

2．案例教学法的一般步骤

(1)精选案例

行动导向教学法中案例教学的案例是指职业活动情景中的真实发生的典型事件。案例是实施教学的基础,教师要精心选择和设计适合本专业学生的案例。教师要根据本专业的教学目标和教学内容选择,把握案例对教学对象的针对性,案例对职业活动的真实性,案例对职业技能的典型性,以及案例的对教学内容的时效性和完整性。

(2)呈现案例

把教学案例呈现给学生,可以借助现代教学媒体(如音像资料),也可以是事先印好纸质文字材料或者两者结合。一般文字材料可以在课前几天或更早时间发给学生,保证学生有比较充分的时间来熟悉案例、了解事件的来龙去脉。音像资料则可以在教学初始阶段呈现,要注意营造教学情境和氛围。

(3)分析案例

在规定的时间内,学生阅读案例材料,分小组组织学生讨论,鼓励学生广开思路,积极发言,互相提问,分析案例的核心议题和论点,需要解决的问题和做出的决策。教师在学生讨论的过程中,要针对学生的不同表现,采取不同的方式予以引导,对部分不爱发言的学生予以启发,开拓思路,消除自卑感、增强自信心。引导学生正确分析,营造一个和谐、积极向上的讨论氛围。

(4)评价案例

讨论结束后,可以采取个人发言、集体辩论等方式,展示、汇报小组所提出的问题和解答问题,并对案例进行评价。如各组选派一名代表发言,阐述本组就案例问题所达成的共识以及尚存在的争议的问题;可以通过提出的问题组织集体综合辩论,给出个性化和代表性的假设,进行讨论交流,归纳处理事件、解决问题的方法。

(5)迁移运用

评价案例后,归纳本单元专业知识和技能的关键点,提出一些类似的事件或更深层次的案例去处理运用,也可以让学生设计案例,达到举一反三的效果。

(6)总结归纳

总结本单元的教学情况,教师对学生的案例答案进行归类,对学生的案例进行评价,进一步加深学生对这部分专业知识与技能的掌握。

3．案例教学法的应用分析

(1)应用范围

案例教学作为一种新型的教学方式,已经是应用最为广泛的教学法之一。案例教学法通过案例对一个个具体情境的详细描述,引导学生对这一具体情境进行讨论,提出推理、概括并得出结论,目的在于使学生能够象征性地步入特定决策者位置。在职业领域内,每一项具体工作任务的完成、每一个事件发生都是案例,与专业相关的案例无处不在、无时不有,都可以作为本专业教学内容相关的案例。案例教学法是非常适合铁道运输管理专业课程的教学方法。

(2)应用关键点

案例教学法的关键,是设计和选择案例。一个好的案例素材对于案例教学来说能起到事半功倍的效果。在选择案例时要注意以下几个问题:①结合专业背景,体现案例的科学性和教育性,确保学生能通过案例获得相关的知识;②结合专业背景,把握案例的真实性和典型性,通过这个事件能给学生带来启迪,具有借鉴和参照价值意义;③结合专业背景,注意案例的时效性和完整性,能保证事件的情节具有整体感,并体现时代特色。

4. 案例教学法应用示例

"铁路客运组织与管理"课程中"误售、误购和误乘情况的处理"的案例教学法教学案例如下:

案例2 误售、误购和误乘情况的处理

1. 教案头

课程类别	铁路客运组织与管理		学习领域		车站客运、列车客运	
学习任务			误售、误购、误乘情况的处理			
教学班级	铁道运输管理专业××班		课时	2	教学地点	专用教室:虚拟某车站售票处或某列车办公席
教学目标		知识目标		技能目标	情感态度目标	
		1. 掌握误售、误购车票的处理方法 2. 掌握误乘的处理方法 3. 理解《客规》、《铁路客运运价规则》、《铁路旅客运输办理细则》、《客管规》、《旅客票价表》的相关规定		1. 能运用客运规章的具体条文解决误售、误购车票和误乘问题,合理地补收或退还票价 2. 能正确填写客运有关票据,使旅客安全迅速到达目的地 3. 正确处理旅客乘车中发生的特殊情况	1. 培养法律意识 2. 熟悉客运服务礼仪,培养优质服务意识 3. 培养严谨的工作态度	
教学内容		学习内容: 《客规》、《铁路客运运价规则》、《铁路旅客运输办理细则》、《客管规》、《铁路客运运价里程表》、《旅客票价表》关于误售、误购、误乘情况的处理的有关规定和处理方法 能力训练任务: 1. 发生误售、误购车票时,发现地点不同,处理方法不同 2. 误售、误购、误乘的旅客,在免费送回的区段中途下车的处理方法 3. 能合理使用《铁路客运运价里程表》《旅客票价表》,会计算票价 4. 能正确填写代用票、客运运价杂费收据、退票报告、退票报销凭证及客运记录				
教学方法与策略		主要采用案例教学法		教学媒体	教学录像、多媒体设施、计算机等	
学习资料		参考教材 彭进 . 铁路客运组织 . 北京:中国铁道出版社,2008. 技术资料 杜五一 . 客运及其配套规章的综合理解与应用 . 北京:中国铁道出版社,2004. 技术手册 《客规》、《铁路客运运价规则》、《铁路旅客运输办理细则》、《客管规》、《铁路客运运价里程表》、《旅客票价表》等 材料 代用票、客运运价杂费收据、退票报告及退票报销凭证及客运记录等				

2. 教学设计

1. 情境创设
案例描述
案例1:2009 年 5 月 2 日,由沈阳开往金华西 1033 次列车(新型空调车),在南京站一位旅客要求购买当日到沧州的车票,误购为常州站。在南京站上车前发现,售票员如何处理?在徐州站中转签证时发现,如何处理?在常州站或列车内发现,如何处理? 案例2:2008 年 12 月 8 日,一位旅客持北京西至石家庄的新空硬座客特快联合票,乘 T57 次列车(北京西—郑州新型空调车),列车在邯郸开车后,验票发现该旅客坐过了站,列车长即编制客运记录,连同原票和旅客到安阳站交下,安阳站指定乘坐 2070 次列车(安阳—石家庄)免费送回石家庄。但该旅客在中途站邯郸下车,应如何处理?

续上表

2. 活动设计
呈现案例(描述案例)(6 min)——提出问题(8 min)——讨论引导(分析案例,分组讨论)(20 min)——成果展示(评价案例,汇报讨论情况,回答提出问题)(20 min)——应用迁移(案例分析练习)(8 min)——总结升华(18 min)

3. 教学过程			
	教师活动	学生活动	教学意图
呈现案例 (6 min)	【引入】大家出门旅行,一般情况下,旅客均能按车票票面指定的日期、车次乘车而到达目的地,但我们的铁路工作人员经常会碰到一些特殊情况。本次课程的内容就是来学习:①误售、误购车票的处理;②旅客误乘的处理。 下面我们看看一些实例。 (PPT展示案例1、案例2内容或者由教师口述案例,通过图表文字、多媒体等来描述案例,创设教学情境)	听案例并思考	案例讲解——引导性:对案例的呈现时要做到充分交代所有与案例相关的要素。 解释客运规章的具体条文。
提出问题 (8 min)	问题1:在南京站上车前发现,售票员如何处理? 问题2:在徐州站中转签证时发现,如何处理?在常州站或列车内发现,如何处理? 问题3:该旅客在中途邯郸下车,应如何处理? (在黑板上画出车站示意图,PPT课件展示相关客运具体条文:《铁路旅客运输规程》《铁路旅客运输管理规则》《铁路客运运价里程表》、旅客票价表) 请大家分组讨论	思考问题	引出新课,引起注意,激发求知欲
讨论引导 (20 min)	将小组讨论的人数控制在4~6人;针对问题进行讨论,并让小组选择组长,由组长承担小组讨论的组织和对全体做小组讨论的记录和汇报工作	分小组讨论,人人发言,互相点评,达成小组意见	分析案例
成果展示 (评价案例) (20 min)	1. 对案例1的分析处理方案汇报 总体处理方案:发生误售、误购时,车站和列车均应积极主动正确处理,使旅客能安全迅速到达旅行目的地车站。 第一步讨论分析旅客误售、误购车票有可能发现的地方;第二步结合实际情况,判断旅客原票到站和正当到站的相互位置,计算已收票价和应收票价的差额;第三步:得出处理方法。 (点评学生意见、完善方案、学生明确步骤) 2. 对案例2的分析处理方案汇报 总体处理方案:旅客误乘列车或坐过了站,列车和车站应认真妥善处理: 第一步讨论分析旅客未及时到达正当到站的可能因素;第二步免费送回正当到站区段旅客中途下车的处理方法;第三步:进行计算,得出结论	汇报讨论情况,回答提出问题	使学生学会处理问题的方法

续上表

	3. 教学过程		
应用迁移(案例分析练习) (8 min)	2009 年 6 月 28 日 1627 次(郑州—南宁)南宁站组织出站。一旅客持永州至凭祥硬座客快票(普快至南宁),票号 B0287613,该旅客产生疑问,经了解,其正当到站为萍乡,请问南宁、萍乡站应如何处理?南宁返回列车有 1628 次至株洲中转、1380 次列车(南宁—无锡新型空调车)直乘萍乡,请处理。 (1)处理依据: _____ ; (2)处理方法: _____ ; (3)费用计算: _____ ; (4)填写票据: _____ 。	学生独立完成	编制客运记录计算费用
总结升华 (18 min)	[总结] 问题1:误售、误购车票,收取什么费用? 误售、误购车票,既不是铁路责任,又不是旅客责任,所以只核收合理票款,不收取任何手续费和退票费。 问题2:应补收票价时,如何处理? 收回原票、换发代用票,补收票价差额。填写代用票时应按要求填写。 问题3:应退还票价时,如何处理? 车站、列车应编制客运记录交旅客,作为乘车至正当到站要求退还票价差额的凭证。 知识要点: ①发生车票误售、误购时,在发站应换发新票。 ②在中途站、原票到站或列车内应补收票价时,换发代用票,补收票价差额。 ③应退还票价时,站、车应编制客运记录交旅客,作为乘车至正当到站要求退还票价差额的凭证,并应以最方便的列车将旅客送至正当到站,均不收取手续费或退票费。 ④因误售、误购或误乘需送回时,承运人应免费将旅客送回。在免费送回区间旅客不得中途下车。如中途下车,对往返乘车的免费区段,按返程所乘列车等级分别核收往返区段的票价,核收一次手续费。 技能要点: ①根据实际情况,能合理使用《铁路客运运价里程表》接算里程,正确使用《旅客票价表》计算票价。 ②能够正确填写代用票、客运运价杂费收据、退票报告及退票报销凭证。 ③能适时简明扼要地编制客运记录。	双边活动: 判断误售、误购车票发现位置不同,处理的方法有所不同	启发、诱导 重点讲解 指导性:对整个案例给出的总结性意见。 掌握误售、误购、误乘的处理方法。 (在案例 1 的基础上改变条件,从易到难、循序渐进,让学生从多方面加深体会)
	4. 课外练习		
巩固	案例分析练习		
	5. 教学后记		
教学效果自评			
教案修改建议			
资源增补建议			

3. 教学评价

（1）评价方法

学生评价活动：①根据案例分析过程和应用阶段的专业知识应用和方法能力以及合作精神与学习态度等评价本小组任务学习成果，并填写评价表；②根据案例分析的准确性把握评价其他小组的学习成果并填入评价表。

教师评价活动：①组织学生开展行为、学习态度和责任心等的评价和总结活动；②根据学生的学习成果，结合学习过程记录，对学生做出综合评价；③总结学习过程，提出自己的观点，以供学生参考。

（2）评价用表

表 1　误售、误购和误乘情况的处理案例分析本组互评用表

学号	姓名	组别	专业知识应用和方法（案例分析）(70%)	合作精神与学习态度(30%)	成绩100分制

表 2　误售、误购和误乘情况的处理案例分析评价互评统计用表

<u>　　误售、误购和误乘情况的处理　　</u>项目互评结果

请根据课堂中其他小组的成果展示，评定其他小组的学习成果：

第 1 小组 ＿＿＿＿＿＿ 分；第 2 小组 ＿＿＿＿＿＿ 分；第 3 小组 ＿＿＿＿＿＿ 分；

第 4 小组 ＿＿＿＿＿＿ 分；第 5 小组 ＿＿＿＿＿＿ 分；第 6 小组 ＿＿＿＿＿＿ 分

组长签字 ＿＿＿＿＿＿＿＿＿＿＿＿

时间 ＿＿＿＿ 年 ＿＿＿＿ 月 ＿＿＿＿ 日

表 3　误售、误购和误乘情况的处理案例分析学业成绩表

学号	姓名	组别	教师评价(50%)	其组互评(20%)	本组互评(30%)	成绩

4. 本案例教学应用分析

（1）采用案例教学法，好的案例素材非常重要。在本教学案例中，通过实际典型案例学习旅客乘车途中发生特殊情况的处理方法，学生学习兴趣浓，不仅有利于学生对知识的理解、记忆和应用，同时学生通过对问题的解决，培养积极的、主动的、合作的学习态度，有利于学生方法能力的培养。

（2）本案例切合专业知识背景，事件的情节具体完整。教学活动以学生为主体，以培养探索能力和实践能力为目标，促使学生投入主动地获取知识、应用知识、解决问题的学习活动，培养学生的创造性思维能力和独立处理问题的能力。

（3）教学过程通过案例分析实践和教学评价活动，增强学生学习的成就感，不仅有利于培养学生认真严谨的作风，更有利于培养学生的团队精神和社会能力。

5.3.3　模拟教学法在本专业教学中的应用

1. 模拟教学法

模拟教学法是指通过模拟实际生活与职业活动中的某些场景,使学生在接近现实的情况下扮演相应的角色,与其中的人和事产生互动,以达到预定学习目的的教学方法。

模拟教学法中的情景教学是根据专业学习要求来模拟社会场景的,通过情境教学,让学生在现实社会环境中,对自己未来职业岗位有一个比较具体的、综合的、全面的了解和熟悉过程。

2. 模拟教学法的一般步骤

(1)环境准备

教师为学生准备逼真的职业活动场景,这是与实际职场具有相同功能的工作环境,如"模拟公司"、"模拟仓库"、"模拟调度中心"、"模拟车站"、"运输仿真实验室"、"旅客运输演练室"等等,在这些场景中实施教学可以使学生身临其境,有助于培养学生的实际操作能力。

(2)情景创设

教师为学生营造职业活动的情景氛围,在现实的职业工作环境和浓浓的职业活动氛围中进行教学,边学边做,实现"理实一体化",学生人人参与模拟训练,体现学生的主体性。

(3)示范指导

在学生模拟训练的过程中,教师适时予以指导并校正,示范操作要领,检查学生训练情况。

(4)模拟练习

在教学过程中,学生按照技能操作步骤,反复进行技能训练,促使学生通过自身反复的协调性训练反馈并感悟到正确的要领和操作技能。

(5)展示评价

教师根据技能标准和训练要求,进行学生训练情况和熟练程度进行达标评价。

(6)总结反思

师生共同进行总结,归纳技能要领,总结训练情况,肯定成绩,指出不足。

3. 模拟教学法的应用分析

(1)应用范围

模拟教学法一般分为模拟设备教学和模拟情境教学。模拟设备教学需要模拟设备支撑,如"铁路行车组织与管理"课程中,模拟列车调度作业、模拟列车编组作业等。这种模拟操作训练的特点不受学生因操作失误影响,可以反复训练,形成正确的熟练的操作技能。模拟情境教学主要是根据职业岗位模拟一个社会场景,如"铁路客运组织与管理"模拟车站客运服务、车站售票、列车乘务等,通过模拟使学生对未来的职业岗位有一个综合的、真实的理解,比如对行业特有的规范的掌握。特别是铁道运输行业,现场的环境复杂,安全要求高,不便让学生直接训练,通过模拟仿真来解决铁道运输管理专业实践教学训练,可以产生良好的教学效果。

(2)应用关键点

模拟教学法的关键,是营造和创设一个仿真的工作情景。根据专业学习要求来模拟社会场景,在模拟仿真现场中实施教学活动,通过情境教学,营造良好的职业环境和氛围,让学生身临其境,亲身感受,使学生学习和就业岗位"零距离",培养学生职业能力的同时,培养了职业意识和职业道德。

4. 模拟教学法应用示例

"铁路货运组织与管理"课程中"集装箱运输组织作业"的模拟教学法教学案例如下:

案例3　集装箱运输组织作业

1. 教案头

课题:集装箱运输组织作业					
教学班级	铁道运输管理专业××班	课时	10	教学地点	专用教室 (货运综合实验室)
教学目标	**知识目标** 1. 掌握集装箱的种类,集装箱的主要技术参数 2. 掌握集装箱场的分类及集装箱运输基本条件 3. 会配置集装箱场 4. 会利用集装箱运输条件组织集装箱运输 5. 掌握集装箱运输管理体制,集装箱运输计划的主要内容		**技能目标** 1. 在集装箱运输组织工作中会熟练使用集装箱的技术参数 2. 能办理集装箱的托运、承运、中转等作业 3. 能组织集装化运输 4. 能运用规章解决集装箱运输组织的实际问题		**态度目标** 1. 培养遵章守纪、团结合作的意识 2. 培养认真、严谨的工作态度 3. 养成安全生产和标准作业习惯
教学内容	学习内容: 1. 集装箱定义和种类 2. 集装箱运输设备 3. 集装箱运输组织条件 4. 集装箱货物运输作业标准 5. 集装化运输组织方式 6. 集装化运输组织 能力训练任务: 1. 集装箱货物的发送作业 2. 集装箱货物的到达作业 3. 集装箱进出站管理				
教学方法 与策略	模拟教学法等		教学媒体	标准化作业录像、多媒体设施、××车站集装箱场布置图、集装化用具图片等	
学习资料	参考教材 　戴实. 铁路货运组织. 北京:中国铁道出版社,2007. 技术资料 　1.《铁路货物运输规程》、《铁路货物运输管理规则》、《铁路货运运价规则》、《铁路集装箱运输管理规则》等有关集装箱运输规章 　2. 集装箱运输作业程序及作业标准(货运值班员、货运员)表发给学生人手1份 教辅材料 　集装箱货物运单等				

2. 教学设计

1. 情境创设		
模拟岗位角色	虚拟情境	设备与工具
托运人、内勤受理货运员、外勤受理货运员、收货人、内勤交付货运员、外勤交付货运员等6人角色岗位	××车站货运车间	1. 集装盘;2. 集装桶;3. 集装捆;4. 集装袋;5. 集装网;6. 集装笼;7. 集装架;8. 预垫运输;9. 铸件改形;10. 拆解集装等集装箱运输设备
2. 活动设计		
本教学内容从对相关知识的学习到实践技能的训练共10课时,其中相关理论知识的学习4课时,技能示范及训练4课时,学习成果展示及教师评价2课时。教学活动流程如下: 　导入问题情境——描述模拟情境——准备模拟框架——模拟示范(首组)——模拟演练(各组)——议论反思——评价总结		

续上表

3. 教学活动	
导入问题情境	问题引导法：播放集装箱运输组织多媒体课件，以问题："集装箱货物运输作业与一般整车货物作业过程中具体区别？"进入问题情境，导入新课。
模拟情境描述	教师活动： 介绍集装箱运输管理体制及一次标准作业过程；货物托运、受理、空箱拨配、接收重箱、装车、卸车、到货保管及通知、交付、接收空箱等具体作业过程及注意事项。 1. 托运、受理内容及要求。 2. 空箱拨配、接收空箱要求及注意事项。 3. 接收重箱注意事项及具体要求。 4. 装卸车作业的基本要求及注意事项。 5. 到货保管通知及交付具体要求及注意事项。 学生活动： 倾听、记录、思考
准备模拟框架	教师活动： 1. 将学生分成若干模拟演练小组，根据具体情况分别担任：托运人、内勤受理货运员、外勤受理货运员、收货人、内勤交付货运员、外勤交付货运员等6人角色岗位。 2. 布置模拟演练任务，明确模拟演练过程。 3. 观察学生对模拟演练的筹划，解答学生的疑问，审核模拟演练计划，指导学生模拟演练的准备工作。 学生活动： 1. 学生形成模拟演练小组，根据个人意愿决定演练任务及岗位分配。 2. 根据教师的情境描述进行讨论和磋商，制定模拟演练计划，做好模拟演练的准备
挑选首个模拟演练小组	1. 挑选准备工作充分、愿望强烈、乐意与别人探讨问题、善于接受别人意见的小组进行首次演练。 2. 对其他学生进行引导和培训，布置观察性的问题：模拟演练过程是否完整，有无缺漏？ 模拟是否真实？ 模拟作业过程是否符合集装箱发、到一次作业标准
第一小组模拟演练	教师活动： 记录模拟演练中的亮点和存在的问题。 学生活动： 1. 首个模拟演练小组按角色进行集装箱发、到作业的全过程演练。 2. 其他学生根据教师布置的观察性问题观察第1小组的演练，记录演练中的优点和存在的问题
议论模拟演练内容	1. 教师给出议论的主题，如模拟演练中存在什么问题？ 该如何改进？ 2. 学生围绕教师提出的问题进行分析和讨论。 3. 教师总结模拟演练中存在的问题和不足之处，并就如何改进提出自己的意见
小组轮换模拟	模拟演练小组轮换，每小组演练结束后，及时进行演练内容的讨论
教学评价	学生活动： 1. 以小组为单位讨论总结模拟演练学习活动，并在班上交流学习过程中取得的经验、教训和体会。 2. 针对本小组在模拟演练过程中的能力表现及结果进行组内自评，并填入评价表。 3. 对其他小组进行评价，填入评价表。 教师活动： 1. 教师组织学生开展行为、态度和责任心等的评价和总结活动。 2. 对各小组做出综合评价
4. 教学后记	
教学效果自评	
教案修改建议	
资源增补建议	

3. 教学评价

(1)集装化运输组织模拟练习要点

①托运

发货人托运集装化货物,应在运单"托运人记载事项"栏内注明"集装化"字样。

运单中"件数"一栏应填写集装货物的件数,"包装"一栏填写集装方式名称。

②受理和承运

发站受理集装化货物时,应在货物运单右上角处加盖"××站集装化运输"章。

承运新品名、新方式集装化货物时,因先组织试运,以检验集装用具、装载加固方法能否保证货物及运输安全。试运成功的集装化方式和用具,铁路局应及时组织鉴定和定型,并作为运输条件公布,在管内执行。经铁道部鉴定合格的集装化方式的用具,由铁道部公布运输条件在全路施行。

实行集装化运输的货物(以运单上发站的集装化运输章为凭),其装卸费率仍按集装前的该类货物装卸费率执行。

组织集装化运输时要充分利用货车载重能力和容积,并符合《铁路货物装载加固规则》有关规定。不容许将非超限货物集装成超限货物运输。

③交接

集装化运输的货物,在清点件数时,一律按集装货件办理,不得拆散;到达的集装货件,到站应以单元整体(包括集装用具)一并交给收货人。收货人应以单元整体搬出货场。

(2)评价标准

表 1 集装箱运输组织模拟演练作业标准

项 目	行为表现描述	分值	得分
专业实践能力	能圆满完成模拟演练全过程,且完全符合标准化作业要求	60	
	能完成模拟演练全过程,偶尔未达到标准化作业要求	45	
	能完成作业演练大部分内容,多次未达到标准化作业要求	30	
	能完成作业演练少部分内容,与标准化作业要求有很大的差距	15	
方法能力	解决问题的方法有创新且富有成效	20	
	能在小组内解决学习中碰到的困难	15	
	能在教师的指导下解决学习中碰到的困难	10	
	在教师的指导下,能解决学习中碰到的部分困难	5	
社会能力	小组成员精诚合作,气氛融洽,富有团队精神	20	
	能有效地开展小组交流与合作	15	
	能开展小组交流与合作,但成效一般	10	
	职责不清,小组成员间缺乏有效的交流与合作	5	
合 计			

表 2 集装箱运输组织项目模拟演练评价用表

集装箱运输组织 项目演练评价互评结果
请根据课堂中其他小组的成果展示,评定其他小组的学习成果:
第1小组_____分;第2小组_____分;第3小组_____分;
第4小组_____分;第5小组_____分;第6小组_____分
组长签字_____
时间_____年_____月_____日

（3）评价汇总表

表3　集装箱运输组织学业成绩表

学号	姓名	组别	教师评价(50%)	其组互评(20%)	本组互评(30%)	成绩

4. 本案例教学应用分析

（1）模拟教学法有利于学生实践能力的培养。模拟训练提供了一个良好的平台,学生通过集装箱运输组织作业演练和模拟岗位训练,缩短了学生走上工作岗位后的适应时间,对提高实践能力有很大帮助。

（2）模拟演练有利于调动学生的主观能动性。学生以主体参与的身份进行具体的集装箱运输组织作业模拟演练。整个模拟教学过程中,学生是真正的主角,每位学生都经历了集装箱货物运输作业的一系列环节的深刻体验。通过小组扮演工作形式,促进学生之间的交流,锻炼学生与人交往、沟通、协作的能力,培养团队合作的精神。

（3）在集装箱运输实际工作中,会遇到各种各样的情况。为提高学生学习的积极性,演练案例的准备应从易到难,尽可能将工作中会遇到的各种问题在不同的演练案例中加以体现,以提高学生解决实际问题的能力。

5.3.4　任务驱动教学法在本专业教学中的应用

1. 任务驱动教学法

任务驱动教学法又称任务教学法,是指教师把教学内容设计成一个或多个具体的任务,让学生通过完成一个个具体的任务,掌握教学内容,达到教学目标的教学方法。

任务驱动教学法是一种以学生主动学习,教师加以引导的一种教学方法,它打破了传统教学方法中注重学习的循序渐进和积累的老套路,不再按照教学内容的从易到难的顺序,而是以完成一个任务作为驱动来进行教学,完成教学任务。

2. 任务驱动教学法一般步骤

（1）提出任务

教师向学生布置任务,使学生明确学习任务的目标和结果,引导学生利用相关材料使学生作好相关背景知识等方面的准备,教师进行方法上的指导,在提出具体任务和要求后对如何完成这一任务做一些方法上的阐述。这一阶段的特点是:教师主要是方法上的指导,还可结合实际应用做一些启发性的提问,使学生知道从哪里入手做以及从哪些方面可以做些变化。这一阶段的关键是教师引而不发,充分调动学生的操作欲望和好奇心。

(2)实践任务

实践任务通常以小组活动的方式进行,以学生具体实践为主。教师应留给学生充足的操作时间,让学生大胆去试,使他们在使用中体会、感受和领悟。学生的共性问题,教师统一示范,集体解决,对个别学生的个别问题可作单独辅导。这是学生消化和吸收知识的阶段,是学生由不会到会,由初识到熟练掌握的阶段,也是学生充分调动各种感官,发挥各种能力的阶段,时间上可占整个教学进度的一半左右,在教学进程中是一个紧张的高潮期。

(3)交流展示

通过学生汇报实践结果,展示成果,交流经验。让学生再看看其他同学是如何完成该任务的,集思广益,开拓思路,鼓励创新。可以查漏补缺,触类旁通,加深理解。这一阶段特点是教师点评为辅,尽可能开展一些热门问题的讨论,还可以进行作品欣赏或方法交流,让学生在思路上能否得到一些启发,看一看其他同学是如何完成该任务的,在方法上和自己有什么不同。集思广益,开拓思路,鼓励创新。

(4)巩固拓展

学生在看了其他同学作品或方法展示之后得到启发,又会涌起再度尝试的欲望,然后进行调整和创新,进一步促进知识的熟练应用。教师可以通过布置复杂、综合性强的任务活动帮助学生进一步提高应用能力。

(5)总结评价

教师加强课堂小结和知识点的回顾,使学习能力差的同学或操作有疏漏的同学能通过教师的总结和回顾,跟上教学进度,全面掌握知识点和技能点,达到教学目标的要求。

3. 任务驱动教学法的应用分析

(1)应用范围

行动导向教学以选择典型工作任务为载体并确定相应的专业学习领域,通过一个学习领域的学习,学生可以完成某一职业领域具有代表性的综合性任务。任务驱动教学法非常适合职业教育的专业教学。任务驱动教学法在进度控制上遵循知识的连续性,学生学习有张有弛,符合职校学生的生理和心理特点以及认识规律。让学生在"引→试→做→看→创新"的过程中,学习也经历了"不会→会→熟练→巩固→提高"的过程。这样教学,学生学得快,学得牢,其教学容量也远远超出了传统教学在同等时间内的知识量,既实现教学目标要求,又能使每个学生依据自身能力获得最大收益,充分挖掘了不同层次学生的潜力,贯彻因材施教的教学原则。

(2)应用关键点

任务驱动教学法的关键,是"任务"设计和编排,它直接影响教学效果。任务设计要有明确的目标,教师根据学习总体目标的框架,把总目标细分成一个个的小目标,并把每一个学习模块的内容细化为一个个容易掌握的"任务";通过这些小"任务"来体现总的学习目标;"任务"设计要符合学生特点,教师要从学生实际出发,充分考虑学生认知能力、兴趣等特点,做到因材施教;"任务"设计要注意分散重点、难点,充分考虑"任务"的大小、知识点的含量、前后的联系等因素;充分体现学生的主体地位,整个教学过程实现做学合一,以保证良好的教学效果。

4. 任务驱动教学法应用示例

"铁路行车组织与管理"课程中"编制调车作业计划"的任务驱动教学法教学案例如下:

案例4　编制调车作业计划

1. 教案头

课题:编制调车作业计划					
教学班级	铁道运输管理专业××班	课时	4	教学地点	专用教室:铁路行车组织专用教室
教学目标	知识目标		技能目标		情感态度目标
	1. 掌握调车作业计划的编制程序、方法和要求 2. 掌握调车区现在车以及调车作业通知单的填记 3. 掌握调车作业计划编制的技巧 4. 掌握《技规》、《行规》、《调标》关于车站调车作业计划的有关规定		1. 能根据阶段计划要求编制调车作业计划 2. 能掌握调车区现在车 3. 会填记调车作业通知单 4. 能科学运用车站条件合理编制计划 5. 能综合运用知识分析、处理实际问题		1. 培养遵章守纪、团结合作的意识 2. 培养认真、严谨的工作态度 3. 培养科学运用和合理安排计划意识和能力
教学内容	学习内容: 1. 根据阶段计划布置的调车作业任务 2. 掌握调车区现在车分布情况 3. 学习编制解体、编组及取送调车作业计划 4. 填写调车作业通知单 5. 综合运用所学行车专业知识解决调车工作中的实际问题 能力训练任务: 1. 编制调车作业计划 2. 填写调车作业通知单 3. 根据阶段计划布置的调车作业任务				
教学方法与策略	任务驱动教学法等		教学媒体		录像、多媒体设施、计算机等
学习资料	参考教材 赵矿英．铁路行车组织．北京:中国铁道出版社．2008. 技术资料 1.《铁路调车作业标准》 2.《铁路技术管理规程》 3.《铁路行车组织规则》 4.《铁路运输调度规则》 教辅材料 车站平面示意图、车站日计划大表、车站阶段计划大表、调车作业通知单、列车编组计划、调车区现在车分布、车站线路平面示意图				

2. 教学设计

1. 教学流程

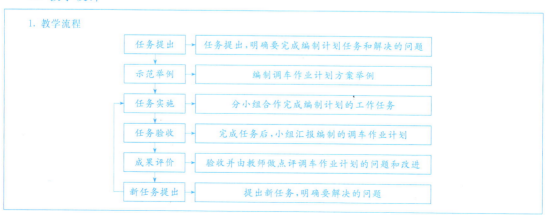

任务提出	→	任务提出,明确要完成编制计划任务和解决的问题
示范举例	→	编制调车作业计划方案举例
任务实施	→	分小组合作完成编制计划的工作任务
任务验收	→	完成任务后,小组汇报编制的调车作业计划
成果评价	→	验收并由教师做点评调车作业计划的问题和改进
新任务提出	→	提出新任务,明确要解决的问题

2. 时间安排

总学时为 4 学时,具体安排:

任务提出和示范举例	引入、编制调车作业计划方案举例	1 学时
任务实施	分组完成调车作业计划编制	2 学时
任务验收和成果评价以及新任务提出	小组汇报编制的调车作业计划和教师点评	1 学时

3. 教学组织

[任务提出]

(1)任务:假设某同学作为某技术站的调车区长,该站阶段计划规定某段时间内完成列车解、编及货场取送作业任务,如何编制调车作业计划,完成调车作业任务?

(2)要求:①符合列车编组计划、列车运行图和《技规》的有关规定,保证调车作业和人身安全;②合理运用技术设备和先进工作方法,最大限度地实现解体照顾编组,解体照顾送车,做到调车钩数少、调动辆数少、占用股道少、作业方便、调车效率高;③保证计划本身无漏洞、无差错,调车作业通知单字迹清楚、项目齐全。

[示范举例]

(1)根据提出的任务,说明学生正确编制调车作业计划的目的和意义。

(2)教师扮演调车区长的角色,讲解编制调车作业计划的方法和过程。让学生了解如何综合运用所学的专业知识,解决实际工作中的问题。

(3)在应用举例中,让学生共同参与、在亲身的感受中说、做、学,优化教学过程,改进学习方式,引导学生主动参与学习和同学交流合作,用不同的方式来学习知识。通过讨论交流进行探索和实现问题的解决,形成一定的知识解决模型,最终解决实际问题。

(4)任务:技术站乙站调车作业计划编制。

相关资料:

(1)乙站线路平面示意图如下:

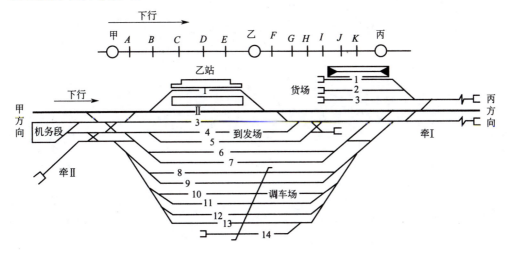

(2)调车线固定用途及各股道和货场现存车辆

股道	固定用途	现存车辆(从左至右)
8	甲及其以远	甲及其以远/26
9	乙—甲间	C/5,A/2,C/2,D/3,E/1
10	丙及其以远	丙及其以远/34
11	乙—丙间	G/3,J/2,F/1,K/4,J/2,H/5
12	特种车	
13	本站卸车	货 1/5,货 3/5
14	站修线	
货 1		丙/3,乙—丙/2(待装)
货 2		甲/6
货 3		乙—甲/4

(3)乙站列车编组计划

发站	到站	编组内容	列车种类	定期车次	附注
乙	甲	甲及其以远	区段列车		
乙	甲	1.乙—甲间站顺;2.甲及其以远	摘挂列车		按组顺编
乙	丙	丙及其以远	区段列车		
乙	丙	1.乙—丙间到站成组;2.丙及其以远	摘挂列车		按组顺编

(4)列车运行图规定:列车编成辆数为50辆。

(5)调车作业通知单

××月××日　第×号　调×机车						
计划起止时分　自　　　至						
实际起止时分　自　　　至						
顺序	股道	挂车数	摘车数	作业方法	记事	残存
1						
2						
3						
4						
5						
6						
…						

调车长:_____　填表人:_____

调车作业:

300041次列车接入乙站6道,乙站阶段计划规定21:10~23:10解体30041次列车后,去货场送车后,取回货场3道的装好的13个车(丙/3,甲/6,乙—甲/4),再编组30043次列车,解编作业在右端牵出线进行作业,试编制调车作业计划,完成调车作业任务。

300041次到达本站解体的列车,确报为:(从左至右)

乙/3 (货2)	丙/10	H/5	乙/3 (货1)	F/2 (关)	乙/3 (货1)	丙/8	G/2	乙/3 (货2)	K/3	丙/7	乙/1 (货2)	调机

[任务实施]

1.知识准备

(1)解体调车作业计划的编制。

(2)编组调车作业计划的编制。

(3)取送调车作业计划的编制。

通过教辅和教学媒体让学生掌握了调车工作相关知识和技能。

2.具体步骤

(1)提出任务要求,并根据给出相关资料。

(2)将学生分成若干组,每组4~5名同学。

(3)各小组分组讨论编制,填写调车作业通知单。

[任务验收]

各小组将编制的调车作业计划汇报展示,并交给教师验收。

[成果评价]

教师给出小组评定成绩,同时其他小组学生也进行互相评判打分,并进行讲评,综合教师与学生的评价,以教师占70%,

续上表

学生互评(小组平均)占30％计算单元成绩。小组的成绩即是该小组每个学生的成绩。

调车作业计划评定标准为：

(1)符合列车编组计划的有关规定。

(2)符合列车运行图的有关规定。

(3)符合《技规》规定的技术条件和编挂位置。

(4)调车钩数少、带车数少、作业方便。

(5)调车作业通知单字迹清楚、项目齐全。

评价用表：

表1 编制调车作业计划学业成绩表

学号	姓名	组别	教师评价(70％)	本组互评(30％)	成绩

[课后练习] 编制1份调车作业计划

[教学后记]

3. 本案例教学应用分析

(1)教学是师生之间、学生之间交往互动与共同发展的过程。采用任务驱动教学法，可以应引导学生自主获得知识的技能、思想和方法，启发学生自主思考问题和解决问题，让学生自己推测、发现、归纳，不断地提高他们的学习自主性和学习能力，培养他们的联想、思维、想象和创造力，很好地培养学生分析问题，解决问题的能力。

(2)本案例"任务"设计和编排目标明确，以学生扮演某技术站的调车区长角色，以完成该车站阶段计划规定某段时间内完成列车解、编及货场取送作业任务为驱动，编制调车作业计划。教学设计符合学生特点，从学生实际出发，考虑学生认知能力和兴趣培养，体现因材施教。

(3)本案例教学设计充分体现学生的主体地位，在实施过程要注意整个教学过程实现做学合一，便能以可以保证取得良好的教学效果。

5.3.5 引导文教学法在本专业教学中的应用

1. 引导文教学法

引导文教学法又叫引导课文教学法，是一种借助专门的教学文件即引导课文，通过工作计划和自行控制工作过程等手段，引导学生独立学习和工作的教学方法。

引导文教学法源于行为导向的项目教学法。这里的"课文"，是教师编写的学案，学案的内容由一系列引导问题构成，其核心是引导问题的提出，即按照学习领域工作步骤用引导文的形式提出问题，引导学生循序渐进地进行学习。"独立"，既可以是一个学生，也可以是几个学生组成的一个小组。

引导课文的一般格式：

(1)任务描述

引导课文的任务描述，即一个项目或范围相当的课题工作任务书，可以用方案的形式，也可以是图表的形式。

（2）引导问题

引导课文中常包含一些问题，按照这些问题，学生可以做到：①设计完成工作任务的全过程；②获取工作所需的信息；③制订工作计划；④设想工作的最终成果。

（3）目标描述

学生可以从引导课文中知道自己能够学到什么东西。

（4）学习质量监控单

学生可以从引导课文中知道自己学习后应该达到什么程度和要求。

（5）工作计划

学生可以从引导课文中知道自己做什么，怎么做，多少时间内完成，达到什么成果。

（6）工具、设备需求表

引导文向学生提供各种工具、设备需求清单。

（7）材料需求表

引导文向学生提供各种材料需求清单。

（8）时间计划

学生可以从引导课文中知道自己什么时间里完成什么内容和作品。

（9）专业信息

信息的主要来源有专业杂志、参考文献、技术资料、劳动安全规程、操作使用说明书等。

（10）辅导性说明

其他专业文献中找不到的有关工作程序、质量要求、专业问题、企业内部要求方面的资料。

2. 引导文教学法的一般步骤

引导文教学法的教学过程一般分为六步：（1）获取信息；（2）制订计划；（3）做出决定；（4）实施计划；（5）过程控制；（6）评定总结。

引导文教学法教学过程见表5.2。

表 5.2　引导文教学法教学过程

教 学 步 骤	参 加 人 员	教 辅 材 料
制订工作计划	学生，独立或分组	引导文、专业资料
讨论答案和计划	教师、学生	引导文、专业资料
加工、完成任务	学生，独立或分组	根据任务确定
自我评分	学生，独立或分组	评分标准
他人评分	教师	评分标准
总结	教师、学生	引导课文、评分表与项目成果

3. 引导文教学法的应用分析

（1）应用范围

引导课文教学法应用有以下的几种类型：

①课题研讨型。课题是指具体的、专门的、相对独立的实践性课题。进行专题研讨是研究解决专门问题的一种基本策略。

②项目工作式。"项目"一般都来自工程实践的真实课题。

③岗位描述型。旨在帮助学生学习某个特定岗位（岗位群）所需的知识、技能以及有关劳动作业组织方面的知识，如与该岗位有关的工作环境状况、工作任务来源、下道工序或前道工

序情况、安全规章、质量规范与质量检验等。

(2)应用关键点

引导文教学法的关键,是引导文编制的质量。在引导文教学中,学生主要通过引导课文学习知识、技能和行为方式,按照给定的引导问题学习掌握解决实际问题的方法和能力,引导文的作用是建立项目或任务与完成它所需要的知识和能力之间的关系。因此,引导文的编制质量是引导文教学法成败的关键。

4. 引导文教学法应用示例

"铁路客运组织与管理"课程中"行李、包裹运输变更办理"的案例教学法教学案例如下:

案例 5 行李、包裹运输变更办理

1. 教案头

课程类别	铁路客运组织与管理	学习领域		行李包裹运输	
学习任务	行李、包裹运输变更办理				
学习时间	4 学时	教学对象		铁道运输管理专业××班	
主要教学方法	引导文教学法				
学习内容	1.《铁路旅客运输规程》、《铁路旅客运输规程细则》关于行包运输变更的有关规定 2.《铁路客运运价规则》有关行包运价、客运杂费的相关规定 3. 行包运输变更的类型及处理方法				
起点分析	学生应具备: 1.《铁路客运运价里程表》、《行李、包裹运价表》等工具书的运用 2. 行包运价、行包的范围、行包的托运与承运 3. 行包的运送				
教学目标	知识目标		技能目标		态度目标
	1. 掌握行李、包裹运输的规章 2. 理解行包运输变更的作业程序和方法 3. 掌握行包运费计算及核收 4. 掌握行包运输变更处理方法		1. 能办理行包运输变更手续 2. 能进行行包装运前及装运后取消托运的不同情况处理 3. 能准确补收或退还运费、核收杂费 4. 会适时、正确编写客运记录、拍发电报 5. 能填写客运运价杂费收据及退款证明书		1. 培养学生养成遵章守纪、安全、文明生产的习惯 2. 培养学生具有团结合作和敬业爱岗的精神 3. 培养认真、严谨的学习态度 4. 培养学生树立人民铁路为人民服务意识
情境创设	1. 教学环境:模拟车站行李房 2. 职业岗位:行李值班员、行李员 3. 教学设备与材料:行包模型、计算机多媒体教学设备、打印机、专业教材、客运运价杂费收据、退款证明书、客运记录等				
教学评价	见引导文				
教辅材料	参考教材 彭进. 铁路客运组织. 北京:中国铁道出版社,2008. 技术资料 1.《铁路旅客运输规程》 2.《铁路旅客运输办理细则》 3.《铁路客运运价规则》 4.《铁路客运运价里程表》 5.《行李、包裹运价表》 学习资料 1."行包运输变更办理"引导文 2. 客运运价杂费收据、退款证明书、客运记录等				

2. 行包运输变更办理引导文

"行李、包裹运输变更办理"引导文

1. 学习领域

行李包裹运输。

2. 学习任务

行李包裹运输变更办理。

3. 学习时间

4 学时。

4. 任务描述：

以团体的形式学习行包运输变更的处理，要求：

(1)以图表的形式列出行包运输变更的处理程序。

(2)掌握行李、包裹在发站办完托运手续至装车前取消托运的处理方法。

(3)掌握行李、包裹装运后，旅客或托运人要求运回发站或变更到站的处理方法。

(4)掌握旅客在发站或中途站停止旅行，要求行李仍运至原到站的处理方法。

(5)掌握误售、误购客票而误运行李的处理方法。

(6)结合行包运输变更情景模拟理解处理过程，准确补收或退还运费、核收杂费；适时、正确编写客运记录，拍发电报，填写客运运价杂费收据及退款证明书。

5. 学习目标

(1)专业能力目标：能理解行包运输变更的程序；能处理行包装运前及装运后取消托运的不同情况；准确补收或退还运费、核收杂费；会适时、正确编写客运记录，拍发电报，填写客运运价杂费收据及退款证明书。

(2)方法能力目标：能利用专业书籍、资料获得解决问题的相关信息；能根据学习任务确定学习方案；能解决学习过程的实际问题。

(3)社会能力目标：在学习中保持积极向上的学习态度；能与小组成员和教师就学习中的问题进行交流和沟通；具有合作能力和协调能力。

6. 资料提供

(1)教材《铁路客运组织》。

(2)《铁路旅客运输规程》。

(3)《铁路客运运价规则》。

(4)《铁路客运运价里程表》。

(5)《行李、包裹运价表》。

(6)模拟情景 1：行包装运前取消托运。

(7)模拟情景 2：行包装运后取消托运。

7. 引导问题

(1)行包在发站装车前取消托运时，发车站应如何办理作业程序？

(2)行包在发站装车后取消托运时，发站、装运行包的列车、行包所在站应如何办理？

(3)行包装运后，旅客或托运人、收货人要求变更到站，发站、行包所在站、装运列车和中止旅行站，应如何处理？

(4)旅客在发站或中途站停止旅行，要求把行李运至原到站时如何处理？

(5)因误售、误购客票而误运行李时，应如何处理？

8. 学习过程

(1)教师向学生布置学习任务，提出任务要求。

(2)学生仔细阅读引导文，明确学习任务要求。

(3)学生自主获取信息、制订计划、做出决策并实施计划。

(4)学生对全过程做好记录。

(5)教师巡视学生的学习情况，给学生必要的指导，并记录学生处理行包运输变更学习时的表现。

(6)教师根据学生对行包运输变更各种形式的处理情况，决定处理某种情况的重复次数，以训练学生的技能。

(7)总结归纳行包装运后运输变更各种情况的处理方法。

(8)整理展示、提交学习结果。

9. 展示学习成果

以小组为单位(每 4~5 人 1 组)

(1)展示小组在行包运输变更学习中取得的成果，包括行包变更处理程序、行包装运前取消托运处理的实际结果、行包装运后取消托运处理的实际结果、有关票据填写的样例。

(2)汇报小组成员在处理行包运输变更实际情况过程中所用时间和自评结果。

续上表

(3)交流学习体会及所获得的经验性成果与解决学习过程中的问题的方法。

10. 评价

包括小组自评、小组互评和教师评价,评价标准参见下表:

项目		行为表现描述	分值	得分
专业 实践 能力		能准确、高效地处理行包运输变更的不同情况,且处理程序完全正确,费用核收、表报填写完全符合要求	60	
		能处理行包运输变更的不同情况,处理程序基本正确,费用核收、表报填写基本符合要求	45	
		能处理行包运输变更的不同情况,处理程序大部分正确,费用核收、表报填写大部分符合要求	30	
		能处理行包运输变更的不同情况,处理程序少部分正确,费用核收、表报填写少部分符合要求	15	
方法 能力		解决问题的方法有创新且富有成效	20	
		能在小组内解决学习中碰到的困难	15	
		能在教师的指导下解决学习中碰到的困难	10	
		在教师的指导下,能解决学习中碰到的部分困难	5	
社会 能力		小组成员精诚合作,气氛融洽,富有团队精神	20	
		分工明确,能有效地开展小组交流与合作	15	
		分工明确,能开展小组交流与合作,但成效一般	10	
		职责不清,小组成员间缺乏有效的交流与合作	5	
		合计得分		

3. 教学活动设计

实施步骤	时间分配	活动设计
获取信息	25 min	**教师活动** 简述本次任务要求,提供行包运输变更模拟情景等参考资料,组织学生分组 **学生活动** 以4~5人为1组,学习讨论教师提供的参考资料,从中获得解决问题所需的相关信息,确定以下方面的信息资料: (1)本次学习的任务、目标与要求。 (2)本次学习的时间。 (3)检查教师提供的资料,确定是否需要补充其他学习资料。 (4)确定行包运输变更的处理程序。 (5)确定行包运输变更的处理依据。 (6)确定行包运输变更处理过程中涉及的票据。 (7)确定本次学习需汇报展示和提交的学习成果。 (8)阅读评价量规,明确评价方式
制订计划	25 min	**学生活动** 借助引导文制定书面工作计划: (1)小组合作学习分工计划。 (2)学习步骤、基本方法与时间安排。 (3)所需的设备、材料等 **教师活动** (1)将学生分成若干小组,每4~5人1组,组织讨论。 (2)观察学生对训练任务的筹划,解答学生疑问,指导学生制订工作计划
讨论决策	10 min	**教师与学生共同活动** 以学生制定的工作计划为依据,组织讨论,指导学生确定学习方案: (1)小组制定的工作计划是否合适。 (2)小组成员的职责是否明确。 (3)学生做出实施处理行包运输变更的决定

续上表

实施步骤	时间分配	活动设计
实施计划	60 min	学生活动 学生自主实施计划,遇有难题时,师生协商解决。 (1)学生以小组为单位,查找资料,设计并列出行包运输变更处理程序。 (2)掌握行包装运前取消托运的处理方法,解决实际问题,正确填写退款证明书、客运杂费收据。 (3)以职业岗位身份处理行包装运后运输变更的实际问题。 (4)正确填写客运记录,及时拍发电报通知有关站车。 (5)及时更改行包票的内容,更改货签的发到站,正确处理行包票的相关联。 (6)合理核收保管费、装卸费,正确填写客运价杂费收据。 (7)利用《铁路客运运价里程表》查找行包运送区间里程,利用行李、包裹运价表查找行包运费。 (8)补收或退还已收运费和实际运送区段里程通算运费的差额,核收变更手续费,正确填写客运价杂费收据或退款证明书 教师活动 (1)检查督促,指出学生处理运输变更实际问题过程中的错误,并予以纠正。 (2)记录学生的学习情况,作为评价的依据。 (3)教师视学生在处理实际问题中的错误情况,有针对性地增加实训,改变条件,使学生灵活掌握解决办法。 (4)指导学生总结归纳处理行包运输变更的方法,及时正确填写有关票据
检验	10 min	(1)学生检查并完善行包运输变更处理程序、客运记录及电报的内容,行包票、货签的修改,客运价杂费收据、退款证明书的填写等成果。 (2)学生清理工作现场,整理设备、资料等。 (3)教师协助检查
评价总结	30 min	教师组织学生开展行为、工作态度、责任心和学习成果等的评价和总结活动: (1)小组成员展开讨论,开展自我评价、组内互评活动,并填入评价表。 (2)各小组代表汇报学习成果,其他成员补充。 (3)其他小组对汇报组提问和质疑。 (4)小组互评学习成果,填入评价表。 (5)教师评价各组学习成果,填入评价表。 (6)教师总结本次学习活动,肯定成绩,指出不足,通过梳理所学知识,使学生进一步巩固理解
迁移应用	10 min	拓展性练习 (1)行包的交付。 (2)无法交付物品的处理。 课外练习 以小组为单位,完成本次学习报告

4. 成果展示

行包运输变更办理成果展示

班级＿＿＿＿＿第＿＿＿＿＿学习小组　完成时间＿＿＿＿年＿＿＿＿月＿＿＿＿日

小组成员＿＿＿＿＿＿、＿＿＿＿＿＿、＿＿＿＿＿＿、＿＿＿＿＿＿、

成果展示

回答下列问题:

1. 行包在发站装车前取消托运时,发车站的作业程序是,在行包票＿＿＿＿＿页和报销页注明＿＿＿＿＿标记,更正到站＿＿＿＿＿以及收货人地址、姓名、加盖＿＿＿＿＿,注明日期,交给托运人。

2. 写出行包装运后取消托运时车站的正确作业程序。

3. 行包运输变更办理结果评价(评价量规见引导文)

续上表

姓　名	作业时间	得　分	姓　名	作业时间	得　分

评价结果

1. 请对照学习目标与评价量规,评价本小组学习成果：_____分。
2. 请对照学习目标与评价量规,评价本小组合作学习中各成员的贡献值。

姓名	自评分	签名	姓名	自评分	签名

3. 请根据课堂中其他小组的成果展示,评定其他小组的学习成果：

第1小组_____分;第2小组_____分;第3小组_____分;第4小组_____分;
第5小组_____分;第6小组_____分;第7小组_____分;第8小组_____分。

5. 本案例教学应用分析

(1)教学案例借助任务提出引导问题,制订工作计划和自我检验等步骤,促使学生通过引导课文学习知识、技能和行为方式,学习掌握解决实际问题的方法和能力。引导文的作用是建立项目或任务与完成它所需的知识和能力之间的关系,所以教师要重视引导文的编制质量。

(2)学生以小组的形式获取信息,以小组为单位独立制订计划、实施和检验等过程去分析、理解、掌握所学的东西,通过脑和手并用,从学中做和做中学,可以更好地促使学生掌握专业知识,提升实践能力。

(3)在教学过程中,教师要帮助学生树立正确的学习目标,激发学习热情,提高学习自觉性,达到自主学习的境界,注意发挥咨询引导、组织和协调的作用,及时给学生必要的指导和帮助并注意对学习进程的把握。

5.3.6　项目教学法在本专业教学中的应用

1. 项目教学法

项目教学法是师生通过共同实施一个完整的"项目"工作而进行的教学活动。在职业教育中,项目是指以生产一件具体的、具有实际应用价值的产品为目的的任务,它应该满足下面的条件：

(1)该工作过程可用于学习一定的教学内容,具有一定的应用价值。

(2)能将某一教学内容的理论知识和实际技能结合在一起。

(3)与企业实际生产过程或现实的商业经营活动有直接的关系。

(4)学生有独立进行计划工作的机会,在一定的时间范围内可以自行组织、安排自己的学习行为。

(5)有明确而具体的成果展示。

(6)学生自己克服、处理在项目工作中出现的困难和问题。

(7)具有一定的难度,不仅是已有知识、技能的应用,而且还要求学生运用新学习的知识、技能,解决过去从未遇到过的实际问题。

(8)学习结束时,师生共同评价项目工作成果和工作学习方法。

项目教学法的类型有结构式项目、主题式项目、体裁式项目、模版式项目和开放式项目。

项目教学法的目的是在课堂教学中把理论教学与实践教学有机地结合起来,充分发掘学生的创造潜能,提高学生解决实际问题的综合能力。项目教学主要由内容、活动、情境和结果四大要素构成。项目教学法是职业教育中的最高级形式,它几乎包含各种教学方法的全部内容。

2. 项目教学法实施的一般步骤

(1)确定项目任务。通常由教师提出一个或几个项目任务设想,然后同学生一起讨论,最终确定项目的目标和任务。

(2)制订计划。由学生制定项目工作计划,确定工作步骤和程序,并最终得到教师的认可

(3)实施计划。学生确定各自在小组中的分工以及小组成员合作的形式,然后按照已确立的步骤和程序工作。

(4)检查评估。先由学生对自己的工作结果进行自我评估,再由教师进行检查评分。师生共同讨论,评判项目工作中出现的问题,学生解决问题的方法以及学习行动的特征。通过对比师生评价结果,找出造成结果差异的原因。

(5)归档或结果应用。作为项目的实践教学产品,应尽可能具有实际应用价值。因此,项目工作结果应该归档或应用到企业和学校的生产教学实践中,例如,作为项目的维修工作应记入维修保养记录;作为项目的工具制作、软件开发可应用到生产部门或日常生活的学习中。

3. 项目教学法的应用分析

(1)应用范围

在最开始的项目教学法中,人们主要是采用独立作业的组织方式。随着现代科学技术及生产组织形式对职业教育要求的提高,人们越来越多地采用项目教学法来培养学生的社会能力和其他关键能力,因此,也就更多地采用小组工作的方式,即共同制订计划、共同或分工完成整个项目。

(2)应用关键点

项目教学法的关键,是设计和制定一个项目的工作任务。职业教育教学的每个阶段(如基础段和专业段)都可以设计一系列相互联系的项目。但初次学习的操作技能或新知识不一定适合采用项目教学。有时,参加项目教学学习的学生来自不同专业和工种,甚至不同的职业领域,目的是训练实际工作中与不同专业、部门同事合作的能力。

4. 项目教学法应用示例

"铁路客运组织与管理"课程中"客流计划的编制"的项目教学法教学案例如下:

案例6　客流计划的编制

1. 教案头

课程类型	铁路客运组织与管理	学习领域	旅客运输计划
学习情境	客流计划的编制	学习任务	编制客流图
学习时间	4 学时	教学对象	铁道运输管理专业×班

续上表

主要教学方法	项目教学法		
学习与训练内容	1. 客流月、客流区段;2. 客流密度;3. 编制直通输出客流图;4. 编制管内客流斜线表;5. 编制管内客流图		
教学目标	知识目标	技能目标	情感态度目标
	1. 掌握客流月、客流区段、客流密度等基本知识 2. 掌握客流计划、编制技术计划和编制日常计划编制方法 3. 掌握客流调查与预测的基本方法 4. 掌握旅客运输计划相关规定 5. 了解熟悉客运计划员的工作职责	1. 能按线别、客流区段别编制直通输出客流图 2. 能编制管内客流斜线表 3. 能根据管内客流区段产生或消失的客流编制管内客流图	1. 培养学生养成遵章守纪、安全、文明生产的习惯 2. 培养学生认真、严谨的工作态度和敬业爱岗的精神 3. 培养科学运用和合理安排计划意识和能力 4. 培养学生树立人民铁路为人民服务意识
情境创设	1. 教学环境:客运演练室 2. 教学媒体:客流计划多媒体课件、客运组织专业教材、计算机多媒体教学设备 3. 工具、材料:直尺、模拟区段、模拟客流、计算器、纸、笔		
参考资料	参考教材 彭进. 铁路客运组织. 北京:中国铁道出版社,2008. 技术资料 1.《铁路旅客运输规程》 2.《铁路旅客运输服务质量标准》 学习资料 客流图资料		

2. 项目任务书

项目名称:客流计划的编制
学习任务:绘制客流图
任务完成时间:4 学时
项目任务: 根据提供的铁路局交换输出直通客流图案例资料,分类整理出直通或管内客流区段的信息,完成以下工作任务: 1. 绘制出直通输出客流图。 2. 编制管内客流斜线表。 3. 绘制管内客流图。 项目拓展: 1. 各铁路局交换输出直通客流图资料与同期比较,并预测、推算编制客流计划表。 2. 编制计划客流密度与现行运行图规定的旅客列车能力比较表
项目目标: 1. 能够阅读任务书,明确项目任务。 2. 能说出客流月、客流区段及客流密度的含义。 3. 能绘制出直通输出客流图。 4. 能编制出管内客流斜线表。 5. 能绘制出管内客流图
项目要求: 1. 制订工作计划,明确小组学习各成员的分工与职责。 2. 总结客流区段及客流图的特点并填写项目学习报告书。 3. 绘制的直通客流图须与实际成比例。 4. 编制的管内客流斜线表应与实际数字相符。 5. 绘制的管内客流图与实际相符,图形美观,比例适中。 6. 做好学习过程记录,成果提交前,须完成自检工作

设备、工具与材料：

客运演练室、客流计划多媒体课件、客运组织专业教材、计算机多媒体教学设备、直尺、模拟区段、模拟客流、计算器、纸、笔

参考资料：

1. 彭进. 铁路客运组织. 北京：中国铁道出版社，2008.

2.《铁路旅客运输规程》。

3.《铁路旅客运输办理细则》。

4. 客流图资料

3. 教学活动设计

实施步骤	时间分配	活动设计
接受项目	10 min	教师活动： 学生分组，向各小组发放项目任务书，简述任务要求
		学生活动： 阅读项目任务书、查阅教师提供的参考资料，分类整理项目所需的相关信息
制定计划	25 min	教师活动： 指导学生确定学习方案
		学生活动： 就工作任务书内容进行分组讨论，在此基础上确定学习方案，明确小组成员的职责，制定项目实施计划
实施计划	60 min	学生活动： (1)准备工作：领取项目所需的工具、材料。 (2)阅读参考资料，总结客流区段及客流图的特点并填入项目学习报告书。 (3)分类整理项目所需的相关信息。 (4)根据直通客流区段有关资料，绘制直通输出客流图。 (5)根据管内客流区段有关资料，绘制的管内客流斜线表。 (6)根据管内客流斜线表中的客流情况，绘制的管内客流图
		教师活动： (1)协助学生完成材料等的准备。 (2)现场指导学生的项目实施。 (3)帮助学生及时解决项目实施过程中遇到的各种问题，协调观察各组在编制客流图时的表现。 (4)有针对性的结合项目实施过程中出现的问题，引导学生进行相关知识的学习和总结。 (5)检查并记录项目实施情况，作为评价学生的资料。 (6)控制项目实施的进程和秩序，根据具体情况决定改变客流情况重复编制客流图的次数，训练学生的技能
检查验收	25 min	学生活动： (1)各小组检查纠正绘制的直通客流图、管内客流斜线表和管内客流图。 (2)整理学习资料、展示提交学习成果。 (3)交流学习体会及学习过程中解决问题的方法
		教师活动： (1)采用提问的方式协助检验，指出不足。 (2)记录项目学习成果
总结评价	20 min	学生活动： (1)观看其他小组的展示板，评价其他小组的学习成果并填入项目学习报告书中的评价表。 (2)评价本小组项目学习成果，并填写评价表
		教师活动： (1)组织学生开展行为、学习态度和责任心等的评价和总结活动。 (2)根据学生的布置展示板，结合学习过程记录，对学生作出综合评价。 (3)总结项目学习过程，提出自己的观点，以供学生参考
归档应用	20 min	课外作业 以小组为单位，完成本次学习报告。 拓展性作业 1. 各局交换输出直通客流图资料与同期比较，并预测、推算编制客流计划表。 2. 编制计划客流密度与现行运行图规定的旅客列车能力比较表

4. 评价与展示

客流图成果展示

班级_____第_____学习小组 完成时间_____年_____月_____日

小组成员_____、_____、_____、_____

一、学习内容

1. 客流区段的特点。

2. 直通输出客流图的编制。

3. 管内客流斜线表的编制。

4. 管内客流图的编制。

二、学习目标

1. 专业能力目标：能理解客流月、客流区段、客流密度的含义；会按线别、客流区段别编制直通输出客流图；据管内客流区段产生或消失的客流编制管内客流图。

2. 方法能力目标：能快速获得学习中急需的知识；能利用专业书籍、资料获得帮助信息；能根据学习任务确定学习方案；能解决学习中碰到的困难。

3. 社会能力目标：在学习中保持积极向上的学习态度；能与小组成员和教师就学习中的问题进行交流和沟通；能与他人共享学习资源。

三、成果展示

1. 客流区段的特点说明

2. 直通输出客流图

3. 管内客流斜线表

4. 管内客流图

四、学习评价

1. 评价量规

评价量规请参见下表：

分值	行为表现描述
5	能高效完成此项学习任务的全部内容
4	能完成此项学习任务的全部内容,并不需要任何指导
3	能完成此项学习任务的全部内容,但偶尔需要帮助和指导
2	能完成此项学习任务的部分内容,但在现场的指导下,还不能完成此项学习任务的全部内容

2. 学习评价

①请对照学习目标与评价量规,评价本小组学习成果：_____分。

②请对照学习目标与评价量规,评价本小组合作学习中各成员的贡献值。

姓名	自评分	签名	姓名	自评分	签名

③请根据课堂中其他小组的成果展示,评定其他小组的学习成果：

第1小组_____分;第2小组_____分;第3小组_____分;第4小组_____分;

第4小组_____分;第5小组_____分;第7小组_____分;第8小组_____分。

5. 本案例教学应用分析

(1)本案例由"旅客运输计划"项目中"编制客流图"任务出发,通过接受"项目任务"由学生制定项目工作计划,在小组中的分工以及小组成员合作的形式下,按照已确立的步骤和程序工作去实施计划,可以锻炼和培养学生的关键能力。

(2)检查评估过程,由学生对自己的工作结果进行自我评估,再由教师进行检查评分,培养学生解决问题的方法,通过对比师生评价结果,找出造成结果差异的原因,提高学生专业能力的应用技能,使学生在学习中保持积极向上的学习态度。同时通过与小组成员交流和沟通,培养学生社会能力和方法能力。

(3)教学中把理论教学与实践教学有机地结合起来,在项目的目标下,充分发掘学生的创造潜能,使学生学会了直通输出客流图的编制、管内客流斜线表的编制和客流图的编制,从而也提高了学生解决实际问题的综合能力。

 ## 5.4　行动导向教学法的综合应用教学案例

在职业教育的教学活动中,具体的专业教学通常需要教师结合自己的课程实际,科学合理地综合运用教学法,根据专业特点和学习者具体情况以及教学内容、教学环境和教学目标等实际情况有效的实施。事实上,我们在前面介绍的六种教学法所举出示例中,许多案例都不是单一的教学法应用,而是主要的教学法。下面再举例说明行动导向教学法在本专业中的综合应用。不妨把该教学方法叫做铁道运输管理专业"任务、角色、情境"教学法。

铁道运输管理专业"任务、角色、情境"教学法是任务驱动教学法、角色扮演教学法、模拟教学法等几种教学法在本专业教学的综合运用。教师运用"任务、角色、情境"教学法,将教学内容设计成具体的工作任务,通过扮演具体的职业角色,在利用铁道运输管理专业的典型教学媒体创设工作情境进行仿真模拟训练,以帮助学生达到铁路运输职业岗位的所需知识与技能以及工作态度的标准要求。

"铁路行车组织与管理"课程中"正常情况接发列车作业"的"任务、角色、情境"教学法教学案例如下:

案例7　正常情况接发列车作业

1. 教案头

课题:正常情况接发列车作业					
教学班级	铁道运输管理专业××班	课时	8	教学地点	专用教室(接发列车综合实验室)
教学目标	知识目标		技能目标		情感态度目标
	1. 掌握接发列车作业标准、车机联控标准 2. 了解区间和闭塞分区的分类及划分 3. 掌握行车闭塞法的基本知识 4. 掌握车站基本闭塞法 5. 了解《技规》《行规》《站细》《接发列车作业标准》中关于接发列车的相关规定 6. 理解半自动闭塞设备的特点 7. 理解行车凭证的相关规定		1. 能熟练办理单线半自动闭塞区段电气集中联锁车站正常情况接发列车作业 2. 能按照车站值班员、助理值班员、信号员岗位要求,执行标准化作业程序和用语 3. 能正确填写行车日志、占线板、占线簿 4. 会显示有关发车手信号		1. 培养学生养成遵章守纪、安全、文明生产的习惯 2. 培养学生具有团结合作和敬业爱岗的精神 3. 培养认真、严谨的学习态度 4. 培养科学运用和合理安排计划意识和能力

续上表

教学内容	学习内容： 1.《技规》、《行规》、《站细》关于接发列车的规定 2. 单线半自动闭塞电气集中联锁车站正常情况接发列车作业程序及用语 3. 正常情况下列车占用区间的行车凭证及发凭证根据 能力训练任务： 1. 单线半自动闭塞区段电气集中联锁车站正常情况接发列车作业 2. 行车日志、占线板、占线簿填写 3. 发车手信号 4. 事故按钮的使用		
教学方法 与策略	任务驱动教学法、角色扮演教学法、模拟教学法等综合运用	教学媒体	录像、行车日志、占线板、占线簿、多媒体设施等
学习资料	参考教材 赵矿英. 铁路行车组织. 北京：中国铁道出版社，2008. 技术资料 1.《铁路技术管理规程》；2.《铁路行车组织规则》；3.《车站行车工作细则》；4.《接发列车作业标准》； 5. 车站值班员、信号员、助理值班员国家职业标准 教辅材料 1. 接发列车作业标准 TB 1502 学生人手 1 份 2. 双线自动闭塞电气集中联锁车站接发列车作业及单（双）线半自动闭塞电气集中联锁车站接发列车作业程序及作业标准（车站值班员、信号员、助理值班员）表学生人手 1 份 3. 铁路职业技能鉴定参考丛书（信号员）、（助理值班员）、（车站值班员）		

2. 教学设计

1. 情境创设		
职业岗位角色	行动虚拟情境	设备与工具
车站值班员、信号员、助理值班员	××站段、××车站、××车次（设单线半自动闭塞电气集中联锁车站 4～7 个）	集中联锁控制台、进出站信号机等仿真系统、手信号旗、行车凭证、占线簿、占线板、行车日志、无线列调电话等工具

2. 活动设计
感知任务——创设情境——分析探究——示范模拟——角色扮演——议论反思——评价总结——应用迁移 　　本教学内容从对相关知识的学习到实践技能的训练共 8 课时，其中相关理论知识的学习 2 课时，接发车作业程序及用语 TB 1502 的技能示范及训练 4 课时，学习成果展示及教师评价 2 课时，本设计以 40 min 为单位课时，若 45 min 则做相应修改。

3. 教学过程			
	教师活动	学生活动	教学意图
感知任务 （25 min）	【引入】 　　接发列车是车站行车工作的基本内容，保证不间断地接发列车，严格按运行图行车，是车站的基本任务之一，也是列车运行安全正点的重要保证。为保证车站接发列车的安全，必须严格执行《技规》、《行规》、《站细》等有关规定，严格执行铁道部《接发列车作业标准》规定的程序和用语。由于闭塞设备的不同，接发列车办法各不相同，目前我国铁路基本闭塞设备主要有三种：半自动闭塞、自动闭塞、自动站间闭塞。半自动闭塞设备的车站，联锁设备有两种：集中联锁和非集中联锁。不同联锁设备，办理进路的方法不同，集中联锁设备可在行车室通过控制台操纵实现道岔位置的自动转换，而非集中联锁设备，则需通过人员现场扳动道岔实现道岔的转换。 　　（PPT 展示车站接发车作业标准及主要程序）	思考及回答问题	介绍接发列车作业标准及主要程序（车站值班员、信号员、助理值班员岗位标准） 介绍车站行车工作细则

创设情境 (25 min)	【提出任务】 　　本课的学习任务是单线半自动闭塞电气集中联锁车站正常情况接发列车作业办理 [案例]：甲站—乙站间为单线半自动闭塞，车站均为电气集中联锁，××次列车将由甲站开出，并向乙站运行，甲站、乙站如何办理接发，以确保××次车安全进出车站？ 　　(在黑板上画出甲、乙站示意图，并标画列车)	思考问题	引出新课，引起注意，激发求知欲
	【录像播放】 　　播放一段列车进、出车站的录像画面，展现列车进、出站及在区间运行的过程	观看录像	增加学生感性认识，便于思考问题
分析探究 (20 min)	【探究分析】 　　①引导学生联想。 　　②启发学生思考。 　　③需要学习哪些知识。 　　④怎样进行单线半自动闭塞电气集中联锁车站正常情况接发列车作业办理	观察思考 通过学习资料自学做接发列车的案头准备工作	通过观看列车进、出车站画面，引导学生联想是哪些人员、怎样办理而使列车安全运行
示范模拟 (40 min)	【知识讲解】 　　①半自动闭塞设备特点；②闭塞机、轨道电路、出站信号机之间的联锁关系；③出站信号机开放条件、轨道电路的设置；④正常情况下列车占用区间的行车凭证及发凭证根据；⑤事故按钮的使用要求及使用时机；⑥接发列车作业标准；⑦接发列车作业程序及用语。 　　在接发列车综合(模拟)实验室(设单线半自动闭塞电气集中联锁车站4～7个)对照设备讲解	认真领会	介绍正常接发列车作业标准及《铁路技术管理规程》、《行车组织规则》、《车站行车工作细则》关于接发列车的相关规定
	【技能示范】 　　在接发列车综合实验室针对设备讲解示范，师生合作按照"单线半自动闭塞电气集中联锁车站正常情况接发列车作业标准"(见学习材料)模拟办理一次接车作业过程，办理一次发车作业过程，创设职业岗位情境	按照学习材料，或参与示范模拟表演，或仔细观察，实操感受	使学生熟悉接发列车作业标准，认知设备并基本清楚设备怎样操作及操作过程，理论联系实际
角色扮演 (40 min)	①学生分组：每组3人，分别扮演车站值班员、信号员、助理值班员，每两组学生为一对练组合，将整班学生(如36人)则分成6个组合进行接发车对练。 ②角色训练：先挑选一个组合，在老师的指导下进行对练示范：办理一次接车作业过程，办理一次发车作业过程。当学生对作业程序用语、作业环节及各工种人员间的相互配合基本清楚后，全班再进行角色训练练习。这个过程通过角色扮演模拟现场接发车实际作业，完成接发列车作业的办理，使学生在角色训练中对接发车作业知识技能的理解，提高学习兴趣和学习效率。学生对接发车程序用语基本掌握后，教学生填写行车日志、占线板、占线簿和助理值班员出场接发列车时立岗接车办法及信号旗的显示方法。 ③角色扮演：学生分别扮演车站值班员、信号员、助理值班员，进入全环节训练，与现场作业要求完全一致。 ④教师指导：在学生训练过程中，教师作为咨询和监督员，进行监督、指导和检查，发现问题及时纠正		
讨论反思 (10 min)	【讨论】 　　针对学生扮演角色岗位的技能，提出问题让学生讨论，题目可以选自铁路职业技能鉴定参考丛书的相关试题 【反思】 　　角色扮演中的不足		

续上表

	【学习成果展示及教学评价】
评价总结 (40 min)	成果展示:按规定时间训练结束后,每个对练组分别进行学习成果展示。根据教师给定的任务,办理接发列车作业。 多元评价:根据每个组的整体作业办理情况,教师给出各小组打分,教师占60%;小组与小组间互评,并派代表进行述评,小组互评取各小组平均分,占20%,前两项小组的成绩即是该小组每个学生的成绩,已占80%;各小组同学与同学之间也进行互评,占20%,综合教师与学生的评价计算单元成绩。评价内容包括知识与技能的掌握,学习态度和协作精神。 评价标准:详见成果展示评价用表。 【总结及提出新的教学内容】 在每个小组学习成果展示后,教师对该项教学内容的学习情况进行总结,肯定成绩,提出缺点与不足。通过总结达到梳理所学知识,进一步理解巩固的目的,同时引出下次新的教学内容(双线自动闭塞车站正常情况接发列车作业)

4. 模拟实践	
巩固(80 min)	单线半自动闭塞电气集中联锁车站正常情况接发列车作业技能模拟强化练习
拓展	双线自动闭塞车站正常情况接发列车作业任务预习

5. 教学后记	
教学效果自评	
教案修改建议	
资源增补建议	

3. 成果展示评价用表

表1 接发列车项目作业演练评价用表(标准)

班级_____ 第_____ 学习小组 完成时间_____年_____月_____日

小组成员_____、_____、_____、_____

项目	展示过程行为表现描述	分值	得分
专业实践能力	能圆满完成作业演练全过程,且完全符合作业标准化要求。	60	
	能完成作业演练全过程,偶尔没有达到标准化作业要求。	45	
	能完成作业演练大部分内容,多次没有达到标准化作业要求。	30	
	能完成作业演练少部分内容,与标准化作业要求有很大的差距。	15	
方法能力	解决问题的方法有创新且富有成效	20	
	能在小组内解决学习中碰到的困难	15	
	能在教师的指导下解决学习中碰到的困难	10	
	在教师的指导下,能解决学习中碰到的部分困难	5	
社会能力	小组成员精诚合作,气氛融洽,富有团队精神	20	
	能有效地开展小组交流与合作	15	
	能开展小组交流与合作,但成效一般	10	
	职责不清,小组成员间缺乏有效的交流与合作	5	
合　计			

表2　接发列车项目作业演练评价互评结果统计用表

接发列车　项目作业演练评价互评结果

请根据课堂中其他小组的成果展示，评定其他小组的学习成果：

第1小组＿＿＿＿分；第2小组＿＿＿＿分；第3小组＿＿＿＿分；

第4小组＿＿＿＿分；第5小组＿＿＿＿分；第6小组＿＿＿＿分

组长签字＿＿＿＿＿＿＿

时间＿＿＿＿年＿＿＿＿月＿＿＿＿日

表3　接发列车项目作业演练成绩表

学号	姓名	所在小组	教师评价(60%)	其组互评(20%)	本组互评(20%)	成绩

4．教学流程设计

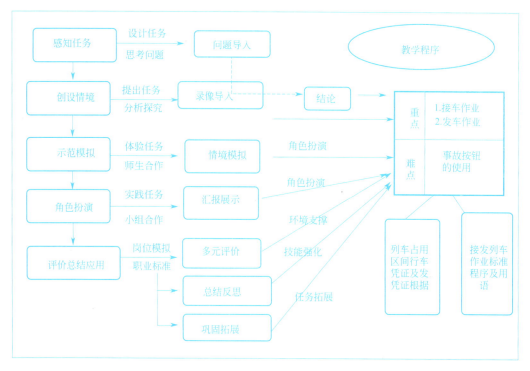

5．本案例教学应用分析

（1）本案例综合"任务驱动教学法"、"角色扮演教学法"、"模拟教学法"的特点，从"接发列车"的典型工作任务的驱动下，让学生扮演"车站值班员、信号员、助理值班员"等岗位职业角色，在虚拟仿真"单线半自动闭塞电气集中联锁车站"情境中，感受着铁路行车组织的接发列车作业过程，可以锻炼和培养学生的关键能力。

（2）充分利用铁道运输管理专业的典型教学媒体创设工作情境进行仿真模拟训练，以帮助学生达到铁路运输职业岗位的所需知识与技能以及工作态度的标准要求，提高学生专业能力的应用技能。

（3）通过多元综合评价，培养学生保持积极向上的学习态度，同时通过完成任务与小组成员合作交流和沟通环节，培养学生团队精神，提高社会能力和方法能力。

 思 考 题

1. 简述行动导向教学法的特点。
2. 结合本专业教学实际谈谈你对教学策略选择的认识。
3. 完成一份本专业的行动导向教学法专业教学案例设计。
4. 根据专业特点和教学内容要求，举例说明专业教学法的综合应用。

6 铁道运输管理专业教学案例选编

6.1 "铁路行车组织与管理"类教学案例

6.1.1 非正常情况下接发列车案例

1. 教案头

课程类型	铁路行车组织与管理	学习领域	接发列车
学习情境	进站信号机故障	学习任务	非正常情况接发列车
学习时间	8学时	教学对象	铁道运输管理专业××班
主要教学方法	案例教学法		
学习内容	1.《铁路技术管理规程》关于引导接车办法、无联锁线路上接发列车进路道岔加锁等规定 2.《非正常情况下接发列车办法》的有关规定		
起点分析	学生已学过正常情况接发列车有关规定,对正常情况接发列车作业程序及用语进行过实训,比较熟悉接发列车作业过程并对信号设备有一定认识		
教学目标	1. 专业能力	能基本掌握进站信号机故障情况下接车作业的办理,能够在熟悉进站信号机故障接车办法的基础上,对出现其他一些非正常情况也知道怎样处理,真正具有非正常情况接车的能力,能够把握安全关键点和关键环节,掌握非正常情况接车基本方法	
	2. 方法能力	能够综合运用规章的具体规定,分析解决实际问题,正确处理接发列车中出现的异常情况,学会表达解决问题的过程和方法	
	3. 社会能力	在学习中保持积极向上的学习态度;能与小组其他成员和教师就学习中的问题进行交流和沟通;具有合作能力和协调能力	
情景创设	1. 教学环境:专用教室(接发列车综合实验室),以××站为例,在黑板上画出该站线路示意图,或使用课件图片展示,并标明相邻站名,说明区间闭塞方式、单双线及车站联锁设备 2. 教学设备与资料:集中联锁控制台、计算机多媒体教学设备、接发列车教学课件		
教学评价	分值	行为表现描述	
	5	能对所学的全部非正常情况进行正确处理,表述准确,安全环节齐全,要点分析完备	
	4	能对所学的部分非正常情况进行正确处理,表述准确,安全环节齐全,要点分析完备	
	3	能对所学的部分非正常情况进行正确处理,表述比较准确,安全环节齐全,要点分析比较完备	
	2	能对所学的小部分非正常情况进行正确处理,表述比较准确,安全环节齐全,要点分析比较完备	
	1	能对所学的小部分非正常情况进行处理,但需在教师的指导下完成,表述比较准确,安全环节齐全,要点分析比较完备	
参考资料	参考教材:赵矿英.铁路行车组织.北京:中国铁道出版社,2007. 技术资料:1.《接发列车作业标准》TB 1502 　　　　　2.《铁路技术管理规程》 　　　　　3.《行车组织规则》 　　　　　4.《车站行车工作细则》 　　　　　5.《非正常情况下接发列车办法》		

2.教学案例

甲—乙—丙为双线三显示自动闭塞,乙站为电气集中联锁车站。31001 次列车由甲站开来准备接车时,遇进站信号机故障,如何办理接车,以确保 31001 次列车安全进入车站?

乙站线路示意图如下图所示:

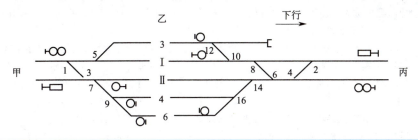

3.教学活动设计

步骤	教学内容	活动设计
导入情境	通常在信号设备良好的情况下,按照操作规程和相关规定,可开放进站信号机正常接车,但如果遇进站信号机故障,不能正常开放进站信号接车时,该如何办理接车、确保非正常情况下列车进入车站的安全呢? 本次课学习内容: 1. 引导接车相关规定及作业办法 2. 无联锁线路上接发列车进路道岔加锁相关规定 　　通过本次教学使学生能掌握进站信号机故障时的接车办法,能够把握列车安全进站的各个环节,会确认进路上应加锁的道岔并明确加锁办法	教师活动: (1)教师简单介绍本次课的内容和教学目的 (2)提出学习要求和方法:认真思考,小组讨论,探求解决问题的方法,通过学习,真正掌握非正常情况下接车的相关规定及作业方法 学生活动: (1)学生倾听、记录、思考 (2)以 4~6 人为单位形成若干小组进行讨论,明确学习任务
呈现案例	案例:甲—乙—丙为双线三显示自动闭塞,乙站为电气集中联锁车站,31001 次列车由甲站开来准备接车时,遇进站信号机故障,如何办理接车,以确保 31001 次列车安全进入车站?	教师活动: (1)先在黑板上画出车站示意图 (2)引入非正常情况接车情景案例,提出问题
分析案例	1. 根据教师提出的问题,由小组成员代表说明解决问题的方法,有不同意见的小组可做补充说明或修正说明 　　2. 结合学生给出的结论,教师进行点评,指出正确的地方、错误的地方及不完善的地方,尤其需说明错误的原因 　　3. 系统学习相关理论知识 (1)引导接车办法 ①需要引导接车的情况 ②引导接车方法 a. 引导进路锁闭开放引导信号接车 b. 引导总锁闭开放引导信号接车 (2)引导接车注意事项 　　4. 归纳总结情景案例中问题的正确解决方法及处理过程	教师活动: (1)组织学生讨论如何解决任务中的问题 (2)指导学生确定学习方案,提供可参考的资料,自我寻求答案 学生活动: (1)学习相关行车专业知识,明确解决步骤 (2)以小组为单位讨论、磋商案例中问题的解决方法,提出意见 (3)认真听取各小组代表解决案例中问题的方法并积极思考,提出不同意见

续上表

步骤	教学内容	活动设计
评价案例	案例正确处理过程： 1. 及时向列车调度员报告 2. 通知值班干部、工务、电务等部门 3. 在《行车设备检查登记簿》内登记设备故障情况 4. 接受列车调度员下达的引导接车调度命令 5. 检查确认接车线路空闲，敌对信号未开放 6. 准备接车进路，再次确认接车进路准备妥当，道岔位置正确 7. 使用引导进路锁闭，破封按压引导按钮开放引导信号接车，列车以不超过 20 km/h 速度进站，并做好随时停车的准备 8. 确认列车整列到达后，解锁接车进路（同时按压进路始端按钮和总人工解锁按钮，白光带熄灭，进路解锁） 9. 在《行车设备检查登记簿》内登记引导按钮、总人工解锁按钮使用情况	教师活动： 　（1）画出车站示意图，标明道岔号码，列举接车、发车、通过各种列车进路，指导学生确定进路上的对向道岔及邻线上的防护道岔的方法，当学生基本方法掌握后，引导学生自己确认其他进路的对向及邻线防护道岔。 　（2）事故案例分析：通过事故案例分析，加深学生对所学知识的理解，深刻认识在作业中严格执行规章制度对确保行车安全的重要性
总结归纳	归纳车站办理接车作业遇非正常情况处理方法，使学生学会确认进路上对向道岔及邻线防护道岔的方法，通过自我思考与同学讨论，回答老师提出的问题，指出进路上的对向及邻线防护道岔的号码	教师活动： 　指导学生结合案例，通过总结归纳掌握车站非正常情况下接车的处理方法
迁移运用	给出若干案例由学生练习，从易到难，循序渐进，使学生从多方面加深体会，真正掌握车站接车作业中各种非正常情况的处理方法	根据学生解决问题的实际情况，改变条件，有针对性地让学生练习，使学生正确处理各种实际情况
学习评价	学生活动： (1)评价其他小组的学习成果并填入评价表 (2)评价本小组任务学习成果，并填写评价表 教师活动： (1)组织学生开展行为、学习态度和责任心等的评价和总结活动 (2)根据学生的学习成果，结合学习过程记录，对学生作出综合评价 (3)总结任务学习过程，提出自己的观点，以供学生参考	
巩固	案例分析练习	

　　4. 本案例应用分析

　　(1)本次教学采用案例教学法，通过解决实际问题的方式学习非正常情况接车的处理方法，学生学习兴趣浓，有利于学生对知识的理解、记忆和应用。

　　(2)学习活动中，学生不再依赖老师，更多的是通过自主学习、探究学习和合作学习的形式来探究未知，达到知识扩展的目的。学生通过对任务的解决活动，培养学生积极的、主动的、合作探究的方法能力和社会能力。

　　(3)在理论知识学习中，教师可采用多媒体教学课件、观看录像、演练室观摩等方式组织教学，并适当分析一些相关的事故案例，使学生获取新知识时更直观、更形象、更易于理解。

6.1.2　列车运行图的编制案例

　　1. 教案头

课程类型	铁路运输组织与管理	学习领域		列车运行图
学习情境	编制列车运行图	学习时间		18学时
教学对象	铁道运输管理专业××班	主要教学方法		项目教学法
学习内容	1. 列车运行图编制要求和步骤 2. 区段管内工作列车运行方案 3. 货物列车运行方案图的编制 4. 列车运行详图的编制 5. 列车运行图主要指标计算			
起点分析	已学过列车运行图的分类及组成因素,学生具备以下专业能力:(1)站名线的画法;(2)列车运行时分的填记;(3)列车运行时分及起停车附加时分的计算;(4)车站间隔时间的判断及应用;(5)列车运行图其他组成因素的应用;(6)区间通过能力的计算			
教学目标	1. 专业能力		1. 学生应能根据有关时分制作运行图标尺并铺画站名线;2. 确定区段管内列车运行方案;3. 编制列车运行方案图;4. 编制列车运行图详图;5. 计算运行图各项指标	
	2. 方法能力		1. 能根据列车运行图判定牵引区段所需机车台数;2. 找出限制区间并制定限制区间列车会让方案;3. 熟练运用列车运行图各项组成因素概算列车区段旅行时间和旅行速度;4. 以最少的机车台数和较高的旅行速度完成既定的牵引任务	
	3. 社会能力		学生应具有全局观念和协调能力,树立安全意识,认真、严格地遵守和执行各项规章制度	
情境创设	1. 教学环境:普通教室或制图室 2. 教学媒体:专业教材、各种列车运行图挂图 3. 工具与材料:绘图板、丁字尺、三角板、红蓝圆珠笔、铅笔、橡皮、小刀、空白列车运行方案图、空白列车运行图			
参考资料	参考教材: 铁路行车组织. 赵矿英. 北京:中国铁道出版社,2007. 技术资料:1.《铁路调车作业标准》 　　　　　2.《铁路技术管理规程》 　　　　　3.《行车组织规则》 　　　　　4.《铁路运输调度规则》 学习材料:车站平面示意图、车站日计划大表、车站阶段计划大表、调车作业通知单、列车编组计划、调车区现在车分布、车站线路平面示意图			

2. 项目任务书

项目名称:列车运行图编制
学习任务:绘制列车运行图
任务完成时间:18学时
项目任务: 根据案例资料和目标要求,完成以下项目任务: 1. 列车运行方案图的编制 2. 列车运行图详图的编制 3. 列车运行图各项指标的计算
项目教学目标: 1. 掌握列车运行图的基本编制步骤 2. 能正确铺画站名线 3. 能正确铺画运行线和正确标记时分 4. 能判定区段牵引机车台数 5. 能判定运行图各项组成因素是否正确 6. 能确定列车合理的铺画方案 7. 能根据运行图计算各项指标

续上表

项目要求：

1. 制订工作计划，明确小组学习各成员的分工与职责

2. 按照给定的列车运行图各项组成因素制作列车运行图标尺

3. 在列车运行方案图上铺画站名线并确定使用机车台数

4. 在确定方案图的基础上编制列车运行图详图

5. 计算列车运行图各项指标

6. 绘制的列车运行图图形美观、比例适中

7. 做好学习过程记录，成果提交前，须完成自检工作

设备、工具与材料：

客运演练室、客流计划多媒体课件、《铁路客运组织》专业教材、计算机多媒体教学设备、直尺、模拟区段、模拟客流、计算器、纸、笔

案例资料：

1. 列车牵引区段里程及正线数、信联闭设备种类、牵引机车种类

2. 旅客列车种类、数量、在站起停车附加时分和区间运行时分、在站技术停站时间

3. 货物列车种类、数量、在站起停车附加时分和区间运行时分、在站技术停站时间

4. 机车运用方式、机车整备时间

5. 铁路职业教育铁道部规划教材《铁路行车组织》

6. 工具和材料清单

3. 教学活动设计

1. 获取信息（2学时）

（1）教师采用讲授的方法介绍编制运行图的意义、编制步骤和注意事项

（2）教师下达项目任务书

（3）学生小组学习并研究教师提供项目任务书，并通过提供有关列车运行图编制的资料，确定下面几方面的信息资料：

①本次学习的任务，目标与要求

②本次学习的时间

③检查教师提供的资料，确定是否需要补充其他学习资料

④确定列车运行图的编制步骤

⑤确定编制列车运行图的技术要求

⑥确定本次学习需汇报展示和提交的学习成果

⑦阅读评价规定，明确评价方式

2. 制订计划（1学时）

学生借助项目任务书和提供的相关资料，制订书面工作计划，其内容包括：

（1）小组合作学习分工计划

（2）完成项目工作（学习）步骤、基本方法与时间安排

（3）所需的工具、资料和材料

3. 作出决策（1学时）

以学生制订的项目工作计划为依据，教师与学生交流讨论：

（1）制订的工作计划是否合理

（2）所选择的工具和材料是否合适

（3）学生作出编制列车运行图的决定

4. 实施计划（12学时）

学生自主实施学习计划，遇有难题时，师生协商解决。

学生活动：

（1）学生以4人为1小组，查找资料，设计制作列车运行图标尺，完成方案图站名线的铺画

（2）根据资料，选择摘挂列车开口方案，概算货物列车区段旅行时间

（3）按照以最少的牵引机车台数、以最高的旅行速度的原则，均匀的铺画列车运行方案图

（4）检查方案图中机车整备时间、列车停站时间、列车对数（行车量）等是否符合规定要求

（5）将方案图交给老师审阅，批准后可进行运行图详图的铺画

（6）首先将旅客列车运行线铺画完毕，核对无误后按照方案图个人实施货物列车运行线的铺画

续上表

(7)根据给定的资料,选择限制区间,确定限制区间最合理的列车会让方案
(8)在保证限制区间最合理的会让方案的基础上,从区段的两头车站、自左向右以此铺画货物列车运行线
(9)铺画完毕,检查运行图各项因素是否符合规定,如不符合,进行调整,直到满足要求
(10)对铺画的运行图进行指标计算,如没达到最高要求(旅行速度、机车台数),可进一步对运行图进行优化
教师活动:
(1)检查督促,指出学生铺画过程中的错误,必要时可予以纠正
(2)记录学生的学习情况,作为评价的依据
(注:各组可以按照同一个方案图进行运行图的编制,但是,个人的运行图详图不得出现雷同。整个项目完成时间为30学时,对提前完成的学生,可以适当加分;延误时间的可以适当扣分。)
5.检验(1学时)
(1)学生检查并完善列车运行图详图的各项组成因素、运行图指标的计算等学习成果记录
(2)教师帮助学生检查
6.评价(1学时)
教师组织学生开展编制运行图质量、工作态度、责任心和学习成果等的评价和总结活动:
(1)小组成员展开讨论,开展自我评价、组内互评活动,并填入评价表
(2)各小组代表汇报学习成果,其他成员补充
(3)其他小组对汇报组提问和质疑
(4)小组互评学习成果,填入评价表
(5)教师评价各组学习成果,填入评价表
(6)教师总结点评学习活动,并就编制质量高的运行图开展讨论,以利于学生不断提高

4. 成果展示

编制列车运行图成果展示

班级＿＿＿＿＿＿第＿＿＿＿＿＿学习小组 完成时间＿＿＿＿＿年＿＿＿＿＿月＿＿＿＿＿日

小组成员＿＿＿＿＿＿、＿＿＿＿＿＿、＿＿＿＿＿＿、＿＿＿＿＿＿、＿＿＿＿＿＿

一、学习内容

1. 列车运行图的编制要求和步骤。

2. 区段管内工作列车运行方案。

3. 货物列车运行方案图的编制。

4. 列车运行详图的编制。

5. 列车运行图主要指标计算。

二、学习目标

1. 专业能力:学生应能根据有关时分制作运行图标尺并铺画站名线;确定区段管内列车运行方案;编制列车运行方案图;编制列车运行图详图;计算运行图各项指标。

2. 方法能力:能根据列车运行图判定牵引区段所需机车台数;找出限制区间并制定限制区间列车会让方案;熟练运用列车运行图各项组成因素概算列车区段旅行时间和旅行速度;以最少的机车台数和较高的旅行速度完成既定的牵引任务。

3. 社会能力:学生应具有全局观念和协调能力,树立安全意识,认真、严格地遵守和执行各项规章制度。

三、成果展示

1. 列车运行方案图(并填写下表)

序 号	项 目	
1	限制区间会车方案	
2	区间通过能力计算	
3	牵引机车台数	
4	摘挂列车旅行速度概算	
5	摘挂列车铺画方案	

2. 列车运行详图(并填写下表)

序　号	项　目	
1	区间里程	
2	区间数量	
3	牵引机车台数	
4	货物列车旅行速度	
5	机车全周转时间	

3. 甲—乙区段列车运行图指标计算明细表

顺序	下行方向							上行方向						
	车次	甲站出发时刻	乙站到达时刻	运行途中	其中		列车公里	车次	乙站出发时刻	甲站到达时刻	运行途中	其中		列车公里
					运行	停站						运行	停站	
1														
2														
3														
4														
5														
6														
合计														

4. 各项指标计算结果

序　号	项　目	计算结果	备　注
1	旅行速度		
2	技术速度		
3	速度系数		
4	机车台数		
5	机车全周转时间		
6	机车日车公里		

5. 编制运行图自评结果

组　别	姓　名	完成时间	得　分

6. 学习过程中遇到的问题及解决方法和结果

7. 编制列车运行图的主要体会和收获

续上表

四、学习评价

1. 请对照学习目标与评价办法,评价本小组学习成果:_____分。

2. 请对照学习目标与评价办法,评价本小组合作学习中各成员的贡献值。

姓名	自评分	签名	姓名	自评分	签名

3. 请根据课堂中其他小组的成果展示,评定其他小组的学习成果:

第1小组_____分;第2小组_____分;第3小组_____分;

第4小组_____分;第5小组_____分;第6小组_____分;

5. 案例应用分析

本案例由"列车运行图的编制"任务出发,通过接受"项目任务"由学生制定项目工作计划,在小组中的分工以及小组成员合作的形式下,按照已确立的步骤和程序工作去实施计划,可以锻炼和培养学生的关键能力。

教学中把理论教学与实践教学有机地结合起来,在列车运行图的编制目标下,充分发掘学生的创造潜能,使学生学会了列车运行图的编制,包括区段管内工作列车运行方案、货物列车运行方案图的编制、列车运行详图的编制、列车运行图主要指标计算,从而也提高了学生解决实际问题的综合能力。

6.1.3 常用调度命令用语及发布案例

1. 教案头

课　　型	铁路行车组织	学习领域	行车调度
学习情境	常用调度命令用语及发布	学习时间	4 学时
主要教学方法	模拟教学法	教学对象	铁道运输专业×班
学习内容	学生以小组的形式进行常用调度命令的编写及发布的模拟训练,具体学习任务如下: 1. 根据教师要求写出常用调度命令的受令处所及内容 2. 调度命令的发布办法及发布要求 3. 向司机、运转车长递交调度命令的时机和方法		
起点分析	已学习接发列车、列车运行及调度指挥等相关知识		
教学目标	1. 专业能力	能熟练掌握常用调度命令用语及调度命令发布人工方式办理的方法;了解调度命令发布的其他方法;掌握调度命令发布要求;掌握向司机、运转车长递交调度命令的时机和方法	
	2. 方法能力	能明确工作任务所需要的信息;能解决学习过程中碰到的实际问题;能确定学习方案,根据实际需要查询相关资料	
	3. 社会能力	能围绕主题参与小组交流和讨论,使用规范易懂的语言、恰当的语调和表情,清楚地表述自己的意见;能明确自己在小组团队中的作用和任务,按照时间和质量要求,迅速进入学习状态,执行合作学习计划;能执行行业标准和法规	
情境创设	1. 教学环境:专业教室 2. 教学媒体:多媒体教学课件、调度电话、常用调度命令用语样板、调度命令登记簿、调度命令用纸、复写纸等		

教学评价	包括小组自评、小组互评和教师评价,评价标准见下表:			

项目	行为表现描述	分值	得分
专业实践能力	能圆满地完成全部任务演练全过程,且完全符合调度命令发布程序及要求	60	
	能完成全部任务演练全过程,调度命令发布中个别地方不符合规定	45	
	能完成大部分任务的演练,有较多地方不符合调度命令发布要求	30	
	能完成少部分任务的演练,与要求相差较大	15	
方法能力	解决问题的方法有创新且富有成效	20	
	能在小组内解决学习中碰到的困难	15	
	能在教师的指导下解决学习中碰到的困难	10	
	在教师的指导下,能解决学习中碰到的部分困难	5	
社会能力	小组成员精诚合作,气氛融洽,富有团队精神	20	
	分工明确,能有效地开展小组交流与合作	15	
	分工明确,能开展小组交流与合作,但成效一般	10	
	职责不清,小组成员间缺乏有效的交流与合作	5	
合　计			

参考资料	参考教材: 李一龙.铁路行车规章.北京:中国铁道出版社,2007. 技术资料: (1)铁路运输调度规则.2009 (2)铁路技术管理规程.2007

2. 教学活动设计

步骤	活动设计
导入情境	问题引导法:"若列车在运行中遇前方某地点需临时限速,那么怎样把这个要求传达给司机,使司机能够正确掌握速度,安全通过限速地点?"进入问题情境,导入新课
描述模拟情境	教师活动: 在黑板上画出列车运行的某一区段线路,标出列车位置,例: 甲　A　B　C　▽ 21006次　D　乙 A—B站间K315+300处因线路故障需临时限速30 km/h,此时21006次列车正运行于C—D站间,这个临时限速命令列车调度员如何传达给司机?教师提出问题后引导学生思考,都有哪些方法?在学生回答的若干方法中作出评价,导入新课内容 学生活动: 倾听,讨论,发言,记录 教师活动: 1. 根据教师要求写出相关调度命令的受令处所及内容 2. 调度命令的发布办法及发布要求 3. 向司机、运转车长递交调度命令的时机和方法 学生活动: 倾听、记录、思考
模拟示范	教师活动:示范讲解 1. 调度命令的发布办法 由于设备不同,目前发布调度命令的办法主要有以下几种: (1)使用调度命令无线传送系统发布调度命令(具有调度命令无线传送系统设备的线路,如客运专线、既有线CTCS-2区段、CTC区段) (2)采用计算机、传真机发布调度命令(具有TDCS设备的区段) 采用计算机发布调度命令时,必须严格遵守"一拟、二审核(按规定须监控人审核的)、三签(按规定须领导、值班主任签发的)、四发布、五确认签收"的发布程序,受令人必须认真核对命令内容并及时签收 (3)使用列车调度电话发布调度命令(具备良好转接设备和通信记录装置的条件)

续上表

步骤	活动设计
模拟示范	（4）采用电话（人工办理方式）发布调度命令（不具备上述条件的情况） 采用电话发布调度命令时，必须严格遵守"一拟、二审核（按规定须监控人审核的）、三签（按规定须领导、值班主任签发的）、四发布、五复诵核对、六下达命令号码和时间"的发布程序办理；发布、接受调度命令时，应填记调度命令登记簿，指定受令人员中一人复诵，并记明发收人员姓名及时刻 2. 调度命令的发布要求 （1）调度命令发布前，应详细了解现场情况，听取有关人员意见，书写命令内容，受令处所必须正确、完整、清晰。调度命令书写不正确，应重新书写 （2）发布调度命令要一事一令，先拟后发，不得发布无关内容 （3）已发布的调度命令，遇有错、漏或变化时，必须取消前发命令，重新发布全部内容的调度命令 （4）使用调度命令无线传送系统、计算机或传真机发布调度命令，必须认真执行确认和回执制度 3. 向司机、运转车长递交调度命令的时机和方法 时机：列车调度员向司机、运转车长发布调度命令时，应发给有关站段（所、室），由受令站段（所、室）负责转达；当乘务人员已出乘时，应发给列车始发站或进入关系区间前的停车站由其交付，如来不及而必须在进入关系区间前交付时，通过列车应停车交付 方法：当列车调度员不能直接向司机发布调度命令时，可由有关站段所室负责转达，转达命令的方法有两种： （1）在具备良好转接设备和通信记录装置的条件下，符合使用列车调度电话发布、转达调度命令内容的，可使用列车调度电话向司机转达调度命令 （2）不具备上诉条件时，须书面向司机递交调度命令 （通过模拟，重点学习常用调度命令用语及人工办理方式发布调度命令方法） 学生活动： 倾听、记录、观摩，了解现场使用设备真实的调度命令发布情况
模拟框架	教师活动： 1. 布置模拟演练任务 任务1：封锁及开通区间命令的发布 任务2：变更行车闭塞法命令的发布 任务3：临时限速命令的发布 任务4：引导信号接车命令的发布 任务5：向封锁区间开行救援列车命令的发布 任务6：双线反方向行车命令的发布 2. 将学生分成若干模拟演练小组，根据具体情况分别扮演列车调度员、车站值班员、助理值班员、司机、运转车长、调度所值班主任、监控人等岗位 3. 布置各小组模拟演练任务，明确模拟演练过程 4. 观察学生对模拟演练的筹划，解答学生的疑问，审核模拟演练计划，指导学生模拟演练的准备工作 5. 为每个演练小组提供有关学习资料及备品：常用调度命令用语样板、调度命令登记簿、调度命令用纸、复写纸等 学生活动： 1. 学生形成模拟演练小组，根据个人意愿决定演练任务及岗位分配 2. 根据教师的情境描述进行讨论和磋商，制订模拟演练计划，做好模拟演练的准备
模拟演练	1. 挑选准备工作充分、愿望强烈、乐意与别人探讨问题，善于接受别人意见的小组进行首次演练 2. 对其他学生进行引导和培训，布置观察性的问题：模拟演练过程是否完整，有无缺漏？模拟是否真实？模拟作业过程是否符合有关规定？ 3. 在引导学生进行讨论发言后，教师进行总结点评，把正确完整的调度命令内容、受令处所及命令发布过程进行解析。使学生在原有的基础上有进一步提高
讨论模拟	教师活动： 对各小组的演练任务进行指导，解答学生提出的问题 学生活动： 对演练任务进行完善，修正不足，加强练习调度命令的发布过程
模拟展示	教师活动： 记录各小组模拟演练中的亮点和存在的问题 学生活动： 1. 各小组根据教师布置的任务依次进行模拟演练 2. 其他小组学生根据教师布置的观察性问题观察各小组的演练，记录演练中的优点和存在的问题

续上表

步骤	活动设计
议论反思	1. 教师给出讨论的主题,如调度命令内容是否准确、完整?受令处所是否齐全?命令发布中有何遗漏?该如何改进? 2. 学生围绕教师提出的问题进行分析和讨论 3. 教师总结模拟演练中存在的问题和不足之处,并就如何改进提出自己的意见
评价总结	学生活动: 1. 以小组为单位讨论总结模拟演练学习活动,并在班上交流学习过程中取得的经验、教训和体会 2. 针对本小组在模拟演练过程中的能力表现及结果进行组内自评,并填入评价表 3. 对其他小组进行评价,填入评价表
	教师活动: 1. 教师组织学生开展行为、态度和责任心等的评价和总结活动 2. 对各小组作出综合评价 评价用表(略)

3. 本案例应用分析

由于客观的原因,学生不可能在列车调度员等真实岗位上进行实践,模拟教学法就为学生训练提供了一个良好的平台,学生通过作业演练和模拟训练,增强实践能力,大大缩短了学生走上工作岗位后的适应时间。模拟教学法有利于学生实践能力的培养。

模拟能最大程度地调动了学生的主观能动性,整个模拟教学过程中,学生是真正的主角,每位学生都经历了调度命令发布的一系列环节,这是一种深刻的经历与体验,而且通过小组工作形式,促进学生之间的信息交流,锻炼学生与人交往、沟通、协作的能力,培养团队合作的精神。

6.1.4　行车事故的处理案例

1. 教案头

课程类型	铁路行车组织管理	学习领域	行车安全
学习情境	列车在运行中发生断钩	学习任务	行车(列车分离)事故的处理
学习时间	8	教学对象	铁道运输管理专业××班
主要教学方法	案例教学法		
学习内容	1.《铁路技术管理规程》关于列车分部运行办法的规定 2.《铁路交通事故调查处理规则》的有关规定 3. 列车分离事故的处理办法		
起点分析	学生已学习了接发列车工作有关规定及方法		
教学目标	1. 专业能力	能基本掌握列车在运行中发生断钩后的处理方法,能够在熟悉列车断钩处理方法的基础上,对列车发生坡停、制动主管破裂、脱轨等情况也知道怎样处理	
	2. 方法能力	能够综合运用规章的具体规定,分析解决实际问题,能正确处理列车在运行中发生的分离事故,以尽快开通区间,恢复正常行车,学会表达解决问题的过程和方法	
	3. 社会能力	在学习中保持积极向上的学习态度;能与小组其他成员和教师就学习中的问题进行交流和沟通;具有合作能力和协调能力	
情景创设	1. 教学环境 以甲站—乙站间为例,在黑板上画出该相邻两站及区间线路示意图,或使用课件图片展示,并标明相邻两站站名,说明区间闭塞方式、单双线及车站联锁设备,23005次列车运行于甲站—乙站间 K245+300 处发生车钩折断,造成列车分离,不能整列运行至前方站 2. 教学设备与资料 集中联锁控制台、计算机多媒体教学设备、专业教材、《技规》		

续上表

教学评价	分值	行为表现描述
	5	能对列车分离事故进行正确处理,表述准确,步骤齐全,要点分析完备、准确
	4	能对列车分离事故进行正确处理,表述比较准确,步骤基本齐全,要点分析基本正确
	3	能对列车分离事故在教师引导下进行正确处理,表述比较准确,步骤基本齐全
	2	能对列车分离事故在教师引导下分析处理,能简单描述处理过程
	1	能在教师引导下简单描述列车分离事故的处理过程
参考资料		1.《铁路技术管理规程》第十版,2007.4 2.《铁路交通事故调查处理规则》,2007.9 3.《行车组织规则》 4.《车站行车工作细则》 5.《行车规章》教材

2. 教学案例

甲—乙站间为单线半自动闭塞,23005 次(编组 50 辆)运行于甲—乙站间 245 km＋300 m 处因机后第 25 位后钩折断被迫停车,应如何处理?

线路示意图如下:

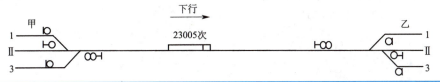

3. 教学活动设计

步骤	教学内容	活动设计
呈现案例	从分析解决实际发生的问题入手,引入新课内容。 　当列车在区间发生断钩等问题而被迫停车,不能继续运行,如何正确及时处理,尽快开通区间,恢复正常行车,降低损失,减小对行车的影响,是本次课的主要学习内容,学习目的: 　1. 掌握列车被迫停车后的处理相关规定 　2. 掌握列车分离事故的处理办法 　3. 会下达相关调度命令	教师活动: 呈现列车分离事故的处理办法 学生活动: (1)学生倾听、记录、思考 (2)以 4～6 人为单位形成若干小组进行讨论,明确学习任务
提出问题	甲—乙站间为单线半自动闭塞,23005 次(编组 50 辆)运行于甲—乙站间 K245＋300 处因机后第 25 位后钩折断被迫停车不能继续运行,应如何处理,确保尽快开通区间恢复正常行车?	教师活动: (1)先在黑板上画出示意图 (2)引入列车分离情景案例 (3)组织学生讨论如何解决问题 (4)提供参考的资料 学生活动: (1)思考案例中提出的问题 (2)进行分组讨论
讨论引导	第一步:根据教师提出的任务,由小组成员代表说明解决问题的方法及工作步骤 　第二步:组织学生讨论,有不同意见的小组可做补充说明或修正说明 　第三步:结合学生给出的结论,教师进行点评,指出正确的地方、错误的地方及不完善的地方,尤其需说明错误的原因,指出问题及处理问题的依据,处理过程中应把握好的几个安全关键环节 　第四步:指导学生系统学习相关理论知识及规定,确定完善的正确处理方案	教师活动: (1)引导学生进行相关知识的学习 (2)点评学生意见,教师完善方案,现场指导学生的任务实施 (3)帮助学生及时解决任务实施过程中遇到的各种问题 (4)相关知识的学习 (5)控制实施的进程

步骤	教学内容	活动设计
讨论引导	1. 列车分部运行 (1)列车需分部运行的情况:断钩、坡停、制动主管破裂、脱轨等 (2)列车必须分部运行时的处理办法 (3)下列情况列车不准分部运行:①采取措施后列车可整列运行时;②对遗留车辆未采取防护、防溜措施时;③遗留车辆无人看守时;④列车无线调度通信设备故障时 2. 遗留车辆的防护 列车分部运行,救援机车进入区间挂取遗留车辆时,应在救援列车开来方面,距离遗留车辆不少于300 m处放置响墩防护 不少于300 m　　　　　　救援列车 手持停车信号的防护人员　　20 m 20 m 20 m 分部运行时机车挂取遗留车辆的防护图 3. 救援列车的开行 (1)救援列车的请求与派遣 ①救援请求;②派遣 (2)救援列车开行办法 (3)救援列车运行要求 4.《铁路交通事故调查处理规则》相关规定 (1)列车分离事故的定性、定责 (2)事故报告 ①事故报告程序 ②事故报告主要内容	学生活动: (1)以小组为单位讨论、磋商案例中问题的解决方法,提出意见 (2)认真听取各小组代表解决案例中问题的方法并积极思考,提出不同意见 (3)认真听取教师的点评 (4)思考遗留车辆的防溜工作怎样做?防护工作怎样做?画出防护图
评价案例	案例正确处理办法: 1. 23005次因车钩折断被迫停车后,司机应立即使用列车无线调度通信设备通知前方站和列车调度员,报告停车原因、停车时间、停车地点、区间线路状况。对列车进行应急处理,办法如下:(1)若是车钩钩舌损坏,可用机车前端或列车后端的钩舌更换,尽可能避免列车分部运行;(2)若车钩损坏到无法更换的程度时,则须采取列车分部运行的办法,将情况报告前方站和列车调度员,并对遗留车辆做好防溜和防护工作。 2. 司机在记明遗留车辆辆数和停留位置后,方可牵引前部25辆车向前方站运行。该列车必须在进站信号机外停车(司机已用列车无线调度电话通知车站值班员列车为分部运行时除外),将情况通知车站值班员后再进站。 3. 前方乙站开放进站信号机或用引导办法将23005次前部车辆接入站内空闲线路。 4. 乙站值班员应立即报告列车调度员,列车调度员下达调度命令封锁区间,并指派本务机车担当救援,返回区间挂取遗留车辆。 5. 乙站办理救援列车发车进路,将调度命令交与司机作为进入封锁区间凭证,并揭挂"封锁区间"表示牌。 6. 救援列车进入封锁区间后,在接近遗留车辆2 km时,要严格控制速度,以在瞭望距离内能够随时停车的速度运行(最高不得超过20 km/h),在防护人员处或压上响墩前停车,联系确认,并按要求进行连挂作业。连挂时须进行试拉、试风并确认全部连挂妥当后,方可撤去防溜措施。 7. 待将遗留车辆全部拉回车站,车站值班员确认区间空闲后,报告列车调度员。列车调度员再次确认区间空闲后,方可下达命令,开通区间,恢复正常行车。 若23005次机后25位前钩折断造成列车分离,处理办法、操作步骤基本同后钩断,不同的地方是:1. 牵引前部车辆24辆运行至乙站;2. 列车调度员从后方站甲站派出救援机车进入封锁区间挂取遗留车辆,将遗留车辆推进至乙站。	学生活动: 在教师指导下,写出列车分离事故处理中的相关调度命令 命令1:封锁区间挂取遗留车辆命令 受令处所:甲站、乙站,乙站并交23005次司机 命令内容: 根据乙站报告,23005次列车因机后25位后钩折断被迫停车需分部运行,自接令时起,甲站至乙站间区间封锁 准许乙站利用23005次机车开行58002列车进入封锁区间K245+300处挂取遗留车辆,将遗留车辆拉回至乙站,返回58001次列车 命令2:开通区间命令 受令处所:甲站、乙站 命令内容: 根据乙站报告,23005次遗留车辆已全部拉回乙站,甲站至乙站间区间已空闲,自接令时起区间开通 教师活动: 根据学生解决问题的实际情况,改变条件,有针对性地让学生练习 学生活动: 按上述方法,正确处理各种实际情况 给出若干案例由学生练习,由易到难,循序渐进,使学生从多方面加深体会,真正掌握列车分离事故的处理方法

续上表

步骤	教学内容	活动设计
巩固拓展	学生练习： 1.A—B站间为单线半自动闭塞,31005次运行于A—B间 K21+500处因机后第20位制动主管破裂被迫停车,需分部运行,指出： (1)司机、车站值班员、列车调度员应做哪些工作? (2)分部运行处理办法? 2.A—B站间为单线半自动闭塞,21006次运行于A—B间 K215+200处发生坡停,需分部运行,指出应如何处理? 3.甲—乙站间为双线自动闭塞,21003次运行于甲—乙站间下行线185 km+200 m处因发生脱轨被迫停车,此时21005次已追踪进入区间,指出应如何处理? 甲站 21005次 21003次 乙站 上述第3题要求学生回答21003次被迫停车后,司机、车站值班员、列车调度员应立即做好哪些工作? 21005次先退回甲站,怎样退行? 21003次采用分部运行办法将未脱轨车辆拉回车站,说明分部运行办法? 出动救援列车前往事故区间起复脱轨车辆实施救援,救援列车怎样开行? 都有哪些要求?	此题为一综合性题目,既复习了前面学过的列车被迫停车后应急处理、列车的防护、列车分部运行、列车退行有关内容,同时还需要懂得救援列车开行有关规定
学习评价	教师活动： 总结学习情况,根据学生的学习成果,结合学习过程记录,对学生综合评价 学生活动： 对本组及其他小组的学习成果进行评价	
总结	以小组为单位,完成本次学习报告	

4.本案例应用分析

(1)在本教学案例中,通过解决实际问题的方式学习列车分离事故的处理方法,学生学习兴趣浓,有利于学生对知识的理解、记忆和应用。通过系列案例分析和给出若干案例由学生练习,从易到难,循序渐进,使学生加深体会,学习活动中,通过自主学习,探究学习和合作学习的形式来探究未知,达到知识扩展的目的。

(2)在理论知识学习中,教师可采用多媒体教学课件、观看录像、演练室观摩、事故案例分析等方式组织教学,使学生获取新知识时更直观、更形象、更易于理解。

6.2 "铁路客运组织与管理"类教学案例

6.2.1 车站售票工作案例

1.教案头

			课题:车站售票工作			
教学班级	铁道运输管理专业×班	课时	10	教学地点	专用教室:虚拟某车站售票处和售票厅	
教学目标	**知识目标**		**技能目标**		**情感态度目标**	
	1.掌握客运规章中车票的发售规定 2.铁路作业标准中车站售票作业标准 3.铁路客运服务中关于服务礼仪方面的规定及要求 4.了解《铁路旅客运输规程》、《铁路旅客运输规程细则》、《铁路客运运价规则》中关于车票的相关规定		1.能熟练按客运规章发售各种车票 2.能按照岗位要求,执行标准化作业程序和用语 3.会正确填写代用票等票据		1.解释相关法律法规,培养法律意识 2.严格按程序操作,培养认真、严谨的工作态度 3.养成安全生产和标准作业习惯	

教学内容	学习内容： 1.《铁路旅客运输规程》、《铁路旅客运输规程细则》、《铁路客运运价规则》中关于车票的相关规定 2. 铁标中售票作业标准及程序 3. 售票机的使用 4. 代用票的填写 能力训练任务： 1. 售票作业 2. 退票作业 3. 签证作业		
教学方法 与策略	角色扮演教学法等	教学媒体	录像、代用票票样等，计算机及售票仿真系统
学习资料	参考教材： 彭进. 铁路客运组织. 北京：中国铁道出版社，2008. 参考资料： 杜五一. 客运及其配套规章的综合理解与应用. 北京：中国铁道出版社，2004. 技术手册： 《铁路旅客运输规程》、《铁路客运运价规则》、《铁路旅客运输办理细则》、《铁路旅客运输管理规则》、《铁路客运运价里程表》、《旅客票价表》、《铁路旅客服务质量标准》等 教辅材料： 代用票、客运运价杂费收据、退票报告及报销凭证、客运记录等		

2. 教学设计

1. 情景创设		
职业岗位角色	行动虚拟情境	设备与工具
售票值班员、售票员、旅客	××站车站售票处	售票机、售票员工作室、售票大厅、验钞机、收银箱、打票机、代用票、笔等

2. 活动设计
售票作业教学活动流程如下： 感知任务——提出任务——分析探究——示范模拟——角色扮演——议论反思——评价总结——应用迁移 　　从对相关理论知识的学习到实践技能的熟练掌握共需 10 课时，其中引入及相关理论知识的学习需 4 课时，代用票的填写及售票机练习需要 4 课时，售票作业程序及服务用语的训练需 2 课时，学习成果展示及教师评价需 2 课时

3. 教学过程			
	教师活动	学生活动	教学意图
感知任务	【引入】售票是铁路客运工作的基本内容，保证正确、迅速地发售车票是车站售票工作的基本任务之一，也是维护旅客运输秩序的重要保证。为保证准确无误地发售车票，必须严格执行《客规》、《细则》、《管规》等有关规定，严格执行铁道部《售票作业标准》规定的程序和用语。本课的学习任务是利用各种设备正确发售车票和填写票据。 ［PPT］介绍售票作业程序和标准	思考及回答问题	介绍售票作业标准、票据填写方法
提出任务	【提出任务】发售通票 　　举例：甲站—乙站间跨及三条及其以上线路，旅客要求购买某次列车（新型空调列车）硬卧车票，根据旅客请求，该旅客需要在中途站换车，客票和附加票分别如何发售？票价如何计算？ 　　（在黑板上画出甲、乙站示意图，并标画列车运行路线）	思考问题，让学生中的某一员扮演售票员，另一同学扮演旅客	引出新课，引起注意，激发求知欲

续上表

提出任务	【播放录像】放一段车站售票员售票的整个全过程录像,含售票机操作过程演示	观看录像	增加学生的感性认识,便于思考问题
分析探究	【分析探究】 (1)引导学生联想 (2)启发学生思考 (3)探究提高售票速度的途径有哪些 (4)分析准确售票需要具备哪些专业知识	观察思考	通过观看录像内容,引导学生联想如何正确计算票价、发售车票
	【讲解】 (1)客票、附加票的发售规定 (2)发售通票时票价如何计算 (3)人工售票机如何操作、代用票如何填写 (4)售票作业标准程序及用语	认真领会	介绍作业标准及《客程》、《旅客运输管理规程》、《客运细则》关于售票作业的相关规定
示范模拟	【示范】 在演练室针对设备讲解示范	仔细观察,实操感受	使学生认识设备并基本清楚设备怎样操作及操作过程
角色扮演	(1)学生分组:每组 5 人,分别扮演售票值班员 1 人、售票员 1 人、旅客 3 人,每两组学生为一对练组合,将整班学生(如 40 人)则分成 8 个组合进行售票作业练习。 (2)角色训练:先挑选一个组合,在老师的指导下进行示范:办理一次售票作业过程。当学生对作业程序用语、作业环节及各种车票的发售过程基本清楚后,全班再进行角色训练练习。这个过程通过角色扮演模拟现场售票实际作业,各种车票的发售,使学生在角色训练中理解售票作业知识技能,提高学习兴趣和学习效率。学生对售票作业程序用语基本掌握后,教学生填写代用票等相关据的填写。 (3)角色扮演:学生分别扮演售票值班员、售票员、旅客,进入全环节训练,与现场作业要求完全一致。另外两组同学可以互评,一组练习的同时另一组担当评委。 (4)教师指导:在学生训练过程中,教师作为咨询和监督员,进行监督、指导和检查,发现问题及时纠正。对学生互评进行指导。		
讨论反思	[讨论]针对扮演角色的岗位技能提出一些问题让学生讨论,题目可以选自铁路职业技能鉴定参考从书的相关试题 [反思]角色扮演中的不足		
评价总结	学习成果展示及教学评价 成果展示:按规定时间训练结束后,每个小组分别进行学习成果展示。根据教师给定的任务,办理车票发售作业。 多元评价:根据每个组的整体办理情况,教师给出小组评定成绩,同时其他小组学生也进行互相评判打分,并进行讲评,综合教师与学生的评价,以教师占 60%、学生互评(小组平均)占 40%计算单元成绩。小组的成绩即是该小组每个学生的成绩。(这种评价方法因组与组间存在较量,可增强学生学习积极性和集体荣誉感,并能体现协作精神) 总结及提出新的教学内容 在每个小组学习成果展示后,教师对该项教学内容的学习情况进行总结,肯定成绩,提出缺点与不足。通过总结达到梳理所学知识,进一步理解巩固的目的,同时引出下次新的教学内容		
	4. 课外实践		
巩固	利用各种设备进行车票发售作业技能强化		
拓展	票务计划		
	5. 教学后记		
教学效果自评			
教案修改建议			
资源增补建议			

3. 评价用表(略)

可参见 5.3.1.4 中角色扮演法应用示例。

4．案例应用分析

本案例的特色是角色扮演和多媒体教学。角色扮演法主要是通过学习者对现场情景的模拟练习，达到教、学、做一体化的教学效果。通过角色扮演，有利于学生对知识的理解、记忆和应用，帮助学生实现知识技能的综合应用的目的。通过正确发售车票，增强学生学习的成就感，培养学生认真的工作态度，以及培养学生的创造性和和自学能力，也有利于培养学生的团队精神。因铁路旅客运输的服务特性显著，因此，在一体化教学过程中，学生可从传统理论教学的"换位思考"过渡到"换位体验"，充分体会旅客旅行过程中购买车票时遇到各种情况的感受，对学生将来更好地从事铁路客运工作打下良好的服务基础。

多媒体教学是目前常用的教学手段，通过对售票过程的 PPT 或录像演示，使学生对整个作业过程有个感性认识，激发学生对本岗位作业所需知识学习欲，对本案例中售票一体化教学起到了事倍功半的效果。

6.2.2　旅客列车客运乘务工作案例

1．教案头

课程类型	铁路客运组织与管理	学习领域	列车客运工作
学习情境	旅客列车客运乘务作业	学习时间	6 学时
教学对象	铁道运输管理专业××班	主要教学方法	模拟教学法等
学习内容	学生以小组的形式在旅客列车模拟实训室利用旅客列车设施设备及情景设置进行旅客列车客运乘务模拟训练，具体学习任务如下： 1．列车员、列车长出乘作业 2．列车始发前准备 3．列车始发站作业 4．列车途中作业 5．列车终到站前作业 6．列车终到站后作业 7．列车员、列车长退乘作业		
起点分析	已学旅客运输基础知识、行李包裹运输知识、旅客运输管理等客运知识及饮食卫生、旅行安全、法律法规、消防等相关知识；具有非正常情况的应急处置能力；会使用紧急制动阀和人力制动机，会使用各种类型的灭火机和各种类型的炉灶；熟悉列车运行管理有关规定		
教学目标	1．专业能力	能按旅客列车乘务管理要求，完成列车乘务员出乘作业、列车始发前准备、始发站作业、途中作业、终到前作业、终到后作业和退乘作业	
	2．方法能力	能明确工作任务所需要的信息；能解决学习过程中碰到的实际问题；能确定学习方案、根据实际需要灵活变更方案	
	3．社会能力	能围绕主题参与小组交流和讨论，使用规范易懂的语言，恰当的语调和表情，清楚地表述自己的意见；能明确自己在小组团队中的作用和任务，按照时间和质量要求，迅速进入学习状态，执行合作学习计划；能执行行业标准和法规，注重技术安全和劳动保护	
情境创设	1．教学环境：旅客列车模拟实训室、模拟出退乘指导室、模拟监控分析室 2．教学媒体：计算机多媒体教学设备、列车客运乘务多媒体课件、列车乘务员需用的票据、表报等资料		

续上表

教学评价	包括小组自评、小组互评和教师评价,评价标准见下表			
	项目	行为表现描述	分值	得分
	专业实践能力	能高效、圆满地完成乘务作业演练全过程,且完全符合标准化作业要求	60	
		能完成乘务作业演练全过程,偶尔不符标准化作业要求	45	
		能完成乘务作业演练大部分内容,多次不符标准化作业要求	30	
		能完成乘务作业演练少部分内容,与标准化作业要求有很大的差距	15	
	方法能力	解决问题的方法有创新且富有成效	20	
		能在小组内解决学习中碰到的困难	15	
		能在教师的指导下解决学习中碰到的困难	10	
		在教师的指导下,能解决学习中碰到的部分困难	5	
	社会能力	小组成员精诚合作,气氛融洽,富有团队精神	20	
		分工明确,能有效地开展小组交流与合作	15	
		分工明确,能开展小组交流与合作,但成效一般	10	
		职责不清,小组成员间缺乏有效的交流与合作	5	
	合　计			

参考资料	参考教材: 彭进. 铁路客运组织. 北京:中国铁道出版社,2008. 教学资料: 杜五一. 客运及其配套规章的综合理解与应用. 北京:中国铁道出版社,2004. 技术手册: 《铁路旅客运输规程》、《铁路客运运价规则》、《铁路旅客运输办理细则》、《铁路旅客运输管理规则》、《铁路客运规章》等 学习材料: 代用票、卧铺夹、乘务日志及客运记录等

2. 旅客列车乘务组作业流程

整个列车乘务工作过程,从时空上可划分为:始发前准备工作、始发站作业、途中作业、到达折返站或终到站前作业和到达折返站或终到站的作业。其作业流程如下图:

3. 教学活动设计

1. 情境创设		
模拟岗位角色	行动虚拟情境	设备与工具
列车长1人、列车值班员1人、列车员1人、广播员1人、列车行李员1人、车站客运值班员1人、旅客2人等8个角色岗位	××旅客列车车厢、行李车厢、站台	车门、车梯、车厢连接处、消防器材、紧急制动阀、人力制动机、票款、票据、票机等
2. 活动设计		
教学活动流程如下: 导入问题情境──描述模拟情境──准备模拟框架──模拟示范(首组)──模拟演练(各组)──议论反思──评价总结 本教学内容从对相关知识的学习到实践技能的训练共6课时,其中相关理论知识的学习2课时,技能示范及训练2课时,学习成果展示及教师评价2课时		

续上表

	3. 教学活动
导入问题情境	问题引导法:播放运行中的旅客列车视频画面,以问题:"如果你是列车乘务员,你该如何完成一次标准乘务作业?"进入问题情境,导入新课
模拟情境描述	教师活动: 介绍列车乘务员一次标准作业过程:出乘、始发前准备、始发站、途中、终到前、终到后和退乘作业 (1)出乘作业内容、作业程序:编制趟计划;(列车长、列车值班员、列车员、广播员、列车行李员) (2)始发前准备,接受任务、接车、入库工作内容及注意事项;对全列车的车门、车梯、车厢连接处、消防器材、紧急制动阀、人力制动机等设施设备进行检查 (3)始发作业要求,站车交接,与车站客运值班员(计划室)取得联系,掌握客流及重点旅客行包运输等情况,做好验票、安全宣传、扶老携幼等工作,迎接旅客上车 (4)途中业务处理,车动关门锁,清理货票款,填写表报,巡视车厢,作好重点旅客的接待及座席、卧铺安排;及时通告站名、到开时刻、停站时间,防止旅客坐过站或下错车;掌握车内旅客动态,遇有领导乘车,按《管规》规定进行汇报;按规定区段查验车票,正确处理违章,查处危险品 (5)终到前准备工作,核对票货、整理票据、公文、信件,搞好卫生,整理备品;准备与终点站交接 (6)终到后作业处理,站车交接,与车站客运值班员办理业务交递(递交速报、重点旅客、遗失物品等) (7)终到退乘、上缴票款票据 学生活动: 倾听、记录、思考
准备模拟框架	教师活动: (1)将学生分成若干模拟演练小组,每5人1组,分别扮演列车长、列车员、广播员列车行李员和旅客 (2)布置模拟演练任务,明确模拟演练过程 (3)观察学生对模拟演练的筹划,解答学生的疑问,审核模拟演练计划,指导学生模拟演练的准备工作 学生活动: (1)学生形成模拟演练小组,根据个人意愿决定乘务作业模拟演练岗位分配 (2)根据教师的情境描述进行讨论和磋商,制定模拟演练计划,做好模拟演练的准备
挑选首个模拟演练小组	(1)挑选准备工作充分、愿望强烈、乐意与别人探讨问题、善于接受别人意见的小组进行首次乘务作业演练 (2)对其他学生进行引导和培训,布置观察性的问题:模拟演练过程是否完整,有无缺漏?模拟是否真实?模拟作业过程是否符合列车员一次作业标准?模拟处理问题是否正确?
第一小组模拟演练	教师活动: 记录模拟演练中的亮点和存在的问题 学生活动: (1)首个模拟演练小组按角色进行出乘、始发前准备、始发站、途中、终到前、终到后和退乘作业的全过程演练 (2)其他学生根据教师布置的观察性问题观察第1小组的演练,记录演练中的优点和存在的问题
议论模拟演练内容	(1)教师给出议论的主题,如模拟演练中存在什么问题?该如何改进? (2)学生围绕教师提出的问题进行分析和讨论 (3)教师总结模拟演练中存在的问题和不足之处,并就如何改进提出自己的意见
小组轮换模拟	模拟演练小组轮换,每小组演练结束后,及时进行演练内容的讨论
教学评价	学生活动: (1)以小组为单位讨论总结模拟演练学习活动,并在班上交流学习过程中取得的经验、教训和体会 (2)针对本小组在模拟演练过程中的能力表现及结果进行组内自评,并填入评价表 (3)对其他小组进行评价,填入评价表 教师活动: (1)教师组织学生开展行为、态度和责任心等的评价和总结活动 (2)对各小组做出综合评价
	4. 教学后记
教学效果自评	
教案修改建议	
资源增补建议	

4. 评价用表(略)

可参见 5.3.1.4 中模拟教学法应用示例。

5. 案例应用分析

(1)学生以小组的形式在旅客列车模拟实训室利用旅客列车设施设备及情景设置进行旅客列车客运乘务模拟训练，模拟训练提供了一个良好的平台。通过列车始发前准备、列车始发站作业、列车途中作业、列车终到站前作业、列车终到站后作业等模拟岗位训练，取得良好的教学效果。

(2)整个模拟教学过程中，学生是真正的主角，每位学生都经历了列车客运乘务工作的一系列环节的深刻体验。通过小组扮演工作形式，促进学生之间的交流，锻炼学生与人交往、沟通、协作的能力，培养团队合作的精神。

6.2.3 旅客旅行变更的办理案例

1. 教案头

课型	铁路客运组织与管理		学习领域	列车客运
学习情境	变更座席、卧铺、列车等级		学习任务	旅客旅行变更的办理
学习时间	2 学时		教学对象	铁道运输专业×班
主要教学方法	案例教学法			
学习内容	1.《铁路旅客运输规程》、《铁路旅客运输规程细则》关于旅客变更座席、卧铺、列车等级的有关规定 2.《铁路客运运价规则》有关旅客票价、客运杂费的相关规定 3. 旅客变更座席、卧铺、列车等级的类型			
起点分析	学生已学过《铁路客运运价里程表》、《旅客票价表》等工具书的运用，车票的发售，旅客乘车条件			
教学目标	1. 技能目标	(1)能够运用客运规章的有关规定，正确熟练地解决旅客旅行变更的实际问题 (2)能根据实际需要灵活变更解决方案 (3)会正确编写客运记录，填写有关票据		
	2. 知识目标	(1)掌握客运规章中旅客变更座席、卧铺、列车等级的处理方法 (2)理解致使旅客旅行变更列车等级原因不同，处理方法不同		
	3. 态度目标	(1)解释相关法律法规，培养法律意识 (2)严格按程序操作，培养认真、严谨的工作态度 (3)养成安全生产和标准作业习惯		
能力训练任务及案例	能力训练任务： (1)能够站在车站或列车角度，合理处理旅客变更座席、卧铺、列车等级各种不同情况 (2)会使用《铁路客运运价里程表》、《旅客票价表》等工具书计算票价 (3)能适时正确填写代用票、客运运价杂费收据、退票报告及退票报销凭证及客运记录 案例： 某日某次列车 1. 一旅客持硬座空调客快卧(下)联合票，要求自某中途站开始使用软卧，该车有空铺，列车应如何处理？ 2. 一旅客持软座票改用硬卧下铺，该如何处理？ 3. 一旅客持软卧(下)车票，因软卧车发生故障甩车，该旅客在中途改用硬卧(下)铺至终到站，列车该如何处理？ 4. 一旅客持软座空调客快卧(下)联合票，自己要求改乘硬卧车，列车该如何办理？			
情境创设	教学环境： 某次列车补票处或某车站售票处 设备与工具： 售票机、打票机、代用票、客运记录等			
参考资料	参考教材： 彭进. 铁路客运组织. 北京：中国铁道出版社，2008. 教学资料： 杜五一. 客运及其配套规章的综合理解与应用. 北京：中国铁道出版社，2004. 技术手册： 《铁路旅客运输规程》、《铁路客运运价规则》、《铁路旅客运输办理细则》、《铁路旅客运输管理规则》、《铁路客运规章》等 学习材料： 客运记录等			

2. 教学活动设计

实施步骤	时间分配	活动设计
告知教学目的	5 min	教师活动： 简述任务要求,提供参考资料,告知学生本次课程的教学目的:掌握旅客变更座席、卧铺、列车等级不同情况的处理方法,合理补收或退还票价。在实际处理过程中,能正确填写客运有关票据,使旅客准确、安全地到达目的地
		学生活动： 倾听、思考、记录,查阅教师提供的参考资料,从中获得解决问题所需的相关信息
通过案例引入任务项目	5 min	教师活动： (1)课件演示案例,引出问题 (2)将学生分成若干小组,每4～5人1组,组织讨论 (3)布置训练任务,明确任务过程 (4)观察学生对训练任务的筹划,解答学生疑问,指导学生做好准备工作
		学生活动： (1)形成小组,思考要解决的问题 (2)根据教师的引导进行讨论和磋商,积极为解决问题出谋划策 (3)确定学习方案,明确小组成员的职责,作出实施任务的决定,做好准备工作
任务实施	60 min	学生活动： (1)学生以小组为单位,顺序处理案例中的问题 (2)首先明确是旅客责任还是承运人责任致使的旅客变更 (3)利用《铁路客运运价里程表》准确、迅速地查找旅客变更区间的发到站间里程 (4)根据变更区间里程,利用《旅客票价表》准确查出相应的软硬座或软硬卧票价,并得出票价差额 (5)联系学过的客运知识,积极动脑筋思考,为解决实际问题,应如何为旅客的变更办理手续 (6)根据实际需要,收取必要的费用,填写相应的票据
		教师活动： (1)协助学生完成材料等的准备 (2)现场指导学生的任务实施 (3)帮助学生及时解决任务实施过程中遇到的各种问题,协调观察学生在解决问题过程中的表现 (4)有针对性的结合任务实施过程中出现的问题,引导学生进行相关知识的学习和总结 (5)检查并记录任务实施情况,作为评价学生的资料 (6)控制任务实施的进程和秩序
归纳总结指导学生习得	5 min	1. 旅客要求变更 (1)旅客要求变更低于原票等级的列车、座席、铺位时,不予办理;旅客中途自行变更低于原票等级的列车、座席、铺位时,票价差额部分不予退还 (2)旅客要求变更高于原票等级的列车或座席、铺位时,应收回原票,换发代用票,核收变更区间的票价差额,核收手续费;不足起码里程按起码里程计算 2. 因铁路责任发生变更 因铁路责任使旅客变更座别、铺位、列车等级时,所发生的票价差额,按下列规定办理: (1)应补收的不补收 (2)应退款时,由列车长编制客运记录,到站退还票价差额;已乘区段不足起码里程时,退还全程票价差额;变更区段不足起码里程时,按起码里程计算退还票价差额,不收退票费
评价	10 min	教师组织学生开展行为、工作态度、责任心和学习成果等的评价和总结活动: (1)小组成员展开讨论,开展自我评价、组内互评活动,并填入评价表 (2)各小组代表汇报学习成果,其他成员补充 (3)其他小组对汇报组提问和质疑 (4)小组互评学习成果,填入评价表 (5)教师评价各组学习成果,填入评价表 (6)教师总结学习活动,并就拓展性问题—旅客变更径路、旅客旅行中发生两种以上变更开展讨论

续上表

实施步骤	时间分配	活动设计
布置作业	5 min	课外作业 以小组为单位,完成本次学习报告 拓展性作业 (1)旅客变更径路的处理方法 (2)旅客旅行中发生两种以上变更的处理

3. 成果展示

变更座席、卧铺、列车等级成果展示

班级_____ 第_____学习小组 完成时间_____年_____月_____日

小组成员_____、_____、_____、_____、_____

一、学习内容

1.《铁路旅客运输规程》、《铁路旅客运输规程细则》关于旅客变更座席、卧铺、列车等级的有关规定。

2.《铁路客运运价规则》有关旅客票价、客运杂费的相关规定。

3. 旅客变更座席、卧铺、列车等级的类型。

二、学习目标

1. 技能目标

(1)能够运用客运规章的有关规定,正确熟练地解决旅客旅行变更的实际问题。

(2)能根据实际需要灵活变更解决方案。

(3)会正确编写客运记录,填写有关票据。

2. 知识目标

(1)掌握客运规章中旅客变更座席、卧铺、列车等级的处理方法。

(2)理解致使旅客旅行变更列车等级原因不同,处理方法不同。

三、成果展示

1. 旅客要求变更实际情况处理结果

(1)旅客持硬座空调客快卧(下)联合票,要求使用软卧。

(2)旅客持软座票改用硬卧下铺。

(3)旅客持软座空调客快卧(下)联合票,自己要求改乘硬卧车。

2. 因铁路责任发生变更实际情况处理结果

旅客持软卧(下)车票,因软卧车发生故障甩车,旅客在中途改用硬卧(下)铺至终到站。

四、学习评价

1. 评价量规

评价量规请参见下表:

分值	行为表现描述
4	能圆满、高效地完成此项学习任务的全部内容
3	能完成此项学习任务的全部内容,并不需要任何指导
2	能完成此项学习任务的全部内容,但偶尔需要帮助和指导
1	能完成此项学习任务的部分内容,但在现场的指导下,能完成此项学习任务的全部内容

2. 学习评价

(1)请对照学习目标与评价量规,评价本小组学习成果:_____分。

(2)请对照学习目标与评价量规,评价本小组合作学习中各成员的贡献值。

姓名	自评分	签名	姓名	自评分	签名

（3）请根据课堂中其他小组的成果展示，评定其他小组的学习成果：

第1小组＿＿＿＿分；第2小组＿＿＿＿分；第3小组＿＿＿＿分；第4小组＿＿＿＿分；

第5小组＿＿＿＿分；第6小组＿＿＿＿分；第7小组＿＿＿＿分；第8小组＿＿＿＿分。

4．本案例教学应用分析

通过案例引出实际问题，有利于学生对知识的理解、记忆和应用。旅客旅行变更的办理学习活动中，学生通过自主学习，探究学习和合作学习的形式，帮助学生实现知识技能的综合应用的目的。通过任务的实现，增强学生学习的成就感，培养学生认真的工作态度，以及培养学生的创造性和和自学能力，也有利于培养学生的团队精神。

6.3 "铁路货运组织与管理"类教学案例

6.3.1 货物运输费用的计算案例

1．教案头

课型	铁路货运组织与管理	学习领域	普通货物运输
学习情境	货物运输费用的计算	学习任务	货物运费计算
学习时间	2学时	教学对象	铁道运输管理专业××班
教学方法	思维导图教学法		
学习内容	运费计算的一般程序		
起点分析	已学过货物运输基本作业过程；已学过思维导图的概念和画法，能利用思维导图总结与归纳知识		
教学目标	1．专业能力	（1）掌握货物运价的种类 （2）掌握运费计算的一般程序	
	2．方法能力	能快速获得学习中急需的知识；能利用专业书籍、多媒体课件资料获得帮助信息；能根据学习任务确定学习方案；能解决学习中碰到的困难	
	3．社会能力	在学习中保持积极向上的学习态度；能与小组其他成员和教师交流沟通；具有团队协作精神	
情境创设	1．教学环境 货运综合实验室 2．教学媒体 专业教材、适用的规章、计算机多媒体教学设备		
教学评价	分值	行为表现描述	
	4	能圆满、高效地完成此项学习任务的全部内容	
	3	能完成此项学习任务的全部内容，并不需要任何指导	
	2	能完成此项学习任务的全部内容，但偶尔需要帮助和指导	
	1	能完成此项学习任务的部分内容，但在现场的指导下，能完成此项学习任务的全部内容	
参考资料	1．铁路货物运价规则 2．铁路货物运价里程表 3．戴实．铁路货运组织．北京：中国铁道出版社，2007.		

2．教学活动设计

步骤	时间分配	活动设计
导入新课	10 min	（1）播放多媒体课件，介绍运价的概念、分类。 （2）提问：如何计算运费？

续上表

步骤	时间分配	活动设计
呈现新知识指导学生学习	40 min	(1)通过教师引导,师生共同讨论得出运费计算的基本要素。 (2)教师用多媒体投影仪示出运费计算第1个程序图。 运费计算 → 运价率 运费计算 → 计费重量 (3)通过教师引导,师生共同讨论得出运价率和计费重量的组成要素及运价率和计费重量的确定因素。 (4)教师用多媒体投影仪示出运费计算第2个程序图。 货物名称 ← 集装箱、零担、整车 发站、到站 运价号、基价1、基价2、运价里程表 运价率表、运价里程 运费计算 → 运价率、计费重量 → 货物运输种类 货物重量 (5)通过教师讲解,让学生了解并掌握运费尾数处理、计费重量单位规定、运价里程确定方法、运价里程表使用方法及货物品名与分类代码表使用方法。
学生自主学习	20 min	(1)教师按每2~4人为1组,将学生分成若干小组,布置学习任务: ①以小组为单位根据提供的、课件、工具书等学习资源,自主学习,并画出整车、零担、集装箱货物运费计算的程序思维导图。 ②根据画出的运费计算程序思维导图,总结出整车、零担、集装箱货物运费计算的一般公式。 (2)教师引导学生进行相关知识的学习,学生遇有难题时,给予适当的帮助。 (3)教师记录学生的学习情况,以便后续的教学评价活动。
成果展示	14 min	(1)每组推选1人向大家展示、汇报: ①本组绘制的思维导图。 ②整车、零担、集装箱货物运费计算的一般公式。 本组其他同学对展示汇报进行补充或发表自己的观点。 (2)对其他组汇报的学习结果和问题进行提问、质疑。 (3)教师主持、控制展示汇报的进程,并记录每组的学习结果。
评价与总结	5 min	(1)学生自评:评价本小组和本人的学习结果,填写评价记录表。 (2)学生互评:评价其他组的活动成绩,填写评价记录表。 (3)教师点评:对各组的优点进行表扬、鼓励,对不同之处提出自己的观点。
布置作业	1 min	以小组为单位,完成本次学习报告

3. 学习报告

货物运费计算学习报告

班级＿＿＿＿＿ 第＿＿＿＿＿ 学习小组 完成时间＿＿＿＿＿年＿＿＿＿＿月＿＿＿＿＿日

小组成员＿＿＿＿＿、＿＿＿＿＿、＿＿＿＿＿、＿＿＿＿＿

一、学习内容

1. 运价种类。

2. 运费计算一般程序。

二、学习目标

1. 专业能力目标:掌握货物运价的种类,掌握运费计算的一般程序。

2. 方法能力目标:能快速获得学习中急需的知识;能利用专业书籍、多媒体课件资料获得帮助信息;能根据学习任务确定学习方案;能解决学习中碰到的困难。

3. 社会能力目标:在学习中保持积极向上的学习态度;能与小组其他成员和教师交流沟通;具有团队协作精神。

三、学习总结

1. 货物运价按适用范围分为:

(1)＿＿＿＿＿＿＿＿＿＿＿＿＿＿＿＿＿＿＿＿＿＿＿

(2)＿＿＿＿＿＿＿＿＿＿＿＿＿＿＿＿＿＿＿＿＿＿＿

(3)＿＿＿＿＿＿＿＿＿＿＿＿＿＿＿＿＿＿＿＿＿＿＿

(4)＿＿＿＿＿＿＿＿＿＿＿＿＿＿＿＿＿＿＿＿＿＿＿

2. 货物运价按运输种类分为:

(1)＿＿＿＿＿＿＿＿＿＿＿＿＿＿＿＿＿＿＿＿＿＿＿

(2)＿＿＿＿＿＿＿＿＿＿＿＿＿＿＿＿＿＿＿＿＿＿＿

(3)＿＿＿＿＿＿＿＿＿＿＿＿＿＿＿＿＿＿＿＿＿＿＿

3. 运费计算一般程序思维导图

4. 货物运价按适用范围分为:

(1)整车货物:按重量计费＿＿＿＿＿＿＿＿＿＿＿＿＿＿

(2)整车货物:按轴计费＿＿＿＿＿＿＿＿＿＿＿＿＿＿＿

(3)零担货物＿＿＿＿＿＿＿＿＿＿＿＿＿＿＿＿＿＿＿＿

(4)集装箱货物＿＿＿＿＿＿＿＿＿＿＿＿＿＿＿＿＿＿＿

四、学习评价

1. 评价量规

评价量规,请参见下表:

分值	行为表现描述
4	能圆满、高效地完成此项学习任务的全部内容
3	能完成此项学习任务的全部内容,并不需要任何指导
2	能完成此项学习任务的全部内容,但偶尔需要帮助和指导
1	能完成此项学习任务的部分内容,但在现场的指导下,能完成此项学习任务的全部内容

2. 学习评价

(1)请对照学习目标与评价量规,评价本小组学习成果:＿＿＿＿＿分。

(2)请对照学习目标与评价量规,评价本小组合作学习中各成员的贡献值。

姓名	自评分	签名	姓名	自评分	签名

(3)请根据课堂中其他小组的成果展示,评定其他小组的学习成果:

第1小组＿＿＿＿＿分;第2小组＿＿＿＿＿分;第3小组＿＿＿＿＿分;

第4小组＿＿＿＿＿分;第5小组＿＿＿＿＿分;第6小组＿＿＿＿＿分。

4. 本案例应用分析

思维导图教学法,是一种利用图形帮助理解、记忆的教学方法。"思维导图"采取一种独特的画图方式,将思维重点、思维过程以及不同思路之间的联系清晰的呈现在图中。"思维导图"是一种开发人的思维潜力、提高思维能力的简单高效的工具。

思维导图以主题(任务或问题)为中心,运用图文并重的技巧,把各级主题的关系用相互隶属与相关的层级图表现出来,把主题关键词与图像、颜色等建立记忆链接。这种方式在处理复杂的问题时,一方面能够显示出思维的过程,另一方面可以很容易理清层次,掌握住重点,能够启发学生的联想力与创造力。

思维导图教学法在教学评价阶段,教师可以从学生画的思维导图中判断学生对所学内容的掌握情况、学生的认知和思维情况并及时予以评价、指导。

从本案例运用思维导图法对"普通货物运输"中"货物运费计算"进行教学,能够激发学生的学习兴趣,促使学生积极思维,加深对知识技能结构的理解,引导学生逐步掌握学习与思考的方式,提高学生学习能力、思维能力,与行动导向教学法的思想是一致的。

思维导图教学法的运用不仅促进学生的发展,同样可以促进教师的发展。思维导图式的教学设计使教学的思路可视化,有利于教师从整体把握教学内容,从而理解根据教学过程的需要而作具体合理的调整,使整个教学过程的流程设计更科学、有效。

6.3.2 阔大货物装载方案设计案例

1. 教案头

课题:阔大货物装载方案设计					
教学班级	铁道运输管理专业×班	课时	18	教学地点	专用教室、货运综合实验室
教学目标	知识目标		技能目标		态度目标
	1. 掌握货物装载方案设计的基本方法。 2. 理会阔大货物装载的基本技术条件。 3. 掌握阔大货物装车和阔大货物加固。 4.《超限、超重货物托运说明书》《超限、超重货物运输记录》。 5. 货物三视图与货物装载示意图。 6. 货物装载方案和货物装载方案确定依据		1. 能确定货物重心水平位置和重车重心高。 2. 能对超长货物进行装载。 3. 能对集重货物进行装载。 4. 能对超限货物进行测量。 5. 能编制超限货物运输的请示文电和批复文电。 6. 能综合运用知识处理实际问题		1. 培养遵章守纪、团结合作的意识。 2. 培养认真、严谨的工作态度。 3. 培养科学运用和合理安排计划意识和能力
教学内容	学习内容: 1. 阔大货物装载的基本技术条件。 2. 阔大货物装车和阔大货物加固。 3. 超长、集重、超限货物的托运、受理、承运办理。 4.《超限、超重货物托运说明书》《超限、超重货物运输记录》。 能力训练任务: 1. 办理超长、集重、超限货物的托运、受理、承运。 2. 编制超限货物运输的请示文电和批复文电。 3. 填制《超限、超重货物托运说明书》《超限、超重货物运输记录》				
教学方法与策略	任务教学法等		教学媒体		录像、多媒体设施、货物、车辆模型:金属构件、化工金属罐、蒸球、桁架桥梁、变压器等,各种平车模型等

续上表

教辅资料	参考教材： 戴实. 铁路货运组织. 北京：中国铁道出版社，2008. 技术资料： 《铁路货物运输规程》、《铁路货物装载加固规则》、《铁路超限超重货物运输规则》、《铁路货物装载加固定型方案》（《加规》附件一） 学习材料： 铁路禁止溜放和限速连挂的车辆表、车辆编组隔离表、各种平车和敞车的规格

2. 教学流程设计

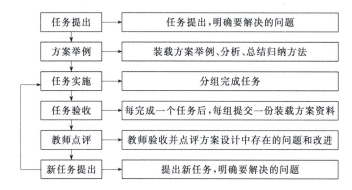

3. 教学实施

［任务提出］

假设某同学作为石家庄站的一名整车货运员，某托运人在石家庄站托运一件阔大货物，确定该货物的装载方案。

［任务要求］

1. 综合运用所学的货运知识，确定阔大货物装载方案

2. 任务完成后应提交的资料

（1）货物三视图

（2）货物装载方案

（3）货物装载方案确定依据

（4）货物装载示意图

［装载方案举例（导入课程）］

1. 根据提出的任务和同学扮演的角色，说明我们所学货运专业知识的目的和意义。

2. 引出今天的课程：

某托运人，今天在石家庄站托运阔大货物一件，托运人提供了相关的资料，教师扮演整车货运员的角色，讲解该阔大货物装载方案确定的方法和过程，以及装载方案确定后应提交的资料。让学生了解如何综合运用所学的货运专业知识，解决实际工作中的问题。

在应用举例中，货物装载方案比选过程中，让学生共同参与，在亲身的感受中说、做、学，优化教学过程，改进学习方式，引导学生主动参与学习和同学交流合作，用不同的方式来学习知识。通过讨论交流进行探索和实现问题的解决，形成一定的知识解决模型，最终解决实际问题。

任务示范：金属构件装载方案

（整个装载方案制订过程和应提交的文件制作成多媒体课件，供学生在完成任务时遇到问题时参考）

［学生初始能力分析］

学生接受该任务之前已经掌握了相关货运基本知识和能力，具备了处理装载方案确定中遇到单一问题的处理能力，但缺乏货运知识和相关能力的综合运用。

［时间分配］（总课时：18课时）

任务安排　金属构件装载方案确定举例（2课时）

任务1　化工金属罐装载方案（3课时）

续上表

任务 2 蒸球装载方案（3 课时） 任务 3 桁架桥梁装载方案（3 课时） 任务 4 变压器装载方案（3 课时） 教师验收和点评（4 课时） **［任务实施］** 1. 实训任务：阔大货物装载方案设计 老师提供相规章资料和货物模型，供学生使用，金属构件装载方案确定过程及交付文件资料，供学生参考。 2. 学生分组：将学生分成几组，每组 4～5 名同学。 3. 各小组分组讨论设计，方案比选，选择最优装载方案，整理方案资料。 **［任务验收］** 各小组将编制的调车作业计划汇报展示，并交给教师验收。 **［成果评价］** 教师给出小组评定成绩，同时其他小组学生也进行互相评判打分，并进行讲评，综合教师与学生的评价，以教师占 70％，学生互评（小组平均）占 30％ 计算单元成绩。小组的成绩即是该小组每个学生的成绩。 **［评价用表］**（略）

4. 本教学案例应用分析

"阔大货物装载方案设计"是铁路货运组织与管理的具有代表性的综合性任务。本案例根据学习总体目标的框架，把总目标细分成一个个的小目标，并把每一个学习模块的内容细化为一个个容易掌握的"任务"，通过这些小"任务"来体现总的学习目标。教学案例通过选择"金属构件装载方案设计"系列（任务 1 化工金属罐装载方案设计、任务 2 蒸球装载方案设计、任务 3 桁架桥梁装载方案设计、任务 4 变压器装载方案设计），让学生完成货运工作的典型任务，实现教学目标。"任务"设计符合学生特点，从学生实际出发，充分考虑学生认知能力、兴趣等特点，教学组织中充分体现学生的主体地位，整个教学过程实现做学合一。

教学是师生之间、学生之间交往互动与共同发展的过程，采用任务教学法，引导学生自主获得知识的技能、思想和方法，启发学生自主思考问题和解决问题，让学生自己推测、发现、归纳，不断地提高他们的学习自主性和学习能力，培养他们的联想、思维、想象和创造力，培养学生分析问题，解决问题的能力。既实现教学目标要求又能使每个学生依据自身能力获得最大学习效果，同时可以充分挖掘不同层次学生的潜力，贯彻因材施教的教学原则。

教学评价方式多样化，包括师生评价、学生评价、小组自评等多种方式，让每个学生都能体验到成功的乐趣。

参考文献

[1] 教育部职业教育与成人教育司,教育部职业技术教育中心研究所.中等职业学校铁道运输管理专业教学指导方案.北京:高等教育出版社,2001.

[2] 中华人民共和国劳动和社会保障部.国家职业标准(信号员、车站值班员、铁路客运员、货运员、铁路售票员、调车区长、助理值班员、车号员、货运检查员、货运安全员、货运值班员、客运计划员、列车员、铁路行李员等).北京:中国铁道出版社,2007.

[3] 中华人民共和国铁道部.铁路技术管理规程.北京:中国铁道出版社,2006.

[4] 中华人民共和国铁道部.铁路运输企业岗位标准.北京:中国铁道出版社,2002.

[5] 姜大源.职业教育学研究新论.北京:教育科学出版社,2007.

[6] 石伟平,徐国庆.职业教育课程开发技术.上海:上海教育出版社,2006.

[7] 姜大源.当代德国职业教育主流教育思想研究理论、实践与创新.北京:清华大学出版社,2007.

[8] 陈永芳.职业技术教育专业教学论.北京:清华大学出版社,2007.

[9] 叶昌元,李怀康.职业活动导向教学与实践.浙江:浙江科学技术出版社,2007.

[10] 邓泽民,赵沛.职业教育教学设计.北京:中国铁道出版社,2006.

[11] 邓泽民,陈庆和.职业教育课程设计.北京:中国铁道出版社,2006.

[12] 邓泽民,侯金柱.职业教育教材设计.北京:中国铁道出版社,2006.

[13] 赵志群.职业教育与培训学习新概念.北京:科学出版社,2003.

[14] 叶澜,白益民,王丹,等.教师角色与教师发展新探.北京:教育科学出版社,2001.

[15] 皮连生.教学设计—心理学理论与技术.北京:高等教育出版社,2000.

[16] 梅汝莉.多元智能与教学策略.北京:开明出版社,2003.

[17] 夏惠贤.多元智力理论与个性化教学.上海:上海科技教育出版社,2003.

[18] 阿姆斯特朗.课堂中的多元智能——开展以学生为中心的教学.张咏梅,王振强,等,译.北京:中国轻工业出版社,2003.

[19] 欧盟 Asia-Link 项目"关于课程开发的课程设计"课题组.学习领域课程开发手册.北京:高等教育出版社,2007.

[20] 姜大源.职业教育专业教学论初探.教育研究.2004,25(5):49-53.

[21] 徐朔.论"行动导向教学"的内涵和原则.职教论坛,2007(10X):4-7.

[22] 袁江.关于行动导向的教学观.中国职业技术教育,2005(10):1.

[23] 我国《中长期铁路网规划》调整方案发布.科学时报.2009.3.

[24] 赵矿英.铁路行车组织.北京:中国铁道出版社,2008.

[25] 戴实.铁路货运组织.北京:中国铁道出版社,2007.

[26] 李一龙.铁路行车规章教程.北京:中国铁道出版社,2007.

[27] 彭进,宋君德.铁路客运组织与管理.北京:中国铁道出版社,2007.

[28] 韩买良.铁路行车安全管理.北京:中国铁道出版社,2006.

[29] 冯俊杰.铁路运输基本技能训练.北京:中国铁道出版社,2006.

[30] 余达.铁路运输调度工作.北京:中国铁道出版社,2006.

[31] 王庆功.货物联合运输.北京:中国铁道出版社,2004.

[32] 顾明远.教育大辞典.上海:上海教育出版社,1999.